Martin Baumann, Christoph Gordalla

Gruppenarbeit

Methoden – Techniken – Anwendungen

UVK Verlagsgesellschaft mbH · Konstanz
mit UVK/Lucius · München

Prof. Dr. Martin Baumann, Dozent für Medizintechnik und Didaktik, und Christoph Gordalla arbeiten an der RWTH Aachen im Grenzbereich zwischen Lebens-, Ingenieurs- und Naturwissenschaften. Aus ihrem Fundus erprobter Gruppenarbeitsmethoden stammt diese Sammlung.

Online-Angebote oder elektronische Ausgaben sind erhältlich unter www.utb-shop.de.

Bibliografische Information der Deutschen Bibliothek
Die Deutsche Bibliothek verzeichnet diese Publikation in der Deutschen Nationalbibliografie; detaillierte bibliografische Daten sind im Internet über <http://dnb.ddb.de> abrufbar.

Einbandgestaltung: Atelier Reichert, Stuttgart
Satz und Layout: Claudia Wild, Konstanz
Druck: fgb · freiburger graphische betriebe, Freiburg

UVK Verlagsgesellschaft mbH
Schützenstr. 24 · D-78462 Konstanz
Tel.: 07531-9053-0 · Fax 07531-9053-98
www.uvk.de

UTB-Band Nr. 4223
ISBN 978-3-8252-4223-7

Über dieses Buch

Dieses Buch entstand am Helmholtz-Institut für Biomedizinische Technik der RWTH Aachen und damit in einem Arbeitsbereich, in dem Ingenieurs-, Natur-, Geisteswissenschaften und Medizin aufeinandertreffen und in dem Mitarbeiter aus allen Bereichen an einer Vielzahl gemeinsamer Projekte zusammenarbeiten. Dass die verschiedenen fachspezifischen Denkstrukturen und Terminologien berücksichtigt und aufeinander abgestimmt werden, gehört somit zur täglichen Arbeit am Institut. Aus diesem Grund stellt Gruppenarbeit am Helmholtz-Institut – wie an vielen anderen Institutionen mit interdisziplinärer Ausrichtung – nicht nur ein theoretisches Konstrukt dar, sondern ist seit Langem ein nicht mehr wegzudenkender Teil des Arbeitsalltags.

Doch nicht nur in den Ingenieurs- und Naturwissenschaften hat Gruppenarbeit an Bedeutung gewonnen. Während es früher in diesen Bereichen das sogenannte »Genie im Elfenbeinturm« gab, das die Forschung vor allem durch überragende Einzelleistungen vorantrieb, ist heute auch in diesen Bereichen die Zusammenarbeit in Gruppen essenziell, um Problemlösungen zu entwickeln.

Die daraus resultierende Erkenntnis, dass Gruppenarbeit unverzichtbar in der Forschung ist, hat zusammen mit den zahlreichen Erfahrungen der Autoren zu der Entscheidung geführt, dieses Buch zu schreiben. Es soll helfen, die Probleme zu überwinden, die mit dem Aufeinandertreffen der oben erwähnten unterschiedlichen Denkstrukturen und Arbeitsstrategien einhergehen. Darüber hinaus soll es aber auch zeigen, wie diese Unterschiede genutzt werden können, um einander effizient zu ergänzen. Dazu stellt das Buch strukturierte Methoden vor, die ein zielgerichtetes und problemangepasstes Arbeiten ermöglichen.

Wie Sie dieses Buch lesen sollten

Bei der Strukturierung dieses Buches wurde der Fokus vor allem auf eine schnelle und direkte Anwendbarkeit beim praktischen Arbeiten gelegt. Daher können Leser grundsätzlich themenspezifisch an jeder beliebigen Stelle einsteigen. Sollten Kapitel dieses Buches auf vorangehende Kapitel aufbauen, wird dies an der betreffenden Stelle mit Verweisen unter Angabe der jeweiligen Seitenzahl oder Kapitelnummer kenntlich gemacht.

Dennoch kann die Struktur der einzelnen Kapitel dem Leser als Leitfaden dienen: Zu Beginn wird in *Kapitel 1* die Frage beantwortet, unter welchen Umständen Gruppenarbeit überhaupt sinnvoll ist. *Kapitel 2* stellt danach einige Grundlagen der Gruppendynamik vor und gibt praktische Hinweise für Gruppenleiter. Anschließend beleuchtet *Kapitel 3* die für das Gelingen vieler Gruppenarbeitsmethoden essenzielle Rolle des Moderators. Bevor ab Kapitel 5 schließlich erste Gruppenarbeitsmethoden vorgestellt werden, werden in *Kapitel 4* die verwendete Struktur der Methoden sowie grafische Schemata, Symbole und häufig verwendete Begriffe erklärt.

Sollten Sie sich jedoch für einen themenspezifischen Einstieg in dieses Buch entscheiden, *lesen* Sie bitte *dennoch zuerst Kapitel 4*, um sich mit den verwendeten Strukturierungselementen und der Bedeutung der methodenspezifischen Terminologie vertraut zu machen, bevor Sie die Gruppenarbeitsmethoden kennenlernen.

Die anschließenden Kapitel beinhalten schließlich die eigentlichen Gruppenarbeitsmethoden. Dabei orientiert sich die Anordnung dieser Kapitel am zeitlichen Ablauf von Workshops und Seminaren. Zu Beginn zeigt *Kapitel 5* deshalb, wie sich allgemeine Prozesse wie das Kennenlernen oder das Geben von Feedback gestalten lassen. Die Methoden in *Kapitel 6* eignen sich dazu, kreative Impulse in der Gruppe auszulösen und eine Vielzahl von Ideen zu erzeugen. Auf dieser Basis stellen die Methoden aus *Kapitel 7*Techniken bereit, um aus den generierten Ideen in die Praxis umsetzbare Konzepte zu entwickeln. Zum Abschluss befasst sich *Kapitel 8* damit, wie gruppendynamische Effekte in den individuellen Lernprozess eingebunden werden können. *Kapitel 9* dagegen hilft Vortragenden dabei, Gruppenmethoden zur Unterstützung ihrer Vorträge einzusetzen.

Um das Lesen zu erleichtern, wird in diesem Buch durchgängig auf eine Nennung beider Geschlechter verzichtet, wenn Personengruppen aufgeführt werden. Dabei wird als Bezeichnung das Genus mit der kürzeren Schreibweise gewählt. Anstelle der Formulierung »die Teilnehmerinnen und Teilnehmer« wird daher in diesem Buch stets die kürzere Variante »die Teilnehmer« gewählt. Dies soll jedoch keine Lesergruppe ausschließen, sondern lediglich einen besseren Lesefluss ermöglichen. Alle Personenbezeichnungen adressieren stets beide Geschlechter.

Inhaltsverzeichnis

Links von den zu den Methoden zugehörigen Seitenzahlen befindet sich eine Tabelle mit fünf farbigen Punkten, die auf mögliche alternative Verwendungsmöglichkeiten hinweisen. Die Abkürzungen in dieser Tabelle stehen dabei für die Kategorien »Erwartungen und Feedback« (**E**), »Ideen finden« (**I**), »Konzepte erarbeiten oder erweitern« (**K**), »Lernen« (**L**) und »Lehren und Vorträge halten« (**V**). Durch die relative Größe der Punkte werden folgende Zahlenwerte aus den ebenfalls in diesen Kapiteln dargestellten Netzdiagrammen repräsentiert:

Relevanz	gering				hoch
Punktdicke	●	●	●	●	●

Die in diesem Buch verwendete Definition des Begriffs »Methode« und die Bedeutung der einzelnen Kategorien sowie eine Erläuterung zu den genannten Netzdiagrammen findet sich in Kapitel 4. Unterhalb der Methodennamen kursiv gesetzte Bezeichnungen geben Varianten der entsprechenden Methoden an. In Klammern stehen alternative Namen, unter denen die entsprechenden Methoden auch bekannt sein können.

1 Wann ist Gruppenarbeit sinnvoll?

1.1 Bereitschaft der Teilnehmer zur Gruppenarbeit

Die kooperative Arbeit an einem gemeinsamen Ziel ist nicht unter allen Voraussetzungen sinnvoll. So unterliegt sie diversen Randbedingungen, die vor und während der Arbeitsphase beachtet werden müssen. Diese Randbedingungen und die sich eventuell aus ihnen ergebenden Vor- und Nachteile werden im Folgenden genauer betrachtet.

Bevor die Gruppenarbeit beginnen kann, sollte zuerst die Frage geklärt werden, inwiefern die am Arbeitsprozess mitwirkenden Gruppenmitglieder – im Nachfolgenden Teilnehmer genannt – überhaupt bereit sind, sich an der Gruppenarbeit zu beteiligen. Denn nur, wenn die Bereitschaft dazu vorhanden ist, kann diese Arbeitsweise zu Erfolgen führen. *Gruppenarbeit basiert auf der Bereitschaft der am Arbeitsprozess mitwirkenden Teilnehmer, sich aktiv an ihr zu beteiligen, auf die verwendeten Methoden und die anderen Mitglieder einzugehen und die vereinbarten Regeln zu befolgen.*

Der Gruppenleiter kann die Bereitschaft zur Teilnahme an Gruppenarbeit fördern, indem er den Teilnehmern die in *Kapitel 1.3* aufgeführten Vor- und Nachteile verdeutlicht und ihnen erklärt, welche Aspekte der Gruppenarbeit Nachteile der Einzelarbeit teilweise oder vollständig ausgleichen können. Dazu kann der Leiter die von ihm verwendeten Gruppenarbeitsmethoden als konkrete Beispiele nutzen. Zur Unterstützung kann er in einem gemeinsamen Testlauf mit den Teilnehmern eine der Methoden anwenden, um die Teilnehmer so für die gemeinsame Zusammenarbeit zu motivieren. Dies empfiehlt sich vor allem dann, wenn Teilnehmern die Motivation fehlt, weil sie annehmen, dass Gruppenarbeit anstrengender sei als Einzelarbeit oder konventionelle Sitzungen ohne Interaktion. Oft ist jedoch gerade die Gruppenarbeit, in der ein hohes Maß an Arbeitsteilung und Interaktionen zwischen den Teilnehmern besteht, sehr viel weniger anstrengend als eine konventionelle Sitzung.

Es kann durchaus passieren, dass nicht immer jede Gruppe zur Gruppenarbeit bereit ist. Dies muss jedoch nicht bedeuten, dass Gruppenarbeit nicht möglich wäre, sondern es deutet zunächst auf Schwierigkeiten hin, die vor Beginn der gemeinsamen Arbeit überwunden werden müssen. Diese Schwierigkeiten können in den zeitlichen und räumlichen Rahmenbedingungen oder der organisatorischen oder personellen Struktur begründet liegen. Sie führen zu sogenannten Sitzungsfallen also Situationen, in denen sich die Diskussion im Kreis dreht oder in denen ausschließlich ablenkende oder persönliche Aspekte im Mittelpunkt stehen. Eine Hilfestellung, wie Gruppenleiter und Teilnehmer diese Sitzungsfallen erkennen und das ihnen zugrunde liegende Problem lösen können, liefert *Kapitel 3.5.1*.

Können die Probleme, die den Sitzungsfallen zugrunde liegen, nicht gelöst werden oder ändert sich die Bereitschaft der Teilnehmer zur Durchführung von Gruppenarbeit nicht, *sollte die Durchführung von Gruppenarbeit keinesfalls erzwungen werden!* Gruppenarbeit liefert nur dann gute Resultate, wenn sich die Teilnehmer motiviert einbringen. Das ist jedoch ausschließlich dann der Fall, wenn die Teilnehmer selbst vom Nutzen der Gruppenarbeit überzeugt sind.

1.2 Interdisziplinarität und der Nutzen von Synergie

Ein häufig im Bereich der Gruppenarbeit auftretender Begriff ist *Synergie*. Er bezeichnet das sich gegenseitig fördernde Zusammenwirken von Lebewesen, Stoffen oder Kräften. Wenn etwa Teilnehmer bei einer in Gruppenarbeit durchgeführten Ideensuche mit fremden und ungewohnten Lösungsmöglichkeiten anderer Teilnehmer konfrontiert werden, ist das ein Beispiel für Synergie. Die Heterogenität einer Gruppe, also die Tatsache, dass die Teilnehmer aus unterschiedlichen Fach- oder Arbeitsbereichen stammen, ermöglicht eine Vielzahl verschiedenartiger Denkansätze. Die Kombination dieser unterschiedlichen Denkansätze kann neue Ideen hervorbringen, die die Teilnehmer in Einzelarbeit wahrscheinlich nicht entwickelt hätten. Die so entstandenen Lösungsvorschläge können wiederum die Grundlage für neue gedankliche Impulse anderer Teilnehmer bilden, sodass die Teilnehmer auf den bereits präsentierten Ansätzen aufbauend Erweiterungen entwickeln.

Aus diesem Beispiel geht eine weitere wichtige Voraussetzung für erfolgreiche Gruppenarbeit hervor: die *Interdisziplinarität der Teilnehmer*. Die Synergiebildung kann nämlich nur funktionieren, wenn die Teilnehmer sich in ihren Denkmustern und damit auch in den von ihnen vorgestellten möglichen Lösungsansätzen unterscheiden. Dies ist besonders in einem interdisziplinären Umfeld der Fall, in welchem die an der Gruppenarbeit mitwirkenden Teilnehmer verschiedene fachliche Hintergründe aufweisen und damit auch auf eine Vielzahl verschiedener Herangehensweisen zur Problemlösung zurückgreifen können.

Dass Gruppenarbeit häufig scheitert und keine innovativeren Ergebnisse als Einzelarbeit hervorbringt, kann unter anderem daran liegen, dass Gruppenarbeit häufig mit Teilnehmern aus dem gleichen fachlichen Umfeld durchgeführt wird, wodurch sich Synergieeffekte schlechter ausprägen können. Dann kann das Ergebnis der Gruppenarbeit den mit ihr einhergehenden Mehraufwand im Vergleich zur Einzelarbeit – wie etwa das höhere Maß an Organisation oder die oft mühsame Einigung der Gruppe auf ein bestimmtes Resultat – nicht kompensieren. Weitere Vor- und Nachteile von Gruppenarbeit werden noch genauer im folgenden Kapitel behandelt.

1.3 Vor- und Nachteile von Gruppenarbeit

»Viele Köche verderben den Brei.«

DEUTSCHES SPRICHWORT

Dieses Kapitel ist bewusst dem Kapitel über die strukturellen Voraussetzungen von Gruppenarbeit vorangestellt. Denn bei der Planung oder Anpassung dieser Voraussetzungen es ist sehr hilfreich, die Vor- und Nachteile von Gruppenarbeit und damit ihre Anwendungsgebiete und ihre Grenzen zu kennen.

Hier deshalb eine erste knappe Übersicht über die Vor- und Nachteile:

Tabelle 1-1: Vor- und Nachteile von Gruppenarbeit

Vorteil	Nachteil
+ Kognition, also umfassendes Verständnis des Problems (schnell, genau, unabhängig)	– Mögliche Massenträgheit
+ Reservieren einer festen Bearbeitungszeit	– Koordinationsaufwand
+ Kooperation (Arbeitsteilung ist möglich)	– Mögliche Kommunikationsprobleme
+ Kommunikation (üben und nutzen)	– Spannungspotenzial Entscheidungsschwierigkeiten
+ Sozialer Kontakt – Spaß	– Größere Risikobereitschaft (?)
+ Hohe Informationsdichte	
+ Weniger Fehler (?)	

Die nachgestellten Fragezeichen sollen unterstreichen, dass der betreffende Vor- oder Nachteil je nach Situation auch den entsprechenden gegenteiligen Effekt auslösen kann: Auf der einen Seite können Fehler schnell Bestandteil der Gruppenmeinung werden und sich in den nachfolgenden Arbeitsphasen sogar noch festigen. Auf der anderen Seite kann eine Gruppe durch kritische Betrachtung aller am Arbeitsprozess mitwirkenden Teilnehmer jedoch auch Risiken erkennen, die in Einzelarbeit möglicherweise unentdeckt geblieben wären. Nachfolgend werden nun die oben aufgelisteten Vor- und Nachteile ausführlich erläutert.

Vorteile

Weil verschiedenste Fachkenntnisse in der interdisziplinären Gruppenarbeit zusammentreffen, gehört zu ihren Vorteilen eine verbesserte *Kognition*, also ein umfassendes Verständnis des Problems, das sich hinter der zu bearbeitenden Fragestellung befindet. Ein zweiter Vorteil ist das *Reservieren einer festen Bearbeitungszeit*. Gruppenarbeit ist zwar zeitintensiv, jedoch wird für Einzelarbeit selten die gleiche Zeitspanne wie für Gruppenarbeit reserviert, wenn es darum geht, ein bestimmtes Problem zu bearbeiten. So kommt es seltener zu bösen Überraschungen durch unerwarteten Mehraufwand und die Problemlösungen erhalten durch explizite Zuweisung (zeitlicher) Ressourcen einen hohen Stellenwert. Aufgrund dieses planmäßig höheren Zeitpensums kann die Bearbeitung eines Problems in Gruppenarbeit selbst dann produktiver sein als die Bearbeitung in Einzelarbeit, wenn die angestrebten synergetischen oder fördernden Effekte ausbleiben. Ein weiterer Vorteil ist die *höhere Informationsdichte*: Da alle Teilnehmer ihr individuelles Wissen in die Problemlösung einbringen können, kann das in Gruppenarbeit zusammengetragene Wissen wesentlich größer sein als bei Einzelarbeit. Um diesen Vorteil nutzen zu können, muss die Gruppe jedoch interdisziplinär zusammengesetzt sein. Dadurch reduziert sich die Wahrscheinlichkeit, dass Fakten übersehen werden, die für die Lösung des Problems relevant sind. Dies hilft, *Fehler zu vermeiden*, jedoch ist damit auch ein Risiko verbunden, da Gruppenarbeit stärker als Einzelarbeit dazu verleitet, die erarbeiteten Lösungen ungefragt zu übernehmen.

Darüber hinaus gehört zur Gruppenarbeit *Kooperation*, welche Arbeitsteilung und somit ein konzentrierteres Arbeiten für jedes einzelne Gruppenmitglied ermöglicht. Die *Kommunikation* mit anderen Mitgliedern kann das Arbeiten erleichtern, sodass durch das aktive Zusammenarbeiten aus einer in Einzelarbeit als anstrengend empfundenen Aufgabe eine *mit Spaß verbundene Aktivität* werden kann.

Nachteile

Auf den ersten Blick geht die Bearbeitung einer Problemstellung in Gruppenarbeit allerdings mit zahlreichen Nachteilen einher, die in Einzelarbeit nicht auftreten. Jedoch sind viele dieser Nachteile häufig auf fehlende Erfahrung der Teilnehmer oder des Moderators mit Gruppenarbeit zurückzuführen. Zu jedem der in diesem Abschnitt aufgezählten Nachteile finden sich daher Verweise zu späteren Kapiteln, in denen Strategien oder Methoden präsentiert werden, mit denen sich diese Nachteile eingrenzen oder vollständig beseitigen lassen.

Insbesondere wenn die Gruppe noch über wenig Erfahrung mit Gruppenarbeit verfügt, tritt *Massenträgheit* auf. Das bedeutet, dass die am Arbeitsprozess mitwirkenden Teilnehmer untereinander nicht oder nur zögerlich interagieren. Diese Probleme können gelöst werden, indem der Moderator auf einzelne Teilnehmer einwirkt oder die Methoden zum Überwinden von Problemen anwendet, die aus Sitzungsfallen resultieren. Sie werden in Kapitel 3.5.1 aufgeführt. Die allgemeine Funktion und die Aufgaben des Moderators werden in Kapitel 3 noch ausführlich erläutert.

Im Vergleich zur Einzelarbeit ist der *Koordinationsaufwand* für die Organisation von Gruppenarbeit ebenfalls höher. Moderation kann jedoch helfen, ihn zu reduzieren. Erneut sei daher an dieser Stelle auf Kapitel 3 dieses Buches verwiesen.

Kommunikationsprobleme treten oft auf, wenn die Teilnehmer sich untereinander noch nicht kennen oder ungeübt in der Zusammenarbeit als Gruppe sind, wie dies häufig zu Beginn des Gruppenbildungsprozesses der Fall ist. Wenn die Gruppe darüber hinaus interdisziplinär zusammengesetzt ist, also Personen aus mehreren Fachbereichen mit verschiedenen Denkstrukturen und Fachausdrücken aufeinandertreffen, verschärft dies die Kommunikationsprobleme weiter. Um dem vorzubeugen, werden daher in Kapitel 5.2 Methoden vorgestellt, die das Kennenlernen der Teilnehmer unterstützen und fördern, und die Methoden aus Kapitel 5.6 zeigen Möglichkeiten auf, die die Zusammenarbeit der Teilnehmer fördern.

Durch das Aufeinandertreffen verschiedenster Persönlichkeiten und Denkstrukturen können persönliche wie berufliche Interessen miteinander in Konflikt geraten und *Spannungen auftreten*. Da Spannungen den Gruppenprozess gefährden oder vollständig zerstören können, sollten die Mitglieder sie frühzeitig erkennen und ihnen vorbeugen. Dies kann der Gruppenleiter oder Moderator erreichen, indem er den Mitgliedern die Möglichkeit gibt, ihre Wahrnehmungen und Probleme anzusprechen und ihm oder der Gruppe ein Feedback über die bisherige Arbeit zu geben. Kapitel 5.5 stellt Übungen zur Verfügung, mit denen die Teilnehmer ihre Hemmungen überwinden und ein Feedback abgeben können, bevor ungelöste Konflikte Spannungen hervorrufen. Strategien, wie Moderatoren auf eine angespannte Atmosphäre oder einen aggressiven Kommunikationsstil der Diskussionsteilnehmer reagieren könnten, finden sich zudem in Kapitel 3.5.1 und Kapitel 3.5.2.

Die Bearbeitung eines Problems in Gruppenarbeit führt zwangsläufig dazu, dass am Ende des Arbeitsprozesses eine *Entscheidung getroffen* werden muss, die alle Teilnehmer mittragen können. Dies birgt häufig ein großes Konfliktpotenzial. Um daher den Entscheidungsfindungsprozess zu entschärfen, sollten Moderatoren der Konsensfindung mit den Teilnehmern höchste Priorität einräumen. Ein Grund, weshalb Gruppenarbeit oft hinter ihren Möglichkeiten zurückbleibt, ist der oft falsch durchgeführte Entscheidungsfindungsprozess der Gruppe. Herbei sollte es nicht das Ziel sein, einen Kompromiss zu finden, mit dem »alle irgendwie leben können«. Vielmehr sollte nach einem Konsens gesucht werden, der die Interessen aller Teilnehmer miteinbezieht und den jeder Teilnehmer gerne mitträgt. Dieser Prozess der Konsensfindung wird im Kapitel 3.4 noch ausführlich beschrieben und erläutert. Bei Problemen, die sich nicht im Konsens lösen lassen, verkürzen Methoden aus Kapitel 7.2 die anstrengende und zeitaufwendige Entscheidungsfindung durch systematisches Vorgehen und machen diesen zudem transparent für die daran beteiligten Teilnehmer.

Insbesondere bei kreativen Prozessen wie der in Kapitel 6 beschriebenen Ideenfindung zeigen Gruppen gelegentlich eine *größere Risikobereitschaft* und entwickeln gewagtere Ideen, als dies bei der Konzepterstellung durch eine einzelne Person der Fall gewesen wäre. Allerdings ist es bei kreativen Prozessen unvermeidlich, sich auf einige begrenzte Risiken einzulassen, da sonst weniger oder gar keine innovativen und erfolgreichen Ideen entstehen. Entscheidend ist dabei, dass die Gruppe das mit den erarbeiteten Ideen verbundene Risiko im Anschluss an die Ideenfindung einschätzt und mit möglichen Erfolgsgarantien abwiegt. Die Methoden aus Kapitel 7.5 helfen daher, Ideen oder Konzepte auf ihren Erfolgsgehalt zu überprüfen und diese gegebenenfalls zu verändern.

2 Gruppendynamik/Gruppenleitung

»Das Ganze ist mehr als die Summe seiner Teile.«

ARISTOTELES, GRIECHISCHER PHILOSOPH

Trotz aller Sachlichkeit können in der strukturierten Arbeit mit und in Gruppen Spannungen und Konflikte entstehen. Solche aus dem Zusammenspiel der Teilnehmer entstehenden Dynamiken wirken sich u. a. auf die Atmosphäre, die Arbeitsdauer und das Ergebnis aus. Daher lohnt es sich, diese Prozesse zu (er)kennen.

Die Dynamik, die Arbeitsgruppen im Laufe eines Arbeitsprozesses entwickeln, kann mitunter sehr komplex sein. Die Koordination von Gruppenarbeit bedeutet daher mehr, als schlicht Teilaspekte der zu lösenden Aufgaben auf die einzelnen Teilnehmer zu verteilen. Vielmehr stellt das komplexe Zusammenspiel aller Individuen ein Potenzial sowohl für Konflikte als auch für eine konstruktive Zusammenarbeit dar, die den gemeinsamen Arbeitsprozess fördert. Dieser zweite Aspekt wird häufig unter dem Begriff des Synergieeffekts zusammengefasst (siehe dazu auch Kapitel 1.2 zum Thema Interdisziplinarität).

In diesem Kontext wird auch das eingangs genannte Zitat des griechischen Philosophen Aristoteles klar verständlich: Gruppenarbeit ist mehr als das bloße Nebeneinanderarbeiten mehrerer Personen. Sie entfaltet darüber hinaus durch das vielfältige Zusammenwirken verschiedenster Persönlichkeiten und Kompetenzen eine komplexe Dynamik, die sowohl positive als auch negative Auswirkungen haben kann.

Dieses Buch konzentriert sich auf Gruppenarbeitsmethoden, und daher ist es an dieser Stelle nicht möglich, alle Begriffe und Theorien aus dem sehr weiten und vielschichtigen Feld der Gruppendynamik vorzustellen. Im Folgenden finden deshalb diejenigen Begriffe und Theorie Erwähnung, die besonders hilfreich dabei sind, die während der Gruppenarbeit auftretenden Spannungen positiv zu nutzen und Synergieeffekte zu schaffen. Wer sich eingehender mit Gruppendynamik befassen möchte, findet in *Wellhöfer* (2012) eine ausführliche Darstellung verschiedener gruppendynamischer Theorien.

Auch Kapitel 3 stellt dem Moderator für konflikthaltige Situationen Hilfestellungen zur Verfügung. Doch die Situationen, die den dort beschriebenen Konflikten zugrunde liegen, werden nicht in einem größeren gruppendynamischen Zusammenhang betrachtet. Vielmehr stellt jenes Kapitel dem Moderator Möglichkeiten vor, diesen Konflikten vorübergehend entgegenzutreten, um für die Dauer der moderierten Diskussion zu verhindern, dass die Konflikte den Ablauf der Diskussion signifikant beeinträchtigen.

Um aber interne Konflikte dauerhaft zu lösen, ist es sinnvoll, deren Ursachen und Abläufe in den gruppendynamischen Zusammenhängen zu betrachten, die dieses

Kapitel darstellt, und innerhalb der dadurch vorgegebenen Rahmenbedingungen eine Lösung zu erarbeiten.

2.1 Übersicht

2.1.1 Vorbemerkungen

Die Rolle des Leiters als Koordinator und Begleiter des Gruppenarbeitsprozesses beeinflusst das Resultat des Prozesses in vielen Fällen maßgeblich. Aus diesem Grund werden nun diejenigen Kompetenzen vorgestellt, deren Kenntnis für die erfolgreiche Leitung einer Gruppe wesentlich ist. Zu Beginn befasst sich das Kapitel mit generellen gruppendynamischen Prozessen wie der Gruppenbildung, mit den Möglichkeiten des Leiters, auf verschiedene Persönlichkeitstypen zuzugehen, sowie mit dem Wissen darum, wie Normen und Rollen entstehen, und den damit verbundenen Auswirkungen. Die zum Verständnis dieser Themen erforderliche Theorie wird jeweils erläutert, mögliche Probleme während dieses Prozesses verdeutlicht sowie geeignete Maßnahmen gegen Probleme präsentiert, die möglicherweise damit einhergehen.

Da das Ansprechen von Schwierigkeiten und das Lösen von Konflikten in der Gruppe eine zentrale Rolle im Buch spielt, befindet sich am Ende dieses Kapitels außerdem ein kurzer Leitfaden. Er gibt Tipps, wie Teilnehmer innerhalb einer Gruppe Feedback und Kritik äußern können und wie sich Schwierigkeiten, die mit Kritik einhergehen, minimieren lassen.

2.2 Gruppenbildung

Am Anfang eines Seminars oder bei der Zusammenkunft neuer Arbeitsgruppen findet die Gruppenbildung statt. Während dieser Phase lernen sich die Teilnehmer untereinander kennen und erste Gewohnheiten und Regelmäßigkeiten entwickeln sich im gemeinsamen Arbeitsprozess. Auch bilden sich bereits in dieser frühen Phase erste Rollen und Dominanzen heraus. Eine erfolgreiche Gruppenbildung stellt daher das Fundament für die spätere gemeinsame Arbeit dar. Es kann sich als sehr schwierig erweisen, nachträglich Einfluss auf Verhaltens- und Arbeitsmuster zu nehmen, die während der Gruppenbildung entstanden sind. Deshalb werden in diesem Kapitel Probleme aufgelistet, die während der Gruppenbildung auftreten können, und es wird erläutert, worin diese Probleme begründet liegen. Auf diese Weise können Gruppenleiter den Ursachen schon während ihrer Entstehung entgegenwirken, um den schädlichen Einfluss auf die nachfolgende Gruppenarbeit und damit auf das Arbeitsergebnis zu reduzieren.

2.2.1 Voraussetzungen

Eine wesentliche Voraussetzung für die Bildung einer auf längere Zeit stabilen Gruppe ist das Vorhandensein eines *gemeinsamen Gruppenziels*. Ohne ein gemeinsames Gruppenziel wird eine Gruppe nicht langfristig bestehen können oder sich gar nicht erst bilden. Denn das Gruppenziel bildet die Grundbedingung für *Motivation, Engagement und Identifikation* der Teilnehmer mit der Gruppe.

Darüber hinaus ist eine *angemessene Gruppengröße* für eine erfolgreiche Gruppenbildung wesentlich. Die optimale Gruppengröße hängt dabei vom zu erreichenden Gruppenziel und den damit verbundenen Aufgaben ab. Daher lässt sich hierfür keine allgemeine Obergrenze angeben. Jedoch werden Gruppen mit mehr als 12 Teilnehmern häufig unüberschaubar, sodass der Leiter in diesen Fällen mit der Bildung von Untergruppen rechnen muss (*Friebe et al.* 2011).

2.2.2 Mögliche Konflikte durch Abhängigkeit und Pairing

Zu Beginn der Gruppenbildung müssen sich die Teilnehmer mit ihrem neuen Umfeld vertraut machen und ihre Position im Gruppengefüge finden. Die unbekannte Umgebung, die Vielzahl fremder Teilnehmer und der möglicherweise noch nicht vollständig bekannte Aufgabenbereich können zu Unsicherheit und Angespanntheit führen. In dieser Phase ist das Bedürfnis der Teilnehmer nach Strukturierung sehr hoch. Wenn Gruppenleiter diese Strukturierung ermöglichen, kommen sie dem Wunsch der Teilnehmer entgegen, ihre Persönlichkeit und ihre Fähigkeiten im Gefüge der Gruppe einordnen zu können. Eine solche Einordnung in das Gruppengefüge besteht meist aus drei Teilen: dem *Einbringen der eignen Persönlichkeit*, dem Einschätzen und *Kennenlernen der anderen Teilnehmer* und dem *Verstehen des eigenen Beitrags zum Erreichen des Gruppenziels*. Beim Einbringen der eigenen Persönlichkeit stellt vor allem die Entscheidung, welche Aspekte der Persönlichkeit zu Beginn gezeigt und welche vorerst verborgen werden sollten, eine Ursache für anfängliche Hemmungen beim Einbringen in die Gruppe dar. Daneben entstehen weitere Hemmungen dadurch, dass sich die Teilnehmer gegenseitig noch nicht kennen und daher unklar ist, welche Erwartungshaltungen sie an ihre zukünftigen Partner haben sollten. Zusätzlich kann Unsicherheit dadurch entstehen, dass Teilnehmer ihre genauen Aufgaben im Gruppenarbeitsprozess nicht kennen und daher nicht wissen, ob sie den mit ihrer Arbeit verbundenen Erwartungen gerecht werden können.

Aus diesen Gründen treten während der Gruppenbildung im Wesentlichen zwei Effekte auf, die den Arbeitsprozess der Gruppe hemmen können: *Abhängigkeit* und *Pairing*. Abhängigkeit bedeutet in diesem Kontext die vollständige und manchmal unhinterfragte Orientierung einzelner Teilnehmer an den Werten und Normen des Leiters. Pairing bezeichnet das Bilden von Kleingruppen einiger weniger Teilnehmer.

Beide Effekte führen dazu, dass Teilnehmer sich auf einen begrenzten Personenkreis fixieren, statt eine eigene Haltung dazu zu finden, welche Teile ihrer Persönlichkeit und ihres Fachwissens sie in die gesamte Gruppe einbringen.

Sowohl Abhängigkeit als auch Pairing besitzen somit den Nachteil, dass die Teilnehmer die Ansichten des Leiters oder der Kleingruppe übernehmen und sich nicht selbst mit ihrem Fachwissen in eine Diskussion oder einen Entscheidungsfindungsprozess einbringen. Dadurch wird vor allem die spätere kreative Gruppenarbeit immens erschwert.

Pairing führt darüber hinaus zu Zweckbündnissen, sodass Mitglieder einer Kleingruppe aus Angst vor dem Ausschluss aus ihrer Bezugsgruppe andere Mitglieder der Kleingruppe unterstützen, obwohl sie nicht mit deren Meinung übereinstimmen. Zudem besteht die Gefahr, dass die Mitglieder von Kleingruppen andere Mitglieder der übergeordneten Gruppe ausgrenzen oder gemeinsam gegen die Meinung der anderen Mitglieder opponieren.

2.2.3 Konfliktprävention

Um Abhängigkeit und Pairing zu vermeiden, sollte der Leiter den Teilnehmern direkt zu Beginn erläutern, welche gemeinsamen durch die Gruppe zu erreichen sind und ggf. für welchen Aufgabenbereich jeder Teilnehmer im nachfolgenden Arbeitsprozess verantwortlich ist. Dadurch erhalten die Teilnehmer direkt zu Beginn eine klare Vorstellung, aus welchen Gründen sie am Gruppenarbeitsprozess beteiligt sind und wie sie ihr Fachwissen zur Lösung der mit diesem Arbeitsprozess einhergehenden Aufgaben einsetzen können. Zusätzlich können die Teilnehmer durch die Kommunikation des gemeinsamen Gruppenziels eine erste Identifikation der Gruppe schaffen.

Anschließend empfiehlt es sich, mit allen Teilnehmern eine Kennenlernübung (siehe Kapitel 5.2) durchzuführen, damit die Teilnehmer einen persönlichen Eindruck voneinander gewinnen. Kennenlernübungen dienen nicht dazu, dass Teilnehmer sich anschließend umfassend kennen, sondern dass sie Hemmungen bei den darauffolgenden Schritten im Kennenlernprozess überwinden. Durch die so gestärkte Bereitschaft, andere Teilnehmer kennenzulernen, wird Abhängigkeit und Pairing ebenfalls entgegengewirkt.

Sollten sich bereits Abhängigkeit und Pairing mit den damit einhergehenden negativen Konsequenzen herausgebildet haben, ist es entscheidend, dass der Leiter nicht über Spannungen oder Konflikte hinwegsieht, sondern diese direkt anspricht. Dazu ist es oft hilfreich, wenn der Leiter zuerst seine eigenen Gedanken und Gefühle vor der Gruppe äußert. Dadurch signalisiert er den Teilnehmern, dass er sich von ihnen ebenfalls Äußerungen zum Gruppenklima erhofft und dass er es nicht negativ auffasst, wenn Teilnehmer die in der Gruppe vorherrschenden Spannungen benennen. Es ist sinnvoll zu betonen, dass alle Äußerungen der Teilnehmer als *konstruktive Kritik* formuliert sein müssen. Das heißt, dass die Teilnehmer erst die Punkte nennen, die sie am momentanen Ablauf der Gruppenarbeit gut finden und anschließend erklären, in welchen Punkten sie Probleme oder Verbesserungsmöglichkeiten sehen und warum sie dieser Ansicht sind.

Der Leiter sollte sich stets vergegenwärtigen, dass die Überwindung von Abhängigkeit und Pairing eine *langfristige Aufgabe* ist, die viel Zeit und Geduld erfordern kann. Zudem muss er nicht nur zu Beginn, sondern während des gesamten Gruppenarbeitsprozesses, Spannungen erkennen und diese zusammen mit den Teilnehmern auflösen.

2.3 Handlungsabsichten und Motivatoren

Um auf die Dynamiken und Konflikte eingehen zu können, die sich aus Rollen und Normen ergeben, sollte der Leiter unbedingt wissen, wie er die unterschiedlichen Persönlichkeitstypen in der Gruppe am besten adressiert. Dazu werden nun kurz einige typische Handlungsabsichten der Teilnehmer und sogenannte Motivatoren vorgestellt und diskutiert. Motivatoren sind diejenigen Faktoren, aus denen die Teilnehmer ihren Antrieb und ihre Begeisterung für ihre Arbeit ziehen.

Identifikation mit der Aufgabe und Spaß

Teilnehmer möchten sich mit ihrer Aufgabe identifizieren können. Das bedeutet, dass sie Aufgaben bearbeiten wollen, deren Anforderungen ihren Fähigkeiten und Interessen entsprechen. Hierbei spielt häufig auch die Freude am Bewältigen der Aufgabe eine große Rolle.

Ethik

Ethisch motivierte Handlungen dominieren dann, wenn der Teilnehmer nicht nur eine Tätigkeit ausüben möchte, die effektiv und effizient ist, sondern mit der er darüber hinaus etwas Positives für andere Personen bewirkt und somit nachhaltig tätig ist.

Verantwortung

Der Grad der Verantwortung, die der Teilnehmer bei der Lösung der jeweiligen Aufgabe übernimmt, aber auch das Maß, wie verantwortungsvoll die Aufgabe selbst ist, können sich als sehr motivierend für den einzelnen Teilnehmer herausstellen. Dies schließt Verantwortung sowohl über Mitarbeiter wie auch über materielle und finanzielle Ressourcen ein.

Beziehung und Anerkennung

Die Anerkennung von geleisteter Arbeit durch den Leiter oder andere Teilnehmer kann ebenfalls ein wesentlicher Antrieb für die Motivation eines Teilnehmers sein. Eine wichtige Grundlage dafür ist die Beziehung zum Leiter und anderen Teilnehmern.

Karriere

Auch der Nutzen für die spätere Karriere kann eine Handlungsabsicht eines Teilnehmers sein. In diesem Fall motivieren den Teilnehmer insbesondere Aufgaben, die förderlich für seine persönliche Zukunft sind.

Herausforderung

Einige Teilnehmer werden vor allem dadurch motiviert, dass sie neue Herausforderungen erkennen und bewältigen. Sie suchen daher auch oft bewusst Aufgaben, die schwierig erscheinen oder sich von den Aufgaben aus ihrem sonstigen Arbeitsbereich inhaltlich oder methodisch unterscheiden.

Zusammenfassung

Die hier vorgestellten Handlungsabsichten und Motivatoren finden sich höchstwahrscheinlich bei allen Teilnehmern in verschiedenen Graden und Kombinationen. In der Praxis bewegen also meist mehrere Motivatoren einen einzelnen Teilnehmer zu seinen Handlungen. Jedoch gibt es dabei oft einen dominierenden Motivator, nach dem sich das Verhalten des Teilnehmers richtet. Kenntnisse über diese dominierenden Motivatoren helfen dem Leiter, einen Führungsstil zu pflegen, der die Interessen aller Teilnehmer berücksichtigt. Sie dienen daher als zusätzliche Unterstützung bei der Konfliktlösung.

2.4 Der Einfluss von Rollen und Normen

Rollen und Normen bilden sich im gemeinsamen Arbeitsprozess heraus. Ihre Bildung und Ausprägung sind von großer Bedeutung für die Gruppendynamik, da Rollen und Normen die Rahmenbedingungen festlegen, die die Zusammenarbeit der Teilnehmer regeln. Damit haben sie einen beträchtlichen Einfluss auf alle Gruppenprozesse und insbesondere auf die spätere Gruppenarbeit. Daher ist es sinnvoll, dass der Leiter die beiden Begriffe sowohl theoretisch versteht als auch um ihre möglichen praktischen Auswirkungen weiß.

2.4.1 Theorie und mögliche Konflikte

Rolle

Eine *Rolle* bezeichnet die *Menge aller Erwartungen*, die die Teilnehmer *an das Verhalten des Rolleninhabers* stellen. Dabei wird im Folgenden zwischen formellen und informellen Rollen unterschieden.

- **Formelle Rolle**: die Rolle, die der Vorgesetzte einem Teilnehmer zuweist oder die unmittelbar mit dem Arbeitsauftrag verknüpft ist.
- **Informelle Rolle**: die Rolle, die die restlichen Teilnehmer der Gruppe einem Teilnehmer zuweisen.

Zwischen Inhabern offizieller Rollen und Inhabern vergleichbarer inoffizieller Rollen können Kompetenzkonflikte entstehen, wenn sich die Arbeitsfelder der offiziellen und inoffiziellen Rollen überschneiden. Dies kann beispielsweise bei Gruppensitzungen auftreten, deren Leitung der Chef zwar formal einem Mitarbeiter übertragen hat, bei der er aber selber anwesend ist und steuernd eingreift bzw. ohne das Wort erteilt zu bekommen unaufgefordert ergänzende Hinweise liefert. Die so entstandenen Spannungen müssen sich jedoch nicht ausschließlich destruktiv auf das Gruppenklima auswirken, sondern können unter Umständen auch konstruktiv genutzt werden.

Eine Möglichkeit für eine konstruktive Nutzung besteht u. a. darin, Elemente der auf Konfrontation (Kapitel 6.7) oder Rollenspielen (Kapitel 6.6) beruhenden Ideenfindungsmethoden anzuwenden und auf die konkrete Situation zuzuschneiden. In diesen Methoden spielt Kritik eine zentrale Rolle beim Erschließen neuer gedanklicher Ansätze oder beim Vermeiden grober Fehler. Sie erweisen sich als besonders nützlich, da die Teilnehmer sonst aus Furcht vor negativen Konsequenzen häufig keine Kritik äußern. Viele Konflikte entstehen zudem erst durch das formelle oder informelle Verbot, Missstände direkt anzusprechen. Aus diesem Grund kann der Leiter einen bestehenden Konflikt zusätzlich entschärfen, wenn er einen kontrollierten methodischen Rahmen schafft, der Kritik einen Raum gibt.

Jedoch sei an dieser Stelle ebenfalls darauf hingewiesen, dass sich hinter der geforderten Kritik aus den oben genannten Methoden keine zwischenmenschlichen Spannungen verbergen sollten. Kritik muss in einer konflikthaltigen Situation sehr dosiert und überlegt geäußert werden, damit sich der bereits vorhandene Konflikt nicht drastisch zuspitzt. Auch hier ist es daher schwierig, ein in allen Situationen gültiges »Patentrezept« anzugeben. Vielmehr sind wie so oft die Führungskompetenzen und das empathische Vermögen des Leiters von zentraler Bedeutung.

Norm

Norm ist der Überbegriff für *Regeln und Wertvorstellungen*, die den Ablauf der Arbeitsphasen sowie der *gruppeninternen Zusammenarbeit bestimmen*. Auch Normen lassen sich weiter unterteilen:

- **Offizielle Norm**: Sie ist das Resultat von Regeln und Wertvorstellungen, die gemeinsam mit allen Teilnehmern kommuniziert wurden und allen Teilnehmern bekannt sind.
- **Inoffizielle Norm**: Sie folgt aus Regeln und Wertvorstellungen, über die Leiter und Teilnehmer offiziell nicht reden, die jedoch Aspekte des Verhaltens in der Gruppe bestimmen. Häufig führen negative Erfahrungen oder die Angst vor negativen Reaktionen des Leiters oder anderer Teilnehmer zu inoffiziellen Normen.

Inoffizielle Normen können im Widerspruch zu offiziellen Normen stehen und setzen diese dann häufig außer Kraft, sodass der Gruppenprozess nicht wie kommuniziert ablaufen kann. Ein Beispiel hierfür wäre ein Mittagessen auf einer Konferenz, das offiziell der Erholung dient, bei dem jedoch erwartet wird, dass die Teilnehmer fachliche Gespräche weiterführen und Kontakte knüpfen.

Möglicherweise sind inoffizielle Normen nur einigen Teilnehmern bekannt oder werden nur von einer kleinen Gruppe an Teilnehmern befolgt. Dadurch kann es innerhalb der Gruppe zu zusätzlichen Konflikten oder zur Bildung von rivalisierenden Kleingruppen kommen. Für den Erfolg der weiteren Zusammenarbeit in der Gruppe ist es daher wichtig, inoffizielle Normen zu erkennen und außer Kraft zu setzen.

2.4.2 Praktische Tipps

Der Leiter besitzt u. a. folgende Möglichkeiten, den oben beschriebenen negativen Effekten des Norm- und Rollengefüges entgegenzuwirken:

Konflikte zwischen formellen und informellen Rolleninhabern

Für den Leiter ist es wichtig zu beachten, dass er nicht ausschließlich den vordergründigen Konflikt unterbindet, sondern vielmehr das Hauptaugenmerk auf die Untersuchung der Ursachen eines Konflikts richtet. Dabei kann es hilfreich sein, die *Interessen und Motivatoren* herauszufinden, die hinter den konfligierenden Forderungen beider Rolleninhaber stehen.

Auf Grundlage dieser Interessen versucht der Leiter anschließend eine Lösung zu finden, die beiden Interessen gerecht wird. Er strebt also nach Möglichkeit einen →*Konsens* (S. 40) und *keinen Kompromiss* an. Gelingt dies, kann er zudem erwägen, inwiefern eine Zusammenarbeit beider Rolleninhaber möglich und sinnvoll ist und ob sich bei dieser Zusammenarbeit Synergieeffekte aus den Kenntnissen beider Rolleninhaber schaffen lassen. Lässt sich jedoch eine Zusammenarbeit beider Rolleninhaber nicht mit ihren Interessen vereinbaren, ist es wichtiger, eine Lösung zu finden, die diese Interessen auf eine andere Weise berücksichtigt, als die Zusammenarbeit zu erzwingen.

Allgemeiner Umgang mit einem informellen Rollengefüge

Da die Teilnehmer innerhalb eines informellen Rollengefüges Stellungen einnehmen, die ihnen der Leiter nicht zugewiesen hat, kann es passieren, dass der Leiter sich ganz auf das formelle Rollengefüge verlässt und die Existenz weiterer informeller Rollen außer Acht lässt. *Jedoch darf dieses informelle Rollengefüge nicht ignoriert werden!* Es kann zu erheblichen Spannungen und Reibungsverlusten führen, wenn der Leiter das informelle Rollengefüge ignoriert oder es lediglich als zu beseitigenden Störfaktor der formellen Regelungen ansieht und entsprechend nachlässig damit umgeht.

Existiert ein informelles Rollengefüge, das stark im Widerspruch zum formellen Rollengefüge steht, sollte der Leiter dieses Gefüge nicht einfach beseitigen, sondern auch nach den Ursachen für das informelle Rollengefüge suchen. Denn informelle Regelungen können auf Missstände im formellen Rollengefüge oder in den offiziellen Normen hindeuten. So kann ein informelles Rollengefüge durchaus dazu beitragen, die Arbeit oder die Entwicklung einer Gruppe zu fördern, wenn dieses etwa Defizite formeller Regelungen zu kompensieren versucht.

Konflikte aufgrund von inoffiziellen Normen

Inoffizielle Normen müssen zuerst erkannt werden. Dies ist nur indirekt möglich: Durch das Ausbleiben der mit offiziellen Normen zusammenhängenden Verhaltensweisen bzw. Arbeitsaufträge lassen sich Rückschlüsse auf mögliche inoffizielle Normen ziehen.

Der Leiter ermittelt anschließend in einer Diskussion mit den Teilnehmern die Ursachen für das Zustandekommen der jeweiligen inoffiziellen Norm. Die jeweilige Diskussion kann er eröffnen, indem er zuerst seine Gedanken und Gefühle anspricht. Nachdem die Ursachen für die jeweilige inoffizielle Norm erkannt sind, hat der Leiter im nächsten Schritt folgende Möglichkeiten:

- Er kann versuchen, Konflikte durch eine →Konsensfindung (S. 40) zu lösen und dabei die Hilfestellungen aus dem folgenden Kapitel über Kommunikation, Kooperation und Gruppendominanzen (S. 28) zu nutzen.
- Sind ausschließlich Befürchtungen vor negativen Konsequenzen die Ursache für inoffizielle Normen, so können diese Befürchtungen während des Arbeitsprozesses abgebaut werden, wenn der Leiter dem Eintreten dieser negativen Konsequenzen entgegensteuert.

Umbesetzung der formellen Rollen

Falls die bisher in diesem Kapitel vorgestellten Hilfsmittel zur Konfliktprävention gescheitert sind und der Konflikt innerhalb der Gruppe weiter besteht, kann der Leiter schließlich noch die formellen Rollen umbesetzen. Dieser Prozess ist einerseits wieder mit neuen Konflikten verbunden und erfordert enorme Kraftanstrengungen. Andererseits ist er im Vergleich zur gescheiterten gegenwärtigen Aufgabenverteilung langfristig gesehen die bessere Option für die Zusammenarbeit der Gruppe und das Gruppenklima:

Wenn eine offizielle Rolle und die damit verbundenen Aufgaben einem Teilnehmer zufallen, der nicht über ausreichende Kenntnisse oder Fähigkeiten verfügt, setzt dies den Teilnehmer unter enormen Druck. Denn er ist nicht in der Lage, die ihm aufgetragenen Aufgaben zu erfüllen. Dies kann zusätzlich dazu führen, dass er versucht, anderen Teilnehmern die Schuld für sein Scheitern zuzuweisen, oder Konflikte mit anderen Teilnehmern provoziert, um von der unzureichenden Erfüllung seiner Aufgabe abzulenken. Darüber hinaus gefährdet die nur unzureichend erfüllte Aufgabe des Teilnehmers das Gesamtgruppenziel.

Das wichtigste Argument für eine Neubesetzung der Rollen ist jedoch, dass andernfalls ein potenzieller Konflikt zwischen dem Inhaber der formellen und dem Inhaber der informellen Rolle aufrechterhalten bleibt. Dieser Konflikt kann den Arbeitsprozess stark beeinträchtigen und schließlich sogar die Gruppe ganz zerstören.

Zusammenfassung

Mitunter kann es schwierig sein, die oben vorgestellten Methoden zur Konfliktprävention und -lösung eins zu eins auf die konkreten Situationen und Konflikte zu übertragen, die in der Gruppe vorherrschenden. Aus diesem Grund ist es wichtig, dass der Leiter stets auf sein persönliches Wissen und seine Erfahrungswerte zurückgreift, um situationsangepasste Lösungen für die bestehenden Konflikte zu finden. Die vorgestellten Methoden sind daher vor allem als Ergänzungen und Hilfestellungen zu verstehen, die auf den individuellen Erfahrungswerten des Leiters im Umgang mit Konflikten und auf seinen Kenntnissen über die verschiedenen Qualitäten der einzelnen Teilnehmer aufbauen sollen.

Wichtig ist die *Kenntnis* der Gruppenrollen und Normen.
Wichtiger ist die *Erkenntnis,* wie diese den Gruppenprozess fördern oder behindern.
Am wichtigsten ist das *Nutzen* des eigenen gesunden Menschenverstandes.

2.5 Kommunikation, Kooperation und Dominanzen

Die vorangehenden Unterkapitel bezogen sich vor allem auf die Konfliktprävention bei allgemeinen gruppendynamischen Prozessen wie der Gruppenbildung und der Ausprägung des Rollen- und Normgeflechtes. In diesem Unterkapitel stehen nun die Kommunikation und die Kooperation zwischen den Teilnehmern im Vordergrund. Ebenfalls betrachtet das Kapitel, wie sich Dominanzen ausbilden, da sie einen großen Einfluss auf das Kommunikations- und Kooperationsverhalten der Teilnehmer besitzen.

2.5.1 Dominanzen innerhalb der Gruppe

Zur Beschreibung des Kommunikations- und Kooperationsverhaltens von Gruppenteilnehmern existiert eine Vielzahl von Modellen, deren ausführliche Auflistung und Erläuterung den Rahmen dieses Buches sprengen würden. Daher sei an dieser Stelle auf weiterführende Literatur verwiesen (*Antons* 1998). Das vorliegende Kapitel hingegen beschränkt sich auf ein eher simples Modell, das sich jedoch besonders für den Einsatz in der Praxis eignet, weil es sehr einprägsam ist.

Dieses Modell führt das Kommunikations- und Kooperationsverhalten auf Dominanzen zurück, die in der Gruppe vorherrschen, und benennt informelle Gruppenrollen, die in unterschiedlich starker Ausprägung charakteristisch für die meisten Gruppen sind. Diese informellen Rollen werden mit griechischen Buchstaben abgekürzt und haben folgende Bedeutung:

Tabelle 2-1: Griechische Buchstaben und die ihnen entsprechenden informellen Rollen

α	Das »Alphatier«: Gruppensprecher, Gruppenleiter, Initiator
β	Berater, Fachmann, ausgleichender Diplomat, positiver Kritiker
γ	Helfer, Mitglied, Zuarbeiter (zu α), Überwacher → Es gibt meistens mehrere γ.
δ	Gegenalpha, Gegner, Verhinderer → Meist allein!
ω	Gruppenaußenseiter, schwarzes Schaf, Prügelknabe

Die folgende Abbildung veranschaulicht die Bedeutung dieser informellen Rollen noch einmal grafisch:

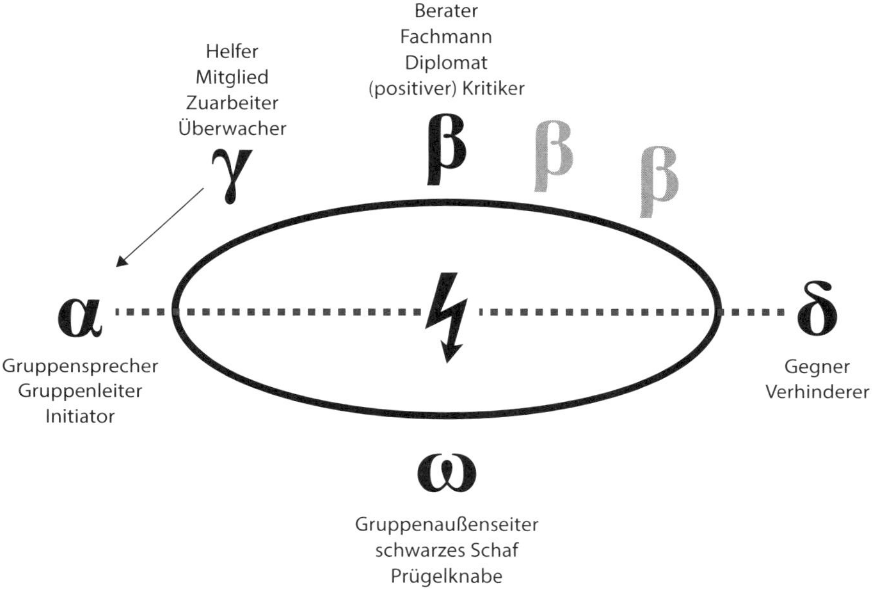

Abbildung 2-1: Visualisierung der Gruppendominanzen

Mit den vorgestellten Rollengefügen gehen zwei entscheidende potenzielle Konfliktpunkte einher, auf die der Leiter besonders achten sollte. Zum einen ist das der Umgang mit dem Konflikt, der aus der Rivalität zwischen α und δ resultiert, zum anderen ist dies der Umgang mit Konflikten, die aus der Rolle des Sündenbocks ω resultieren. Zwar ist es schwierig, zu diesen beiden Konfliktpunkten allgemeingültige Ratschläge zu geben, jedoch sollte der Leiter in beiden Fällen die entsprechenden Konflikte nicht bloß unterbinden, sondern darüber hinaus ihre Ursachen herausfinden.

Bei den *Konflikten zwischen α und δ* kann dabei im Rahmen einer →Konsensfindung (S. 40) untersucht werden, welche Interessen hinter der Rivalität dieser beiden Rolleninhaber stehen und ob sich diese Interessen doch noch in einem Konsens in Einklang miteinander bringen lassen.

Der Tatsache, dass es einen *Sündenbock* gibt, sollte der Leiter hingegen nicht entgegenwirken, indem er herauszufinden versucht, warum ein bestimmter Teilnehmer zum Sündenbock wurde. Zum einen könnte dies schnell in gegenseitigen Schuldzuweisungen enden, zum anderen sind die Beweggründe für die Teilnehmer, sich einen

Sündenbock zu suchen, häufig vorgeschoben und lenken vom eigentlichen Problem ab. Vielmehr ist es für den Leiter entscheidend zu erkennen, warum die Gruppe überhaupt einen Sündenbock braucht, damit er die Missstände eliminieren kann, die sich hinter diesem Bedürfnis nach einem Sündenbock verbergen.

2.5.2 Feedback und (konstruktive) Kritik

Damit Gruppenarbeit auch auf lange Sicht erfolgreich bleibt, müssen die Schwierigkeiten, die während des Gruppenarbeitsprozesses möglicherweise auftreten, angesprochen und auch gelöst werden. Daher ist das Äußern von *Feedback und Kritik sowohl am Leiter als auch an anderen Teilnehmern durch andere Teilnehmer oder den Leiter selbst* ein tragender Bestandteil des Gruppenarbeitsprozesses, ohne den bei einer langfristigen Zusammenarbeit als Gruppe das Gruppenziel gefährdet wird.

Das konstruktive Äußern von Feedback oder Kritik hängt von vielen schwer beeinflussbaren Faktoren ab, beispielsweise von den individuellen Persönlichkeiten der Teilnehmer. Daher gibt das vorliegende Kapitel nun ein paar kurze Ratschläge, wie die Gruppenmitglieder gewinnbringend Feedback formulieren können und wie sich die Schwierigkeiten auf ein Minimum begrenzen lassen, die oft mit dem Äußern von Kritik einhergehen.

Kommunikationsstil

Grundsätzlich sollten Gruppenmitglieder beim Äußern von Feedback oder Kritik denjenigen Teilnehmer, den das Feedback oder die Kritik betrifft, direkt anreden. Formulierungen im Passiv oder Formulierungen, die mit »man« beginnen, sollten vermieden werden, um sicher zu gewährleisten, dass sich der adressierte Teilnehmer angesprochen fühlt und sich bewusst darüber wird, dass das Feedback oder die geäußerte Kritik ihm gilt.

Ebenso sollte sich Kritik ausschließlich auf den konkreten aktuellen Kritikpunkt beziehen. Verallgemeinerungen (die etwa durch Schlagworte wie »immer« oder »niemals« eingeleitet werden) oder Ausschweifungen auf nicht den Kritikpunkt betreffende Geschehnisse müssen vermieden werden, da sie sich destruktiv auf die Lösung des Problems auswirken, das der Kritik zugrunde liegt. Sie lenken vom eigentlichen Thema ab und verschärfen die aktuelle Situation unnötig.

Konstruktive Kritik

Feedback und vor allem Kritik sollten immer eine konstruktive Form annehmen. Zu diesem Zweck sollten die Gruppenmitglieder Kritik immer zusammen mit einem Lösungsvorschlag äußern oder eine Handlungsalternative benennen.

Wenn sie ihre Kritik konstruktiv formulieren, helfen sie dabei, die *sachlichen* Kritikpunkte in den Vordergrund zu rücken. Indem sie Alternativen oder Lösungsvorschlägen aufzeigen, beugen sie der Gefahr vor, dass der kritisierte Teilnehmer die Kritik ausschließlich als unbegründetes Nörgeln an seiner Person auffasst. Sind die Teilnehmer verpflichtet, Kritik konstruktiv zu formulieren, hat dies zudem den Vorteil, dass jeder Teilnehmer selbst erst einmal versuchen muss, mögliche Lösungen für den Sachverhalt zu finden, der ihn stört. Somit kann die Gruppe im Laufe dieses Prozesses auch schwer lösbare Probleme identifizieren, deren Komplexität oder Schwierigkeitsgrad vorher unterschätzt wurde, und sie kann dementsprechend mehr materielle und personelle Ressourcen bereitstellen.

Sachliche Kritik und der Umgang mit negativen Emotionen

Zusätzlich dazu, dass sie ihre Kritik konstruktiv formulieren, müssen sowohl der kritisierende als auch der kritisierte Teilnehmer versuchen, diese Kritik *frei von persönlichen Angriffen* zu formulieren oder aufzufassen und dabei einen *ruhigen und sachlichen Tonfall* verwenden. Wer geäußerte Kritik als teilweisen oder vollständigen Gesichtsverlust empfindet, ist viel weniger dazu bereit, diese Kritik anzunehmen. Die Art, wie Kritik empfunden wird, hängt dabei von vielen Faktoren ab, welche sich selten vollständig ermitteln lassen. Kritik sollte daher immer, wenn möglich, in einem Einzelgespräch geäußert werden, damit der kritisierte Teilnehmer diese nicht als Gesichtsverlust vor der restlichen Gruppe empfindet. In ernsten Fällen kann es erforderlich sein, dass der Leiter mit den betroffenen Teilnehmern Einzelgespräche führt.

Generell stellt sowohl das Kritisieren als auch das Kritisiertwerden einen Prozess dar, der für beide Teilnehmer mit negativen Emotionen verknüpft sein kann. Für den kritisierenden Teilnehmer ist der Sachverhalt negativ besetzt, auf den er mit seiner Kritik hinweisen möchte, und für den kritisierten Teilnehmer kann die Tatsache, kritisiert zu werden, Abwehr- und Schutzreflexe auslösen. Daher hilft es beiden Teilnehmern, wenn sie sich in die *Lage des jeweils anderen Teilnehmers hineinversetzen* und sich bei negativen Emotionen bewusst machen, dass sie eine dauerhafte Lösung für das zugrunde liegende Problem am besten auf einer sachlichen Ebene erreichen. Impulsives Handeln kann zwar in der konkreten Situation als gerechtfertigt empfunden werden, wirkt sich jedoch mittelfristig meist kontraproduktiv auf eine Lösung des Problems aus, das der Kritik zugrunde liegt.

Cookie-Lemon-Cookie

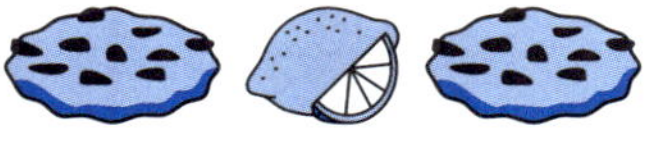

Eine Möglichkeit, die Kritik für den kritisierten Teilnehmer leichter verdaulich zu machen, besteht darin, das sogenannte *Cookie-Lemon-Cookie-Schema* für das Äußern von Kritik zu verwenden. Dabei erwähnt der kritisierende Teilnehmer zunächst eine Sache, die er an der Arbeit des kritisierten Teilnehmers gut findet (dies ist der erste

»*Cookie*«) und nennt erst anschließend seinen Kritikpunkt (das Saure, also die »Zitrone«/»*Lemon*«). Dabei ist auch hier zu beachten, dass die jeweilige Kritik konstruktiv formuliert sein muss. Wenn zum Abschluss auf die Kritik ein weiterer »*Cookie*« folgt, kann dies dem kritisierten Teilnehmer helfen, die Kritik in einen sachlichen anstatt persönlichen Kontext einzuordnen. Der kritisierende Teilnehmer spricht also idealerweise wieder ein abschließendes Lob gegenüber dem kritisierten Teilnehmer aus.

3 Moderation

»Um die Wahrheit zu finden, muss man diskutieren.«

PETER WEISS, DEUTSCHER SCHRIFTSTELLER

Die Kommunikation zwischen den Teilnehmern ist für die Gruppenarbeit von zentraler Bedeutung, da durch sie erst Interaktion und Zusammenarbeit zwischen den Teilnehmern möglich werden. Darum beschränken sich viele der in diesem Buch vorgestellten Gruppenarbeitsmethoden nicht auf die Kommunikation zwischen wenigen Teilnehmern, sondern nutzen die moderierte Diskussion, um jedem Teilnehmer die Kommunikation mit anderen Teilnehmern zu ermöglichen. Eine moderierte Diskussion erlaubt es, die Wortmeldungen, Vorschläge oder Ideen jedes Teilnehmers zu erfassen, und jeder Teilnehmer hat die Möglichkeit, durch eigene Diskussionsbeiträge auf vorangegangene Wortmeldungen zu reagieren.

Jedoch kann eine Diskussion nur dann die gewünschten Resultate liefern, wenn sie unter zuvor festgelegten strukturellen Rahmenbedingungen stattfindet. Die hierfür geltenden Kriterien sind in Kapitel 3.2.1 aufgelistet. Um diese strukturellen Rahmenbedingungen zu schaffen und aufrechtzuerhalten, ist ein Moderator, der die Diskussion leitet, meist extrem hilfreich. Er kommuniziert Diskussionsregeln, achtet auf ihre Einhaltung und greift zusätzlich in die Diskussion ein, um Abschweifungen zu unterbinden und die Diskussion zielgerichtet zu einer möglichen Lösung des zugrunde liegenden Problems zu führen. Der Moderator nimmt somit bei einer Vielzahl von Gruppenmethoden eine zentrale Rolle ein. Aus diesem Grund erläutert das folgende Kapitel die Aufgaben des Moderators, präsentiert allgemeine Moderationstechniken und legt mögliche Vorgehensweisen im Umgang mit problematischen Situationen während der Diskussion dar.

3.1 Übersicht

Während Kapitel 2 die wechselseitigen Beziehungen der Teilnehmer untereinander, mögliche Gruppenrollen und daraus resultierende Konsequenzen aufgezeigt hat, geht dieses Kapitel darauf ein, welche *Anforderungen* der Moderator erfüllen muss. Außerdem erläutert es anhand von Beispielen, wie er sich in *Situationen mit Konfliktpotenzial* verhält.

Den Einstieg in das Kapitel bilden die *Parkinson'schen Gesetze*. Sie stellen auf satirische Weise Situationen vor, die den Lösungsfindungsprozess zum Erliegen bringen. Im Anschluss folgen Erläuterungen, die die *allgemeinen Aufgaben des Moderators* während einer Sitzung präzisieren und die beschreiben, über welche Eigenschaft eine Person verfügen muss, um die Rolle des Moderators einnehmen zu können. Nachfolgend beschreibt das Kapitel den *Kommunikationsstil*, mit dem der Moderator die Diskussion leitet.

Von den allgemeinen Eigenschaften und Aufgaben des Moderators geht es im darauffolgenden Kapitel zur *Konsensfindung*, welche zunächst anhand eines Beispiels erläutert wird. Die Konsensfindung stellt für die in diesem Buch vorgestellten Gruppenarbeitsmethoden ein zentrales und immer wiederkehrendes Element dar. Daher sei bereits an dieser Stelle darauf hingewiesen, dass ein *Konsens kein Kompromiss* ist!

Das anschließende Kapitel befasst sich schließlich mit der *Konfliktvermeidung*. Die Allegorie der »Konferenz der Tiere« verdeutlicht dazu die *verschiedenen Charaktereigenschaften* der Teilnehmer und veranschaulicht sowohl positive als auch negative Aspekte dieser Charaktereigenschaften. Anschließend werden Strategien präsentiert, wie der Moderator die Ursachen sogenannter *Sitzungsfallen* erkennt und behebt. Dabei handelt es sich um Situationen, in denen sich die Diskussion im Kreis dreht oder auf ablenkende Aspekte versteift. Zusätzlich finden sich im Kapitel Hilfestellungen zum Umgang mit aggressiven Äußerungen von Teilnehmern, sogenannten *Killerphrasen*.

3.2 Allgemeine Aufgaben

3.2.1 Regeln kommunizieren

Vor Beginn einer Diskussion oder methodenbasierten Gruppenarbeit besteht eine wesentliche Aufgabe des Moderators darin, allen Teilnehmern die Regeln zu kommunizieren, denen der folgende Gruppenarbeitsprozess unterliegt. Denn auch den Ablauf der Gruppenarbeit müssen Regeln und Voraussetzungen bestimmen, damit die Arbeit produktiv sein kann. Dies kommt in der Praxis häufig zu kurz, etwa wenn sich Gruppenarbeit unter dem Deckmantel eines vermeintlichen Brainstormings auf das chaotische Notieren von Begriffen beschränkt. Gruppenarbeit und insbesondere die in diesem Buch vorgestellten Gruppenarbeitsmethoden folgen stets Regeln, und sie können nur dann die erhofften Resultate hervorbringen, wenn diese Regeln die folgenden *sieben Voraussetzungen* erfüllen:

(1) Die Regeln sollten für alle Teilnehmer *fair* formuliert sein.
(2) Sie sollten so beschaffen sein, dass alle Teilnehmer sie realistischerweise *einhalten können*.
(3) Sie müssen für die jeweilige Art der Gruppenarbeit *zweckdienlich* sein. Nur so kann der folgende Punkt gewährleistet werden:
(4) Die Regeln müssen von allen Teilnehmern *akzeptiert* werden.
(5) Sie müssen allen Teilnehmern *kommuniziert* werden, sodass sie ihnen auch bekannt sind.

(6) Der Leiter muss dabei beachten, dass er die Regeln auch selbst befolgt, sie also *vorlebt.*

(7) Wenn nötig muss der Leiter ihre Nichteinhaltung *sanktionieren*, da die vorgegebenen Regeln ohne entsprechende Sanktionen langfristig nicht von den Teilnehmern eingehalten werden.

3.2.2 Aufgaben während der Sitzung

Der Moderator erfüllt in einer Diskussion vor allem eine unterstützende Funktion. Seine Hauptaufgabe besteht darin, das zu lösende Problem zu präzisieren und zu verhindern, dass sich die Diskussion von der Richtung möglicher Lösungen entfernt. Dabei beteiligt sich der Moderator normalerweise nicht selbst mit fachlichen Beiträgen an der Diskussion, sondern hilft den Teilnehmern dabei, in gemeinsamem Austausch eine Lösung zu erarbeiten. Dies bedeutet jedoch nicht, dass der Moderator eine ausschließlich passive Rolle einnimmt: Es gehört u. a. zu seinen Aufgaben, passive Teilnehmer zu Wortmeldungen zu ermutigen und Ab- und Ausschweifungen höflich, aber bestimmt zu unterbinden. Dabei kann es auch Aufgabe des Moderators sein, die Tagesordnung und den Zeitplan im Auge zu behalten und auf deren Einhaltung zu achten.

Falls erforderlich fasst der Moderator zusätzlich Wortmeldungen, Argumente, Begriffe und Ergebnisse während der Diskussion zusammen. Dabei muss er die Aussagen der Teilnehmer so weit wie möglich präzisieren, ohne sie zu verfälschen. Dies ist vor allem bei den Methoden zur Ideensuche aus Kapitel 6 unerlässlich, denn hier geht es darum, die vielen gesammelten Ideen so knapp und verständlich wie möglich zu protokollieren.

In Diskussionen, in denen keine neuen Wortmeldungen mehr geäußert werden, kann der Moderator die Teilnehmer zu neuen Impulsen motivieren: Falls dabei ausschließlich Ideenmangel überwunden werden muss, kann er die bereits in der Diskussion erarbeiteten Aspekte zusammenfassen und die Teilnehmer bitten, ausgehend von diesen Zwischenergebnissen weitere Lösungsvorschläge zu erarbeiten. Bleiben die Wortmeldungen jedoch aus, weil die Teilnehmer Angst haben, einen negativen Sachverhalt auszusprechen, sollte der Moderator seine eigenen Gefühle und Einschätzungen zur Sachlage vermitteln, um es den Teilnehmern zu erleichtern, dies ihrerseits ebenfalls zu tun.

Darüber hinaus nimmt die →Konsensfindung (S. 40) eine zentrale Rolle bei der Moderation ein: Wenn sich Forderungen von einzelnen Teilnehmern widersprechen, sollte der Moderator darauf hinwirken, dass die Teilnehmer einen Konsens finden (*Achtung: Konsens ≠ Kompromiss*). Da der Moderator keine eigenen Argumente zur Diskussion beisteuert und die Diskussion dennoch in Richtung einer möglichen Lösung lenken soll, muss er gut über das Thema informiert sein. Jedoch sollte er nach Möglichkeit keine Diskussion zu einem Thema moderieren, an dem er selbst stark interessiert ist, um nicht zu großen Einfluss auf das Ergebnis der Diskussion zu nehmen.

Zusammenfassung

Aufgaben des Moderators:

- Der Moderator ist über das Thema sehr gut informiert, er darf die Diskussion aber nicht dominieren.
- Er ist kein Alleinredner oder Selbstdarsteller.
- Bei den Themen, an denen der Moderator selbst stark interessiert ist, muss ein anderer Teilnehmer die Moderation übernehmen.
- Der Moderator sorgt dafür, dass die Diskussion am Thema bleibt. Ab- und Ausschweifungen unterbindet er höflich, aber bestimmt.
- Der Moderationsstil ist aktiv: Der Moderator ermutigt passive Teilnehmer dazu, sich an der Diskussion zu beteiligen; dominante Teilnehmer bremst er.
- Die Beiträge der Teilnehmer fasst der Moderator zusammen und präzisiert sie, ohne ihren Inhalt zu verfälschen.
- Der Moderator schafft im Laufe des Moderationsprozesses Transparenz für alle Teilnehmer.
- Er bezieht *alle* Teilnehmer ein und begeistert sie für die Gruppenarbeit.

3.2.3 Aufgaben nach der Sitzung

Am Ende einer Sitzung muss der Moderator die noch zu erledigenden Aufgaben sowie das Zeitfenster identifizieren, in dem diese Aufgaben bewältigt werden müssen. Dazu bestimmt er für jede Aufgabe einen oder mehrere Verantwortliche, die die Aufgaben bis zur jeweiligen Frist erledigen. Daher gilt:

Kein Anfang ohne Agenda, kein Ende ohne Arbeitsauftrag.

3.3 Kommunikation

3.3.1 Parkinson'sche Gesetze

Der britische Historiker und Publizist Cyril Northcote Parkinson (1909–1993) stellte unter anderem die folgenden beiden satirischen Gesetze zur bürokratischen Verwaltung auf. Sie weisen auf Stolpersteine hin, die sich auch in der Gruppenarbeit bei vielen Sitzungen beobachten lassen und die auf jeden Fall vermieden werden sollten:
§ 1 »In Sitzungen werden diejenigen Themen am ausführlichsten diskutiert, von denen die meisten Teilnehmer Ahnung haben – und nicht diejenigen Themen, die am wichtigsten sind.«
§ 2 »Arbeit dehnt sich in genau dem Maß aus, wie Zeit für ihre Erledigung zur Verfügung steht – und nicht in dem Maß, wie komplex sie tatsächlich ist.«

Diese Gesetze lassen sich zudem um folgende zwei Gesetze erweitern:
§ 3 »Verzögerung ist die tödlichste Form der Verweigerung.«
§ 4 »Entscheidungsgremien werden weniger effektiv, wenn sie mehr als fünf bis acht Mitglieder haben.«

Auch wenn diese vier Gesetze einen satirischen Charakter aufweisen, sollte der Moderator sie stets präsent haben. Sobald die in diesen Gesetzen beschriebenen Probleme auftreten, wird es nur noch sehr schwer möglich sein, das durch die Gruppenarbeit angestrebte Ziel fristgerecht zu erreichen.

3.3.2 Kommunikationsstil und Kommunikationsregeln

Die Teilnehmer kommunizieren im *selbstständigen Austausch*, also ohne Wortzuteilung[1], da Wortzuteilung eine Diskussion zerhackt und einen dynamischen Austausch verhindert. Deshalb ist die bereits oben erwähnte aktive Moderation umso bedeutender, in der der Moderator regelnd in die Diskussion eingreift, wenn Teilnehmer abschweifen oder einander wiederholt unterbrechen, und in der er versucht, auch passiven Teilnehmern Raum für ihre Meinungsäußerung zu geben.

Der Moderator achtet darüber hinaus darauf, dass die Argumentation der Teilnehmer *sachlich* bleibt. Wenn es im Laufe der Diskussion zu unsachlichen Angriffen oder aggressiven Wortmeldungen kommt, begegnet der Moderator ihnen auf einer sachlichen Ebene und stellt sie gegebenenfalls zur Diskussion. Beispiele dazu finden sich

1 Wortzuteilungen können jedoch erforderlich werden, wenn es viele gleichzeitige Wortmeldungen gibt. Dann muss der Moderator sie organisieren, indem er sie in eine Reihenfolge einordnet oder die Anzahl oder die Länge der Wortmeldungen begrenzt.

im Kapitel über →Sitzungsfallen (S. 45) und über →aggressive Wortmeldungen (S. 53).

Um die Sachlichkeit während der Diskussion zu gewährleisten, fordert der Moderator die Teilnehmer auf, abweichende Meinungen immer durch →*konstruktive Kritik* (siehe Kapitel 2.5.2) auszudrücken.

Strategien, um eine ins Stocken geratene Diskussion wieder in Gang zu bringen:

- Ist Ideenmangel die Ursache für die Passivität, fasst der Moderator die wesentlichen Punkte zusammen, die bis dahin in der Diskussion genannt wurden, und bittet die Teilnehmer, diese Zwischenergebnisse weiterzuentwickeln.
- Wenn die Teilnehmer Hemmungen haben, ihre Ansichten zu äußern, weil sie sich fürchten, für ein Problem verantwortlich gemacht zu werden, äußert der Moderator zuerst seine Gedanken und Gefühle zum Thema.
- Liegt die Passivität der Teilnehmer daran, dass andere Teilnehmer durch aggressive Äußerungen ein negatives Diskussionsklima verbreiten, begegnet der Moderator aggressiven Wortmeldungen zunächst sachlich und stellt sie gegebenenfalls zur Diskussion.

3.4 Konsensfindung

»Aus faulen Eiern werden keine Küken.«

WILHELM BUSCH, DEUTSCHER DICHTER

3.4.1 Warum ist ein Konsens einer Abstimmung vorzuziehen?

Eine Entscheidung, die im Konsens getroffen ist, wird von allen Teilnehmern der Gruppe mitgetragen. Bei einer Abstimmung hingegen setzt sich eine Mehrheit an »Gewinnern« gegenüber einer Minderheit an »Verlierern« durch. Die Teilnehmer, die sich mit ihren Vorschlägen in der Abstimmung nicht durchsetzen konnten, werden jedoch nur schwer zu motivieren sein, sich für einen Vorschlag einzusetzen, den sie nicht wollten.

Abstimmungen können ebenfalls dazu führen, dass sich die Teilnehmer, deren Vorschlag sich nicht durchsetzen konnte, übergangen fühlen. Sie gewinnen eventuell den Eindruck, die Mehrheit habe ihren Vorschlag nicht verstanden oder durchdacht oder sich möglicherweise aufgrund von persönlichen Beweggründen für einen anderen Vorschlag entschieden. Die Konsensfindung versucht, diese Probleme zu umgehen.

Entscheidend bei der Konsensfindung ist, dass sich die Teilnehmer mit den unterschiedlichen Vorschlägen der Gruppe auseinandersetzen müssen. Bei einer Abstimmung kann es leicht dazu kommen, dass ein Teilnehmer von der Gruppe überstimmt wird, bevor er die Möglichkeit hatte, die Zusammenhänge und Details hinter seinem Argument darzulegen. So minimiert die Konsensfindung die Gefahr, dass die Gruppe ein für die Entscheidung relevantes Argument nicht bedenkt.

3.4.2 Was ist ein Konsens?

Ein Konsens ist kein Kompromiss. Das folgende Beispiel verdeutlicht den Unterschied:

Zwei Schwestern wollen beide eine Orange, obwohl es davon nur noch eine einzige in ihrem gemeinsamen Haushalt gibt. In dieser Situation bestünde die Kompromisslösung darin, dass sich die Schwestern die Orange teilen und jeweils eine Hälfte erhalten. Damit treffen sie sich »in der Mitte«, das heißt, jede von beiden ist ein Stück weit von ihrer Forderung abgewichen.

Für den Konsens hingegen würden beide Schwestern zuerst klären, welche Interessen hinter ihren Forderungen liegen. Das bedeutet, dass sie nicht nur darüber sprechen, *was* jede der beiden will, sondern auch darüber, *warum* sie die Orange jeweils haben wollen. So könnte sich herausstellen, dass eine der Schwestern den Saft der Orange trinken möchte und die andere deren Schale zum Backen benötigt.

Die Konsenslösung besteht also darin, dass diejenige Schwester, die den Saft trinken möchte, die Orange erst auspresst und dann die Orangenschalen an die andere Schwester weitergibt. Diese Lösung berücksichtigt die Interessen beider Schwestern. Keine der beiden »verliert«.

Dieses Beispiel zeigt den Nachteil von Kompromissen, dass nämlich jeder Teilnehmer einen Teilverlust bei der Durchsetzung seiner Interessen hinnehmen muss.

Außerdem verdeutlicht es, was Konsensfindung im Allgemeinen impliziert: eine Klärung der Interessen, die hinter den einzelnen Forderungen stecken.

Bei einer Diskussion, bei der die Teilnehmer gegensätzliche Forderungen haben, sollte der Moderator also klären, ob die Interessen hinter diesen Forderungen ebenfalls im Konflikt zueinander stehen. Wenn dies wie im obigen Beispiel nicht der Fall ist, können sich Lösungen ergeben, die den Interessen beider Teilnehmer gerecht werden.

3.4.3 Wie wird eine Konsensfindung erreicht?

Die Konsensfindung löst also Forderungen von den dahintersteckenden Interessen:

Forderung: Was ein Teilnehmer will

Interesse: Warum er das will

Eine Konsensfindung lässt sich in drei Phasen unterteilen: In der ersten Phase klärt der Moderator, dass die anderen Teilnehmer die aufgestellte Forderung verstehen. In der zweiten Phase klärt er die hinter der Forderung liegenden *Interessen*, und in der dritten Phase erarbeitet er mit den Teilnehmern den *Konsens*.

Die *erste Phase* ist wichtig, um zu klären, ob ein Konflikt zwischen zwei Teilnehmern nicht nur aufgrund einer falsch verstandenen Forderung besteht. Missverständnisse können durch unklar und vage formulierte oder durch zu komplex beschriebene Forderungen entstehen. Unklar und vage formulierte Forderungen versucht der Moderator eindeutig und konkret zu formulieren, zuerst alleine, dann mithilfe der Teilnehmer. Mit ihrer Hilfe formuliert er die Forderung so lange um, bis sie konkret und präzise ist. Der Teilnehmer, von dem die Forderung stammt, achtet dabei darauf, dass sie seine Position noch unverfälscht wiedergibt. Bei zu komplex beschriebenen Forderungen hilft es, wenn der Moderator sie entweder auf ihre wesentlichen Aussagen reduziert oder in Teilaspekte gliedert. Auch hier achtet der Urheber der Forderung darauf, dass seine Position in der umformulierten Forderung noch unverfälscht enthalten ist.

In der *zweiten Phase* klärt der Moderator die Interessen der Teilnehmer. Dabei stellt er den Teilnehmern, deren Forderungen im Konflikt stehen, Fragen wie etwa: »Warum stellen Sie diese Forderung?« Oder: »Welche Beweggründe veranlassen Sie dazu?« Haben alle Teilnehmer ihre Interessen genannt und verständlich erklärt, beginnt die *dritte Phase*, die Konsensfindung:

In dieser Phase sucht der Moderator nach Ähnlichkeiten und Unterschieden zwischen beiden Interessen. Dabei hilft es, wenn er den Teilnehmern folgende Fragen stellt:

- Worin ähneln sich Ihre jeweiligen Interessen?
- Worin unterscheiden sich diese Interessen voneinander?
- Wie lassen sich diese Interessen miteinander vereinbaren?

Er kann die Fragen auch visualisieren und zusätzlich zur Diskussion ein →Brainstorming (S. 133) durchführen.

Findet die Gruppe keine Lösung, die beiden Interessen gerecht würde, kann der Moderator die Teilnehmer auffordern, nach zusätzlichen Lösungen Ausschau zu halten, die die Forderungen auf andere Weise erfüllen würden. Angenommen, im obigen Beispiel hätte sich herausgestellt, dass beide Schwestern die Orange benötigen, weil sie einen Saft trinken wollen. Dann wäre eventuell der Vorschlag hilfreich, dass eine der Schwestern einen anderen Fruchtsaft trinkt, der schon im Haushalt vorrätig ist. So könnte sich herausstellen, dass einer Schwester beispielsweise der noch vorhandene Ananassaft besser schmeckt, sie aber nicht an den Saft gedacht hatte.

Das Vorschlagen völlig neuer Lösungen kann daher ebenfalls zu einer Lösung führen, die beide Teilnehmer zufriedenstellt. Hierbei besteht jedoch die Gefahr, dass sich einer der Teilnehmer übergangen fühlt, wenn die anderen Teilnehmer über seine Interessen urteilen. Neue Lösungen sollten daher nur in die Konfliktlösung einfließen, wenn beide Teilnehmer ihre Interessen dadurch nicht gefährdet sehen und das Einbringen neuer Interessen nicht bloß zu einem neuen Kompromiss führt.

Tabelle 3-1: Zusammenfassung: Phasen der Konsensfindung

Phase	Schwierigkeiten	Aufgaben des Moderators
Verständnis klären	Forderung des Teilnehmers ist unklar und vage oder zu komplex formuliert	Unklare und vage Forderungen eindeutig und konkret definieren, komplexe Forderungen in Teilaspekte zerlegen
Interessen klären	Teilnehmer nennen nur Forderungen, jedoch keine Interessen	Teilnehmer direkt fragen, warum er seine Forderung stellt
Lösungen erarbeiten	Suche nach Ähnlichkeiten, Unterschieden und Vereinbarkeit der Interessen	Schlüsselfragen stellen, neue Lösungen aufgreifen, Diskussion der Teilnehmer moderieren, evtl. Brainstorming durchführen

3.4.4 Austausch- und Diskussionspunkte

Wenn die Gruppe vor der Konsensfindung viele verschiedene Begriffe und Themen gesammelt hat und sich nun darauf einigen muss, welche davon sie für mögliche weitere Arbeitsschritte aufgreift, können sogenannte Austausch- und Diskussionspunkte dabei helfen, strukturiert diejenigen Themen auszusortieren, über deren Weiterbearbeitung kein Gruppenkonsens herrscht. Dazu fragt der Moderator die Teilnehmer bei jedem Thema, ob sie bei dem Thema einen Austausch- oder einen Diskussionspunkt setzen wollen:

- *Austauschpunkt*: Das Thema soll weiter bearbeitet werden, doch die Teilnehmer sollten es vorher gemeinsam noch weiter präzisieren oder modifizieren. Sie müssen sich noch austauschen.
- *Diskussionspunkt*: Die Teilnehmer sind sich nicht einig, ob sie das Thema weiter bearbeiten wollen.

Der Moderator notiert an die jeweiligen Themen ein »A« für Austauschpunkt oder ein »D« für Diskussionspunkt. Zur besseren Unterscheidung kann er für die Buchstaben »A« und »D« verschiedene Farben verwenden. Danach setzen sich die Teilnehmer zuerst mit den Austauschpunkten auseinander; Diskussionspunkte bearbeiten sie erst, wenn alle Themen mit Austauschpunkten mit den Teilnehmern besprochen wurden.

Zum Bearbeiten der Punkte fragt der Moderator sowohl bei Austausch- als auch bei Diskussionspunkten den Teilnehmer, der den jeweiligen Punkt gefordert hat, warum hier Klärungsbedarf besteht. Anschließend findet entweder der Austausch oder die Diskussion über den Punkt statt.

Das Einteilen möglicherweise strittiger Themen in Austausch- und Diskussionspunkte hat zum einen den Vorteil, dass alle Begriffe, über deren Weiterarbeit kein Konsens herrscht, systematisch als Diskussionspunkte extrahiert werden. Bei ihnen führt der Moderator dann die oben beschriebene Konsensfindung durch. Zum anderen haben die Teilnehmer durch die Austauschpunkte die Möglichkeit, deutlich zu machen, welchen Themen sie grundsätzlich zustimmen, obwohl sie diese noch weiter erörtern möchten. Austauschpunkte klären daher direkt zu Beginn, dass der Grund für das Gespräch nicht etwa Uneinigkeit über die weitere Vorgehensweise ist, sondern der Wunsch nach einer Präzisierung des Themas. Auf diese Weise können sie Missverständnisse vermeiden.

3.4.5 Wenn sich kein Konsens erreichen lässt?

Nicht immer lässt sich ein voller Konsens erzielen. Der Moderator kann dann Lösungen aufgreifen, die vorher als Teilkompromisse identifiziert wurden. Dabei sollte er jedoch darauf achten, dass der Schaden für den »Verlierer« minimal bleibt. Folgende Anregungen geben dabei Hilfestellung:

Der Moderator einigt sich mit den Teilnehmern auf eine von allen Teilnehmern als transparent und fair bewertete *Methode zum Entscheiden* zwischen den beiden Vorschlägen. Dazu können vor allem die Methoden aus *Kapitel 7.2* dienen.

Vorschläge werden entpersonalisiert betrachtet, indem sie nicht als »Meiers Vorschlag« oder »Müllers Vorschlag« bezeichnet werden, sondern als »Vorschlag A« oder »Vorschlag B«.

Die Bewertung kann Vorteile der Alternativen in den Vordergrund stellen. Für den betreffenden Teilnehmer kann es angenehmer sein, wenn sein Vorschlag gegen einen noch besseren unterliegt, als wenn er aufgrund seiner Schwächen abgelehnt wird.

3.4.6 Konsenstest

Ein Moderator kann testen, ob die Gruppe wirklich ein Konsens erzielt hat, indem er alle Teilnehmer einzeln um eine Stellungnahme vor den anderen Teilnehmern bittet. Dies gewährleistet, dass auch die Meinung der zurückhaltenderen Teilnehmer erfasst wird.

3.5 Schwierigkeiten und Herausforderungen

3.5.1 Sitzungsfallen

Sitzungsfallen sind Situationen, in denen sich die Diskussion im Kreis dreht oder in denen sie ausschließlich ablenkende oder persönliche Aspekte behandelt. Eine mögliche Sitzungsfalle ist beispielsweise, dass Teilnehmer ausschließlich bereits erwähnte Argumente wiederholen und sich eine Diskussion deshalb immer denselben Aspekten eines Themas widmet.

Die folgenden Abschnitte listen verschiedene Sitzungsfallen auf, verweisen auf potenzielle Ursachen für ihr Auftreten und nennen Möglichkeiten, wie der Moderator sie verhindern oder auflösen kann (*Pulver* 2003).

Teilnehmer verhalten sich passiv

Situation:
Der Moderator eröffnet die Sitzung, doch die Teilnehmer bringen gar keine oder nur sehr wenige Argumente hervor.

Mögliche Ursachen und Lösungen:

a) *Für die Teilnehmer ist es das erste Treffen in dieser Zusammensetzung und sie kennen sich noch nicht.*
Wenn sich die Teilnehmer untereinander noch nicht kennen, helfen die Kennenlernmethoden aus Kapitel 5.2 vor der Diskussion.

b) *Die Diskussionssprache ist nicht die Muttersprache der Teilnehmer. Sie fürchten daher, Fehler zu machen.*
Ist die Fremdsprache, in der die Diskussion stattfindet, beispielsweise Englisch, kann der Moderator die Diskussion selbst in einfachem, jedoch korrektem Englisch beginnen, um den Teilnehmern zu signalisieren, dass grundlegende Sprachkenntnisse zur Teilnahme an der Diskussion völlig ausreichen.
Alternativ können Beiträge in einer zweiten Diskussionssprache akzeptiert werden (etwa Deutsch), die ein sprachgewandter Teilnehmer übersetzt; er nimmt die Rolle des Co-Moderators ein.

c) *Die Teilnehmer haben die Erfahrung gemacht, dass es besser ist, erst einmal abzuwarten. Sie befürchten, dass sie für ein vorangegangenes Problem verantwortlich gemacht werden, wenn sie als Erste das Wort ergreifen.*
Wenn der Moderator bereits vor der Diskussion bemerkt, dass eine verschlossene oder autoritäre Arbeitsstruktur vorliegt, versucht er, die Gefühle der Gruppe in Worte zu fassen. Bleiben die Teilnehmer anschließend immer noch passiv, kann er

zur Sprache bringen, dass er vermutet, dass kein Teilnehmer die erste Wortmeldung abgeben möchte. Er kann versichern, dass die erste Wortmeldung keine negativen Konsequenzen haben wird. Ggf. kann er auch selbst mit einer eigenen Wortmeldung beginnen.

d) *Die Teilnehmer wissen nicht, was der Grund für ihre Einladung ist, und haben Bedenken, nicht kompetent genug für die Diskussion zu sein. Dies kann vor allem der Fall sein, wenn hierarchisch sehr viel höher gestellte Mitarbeiter anwesend sind.*
Die Teilnehmer sollten bereits in der Einladung erfahren, warum sie bei der Diskussion erwünscht sind. Eine kurze Runde, in der entweder der Moderator die Teilnehmer vorstellt oder sie sich selbst in wenigen Sätzen vorstellen, unterstützt die Teilnehmer ebenfalls dabei, sich und andere in das Gefüge aus Rollen und Erwartungshaltungen einzuordnen. Die Methoden zur Klärung der Erwartungshaltungen aus Kapitel 5.3 bieten sich ebenfalls an, falls dafür die nötige Zeit vorhanden ist.

e) *Die Teilnehmer sind gehemmt, da ihr direkter Vorgesetzter ebenfalls anwesend ist.*
Hemmt die Anwesenheit von Vorgesetzten die Teilnehmer, empfiehlt sich eine Diskussion ohne Vorgesetzte. Jedoch sollten die Vorgesetzten nicht erst nachträglich aus einer bereits mit ihnen begonnenen Diskussion ausgeschlossen werden. Zeichnet sich bereits im Vorfeld ab, dass eine Diskussion bessere Resultate bringt, wenn die Vorgesetzten nicht anwesend sind, sollte dies im Vorfeld mit den Vorgesetzten abgeklärt werden. Alternativ kann der Moderator den übrigen Teilnehmern signalisieren, dass während der Diskussion alle Teilnehmer gleichberechtigt sind, indem er die Vorgesetzten gleichwertig behandelt.

Die Gruppe bringt keine neuen Ideen hervor

Situation:
Alle Vorschläge, die die Teilnehmer nennen und erarbeiten, wurden in früheren Diskussionen bereits erarbeitet und stellen keine Neuerung dar.

Mögliche Ursachen und Lösungen:

a) *Die Fragestellung ist zu umfangreich.*
Der Moderator konkretisiert die Fragestellung gemeinsam mit den Teilnehmern oder kürzt sie. Die nachfolgende Diskussion findet dann ausschließlich zur neuen Fragestellung statt.

b) *Das Problem wurde schon mehrmals diskutiert.*
Zusätzliche Personen in der Diskussionsrunde, die die zugrunde liegende Fragestellung noch nicht erörtert haben, können neue Impulse freisetzen und Ideen

hervorbringen, die den bisherigen Diskussionsteilnehmern noch nicht gekommen sind. Jedoch muss der Moderator den neu hinzugekommenen Teilnehmern dann eine Zusammenfassung der bisher erarbeiteten Inhalte präsentieren.

c) *Bestimmte Auffassungen dominieren die Diskussion und würgen das Aufkommen neuer Impulse ab.*
Wenn bestimmte Auffassungen die Diskussion dominieren, eignen sich die Kreativmethoden aus Kapitel 6 dazu, festgefahrene Denkstrukturen zu überwinden.

d) *Die Teilnehmer orientieren sich ausschließlich an verinnerlichten Strukturen und bereits Bekanntem.*
Siehe c).

Die Diskussion dreht sich im Kreis

Situation:
Die Teilnehmer wiederholen ständig ihre bereits dargelegten Argumente und gehen nicht auf Denkanstöße anderer Teilnehmer ein.

Mögliche Ursachen und Lösungen:
a) *Bestimmte Teilnehmer halten es für die beste Strategie, durch eine Vielzahl an genannten Argumenten zu zeigen, dass sie am kompetentesten sind.*
Die Teilnehmer sind möglicherweise ungeübt in Gruppenarbeit, da sie es gewohnt sind, als »Einzelkämpfer« Erfolg und Lob zu erhalten. In diesem Fall betont der Moderator den genauen Ablauf der Diskussion und die mit der Gruppenarbeit verbundene Absicht. Dazu wägt er die bisher vorgebrachten Argumente der einzelnen Teilnehmer gegeneinander ab und analysiert sie. Dies zeigt den Teilnehmern, dass nicht die Nennung einer Vielzahl von Argumenten, sondern der gemeinsame Diskurs entscheidend ist.
Gehen die Teilnehmer anschließend immer noch nicht auf die Argumente anderer Teilnehmer ein, können auch die in *Kapitel 5.6* vorgestellten Methoden zur *Verbesserung der Zusammenarbeit* angewendet werden.

b) *Jeder Teilnehmer hat das Gefühl, dass die anderen Teilnehmer seinen Argumenten nicht genug Beachtung schenken.*
Wenn die Teilnehmer das Gefühl haben, dass andere Teilnehmer ihren Argumenten nicht genügend Beachtung schenken, ist dies nicht die Schuld bestimmter Teilnehmer. Teilnehmer, die dieses Gefühl haben, wiederholen ihre eigenen Argumente und gehen dabei ihrerseits nicht auf Argumente anderer ein. Das führt dazu, dass andere Teilnehmer ebenfalls ihre Argumente wiederholen. Diesen »Teufelskreis« durchbricht der Moderator, indem er die bisher vorgebrachten Argu-

mente der einzelnen Teilnehmer gegeneinander abwägt und analysiert. Die Teilnehmer gewinnen so das Gefühl, dass ihren Argumenten Beachtung geschenkt wurde. Außerdem kann diese Methode sie zusätzlich motivieren, die Schlussfolgerungen des Moderators weiterzudenken.

Teilnehmer kommen zu spät und wollen früher gehen

Situation:
Teilnehmer erscheinen nicht pünktlich und drängen während der Sitzung darauf, schnell zum Ende zu kommen. Einige Teilnehmer verlassen zudem die Sitzung vor ihrem Ende.

Mögliche Ursachen und Lösungen:
Dass Teilnehmer zu spät kommen oder früher gehen wollen, liegt oft darin begründet, dass sie für sich keinen Nutzen in der Diskussion sehen. Dies kann folgende Ursachen haben:

a) *Die Teilnehmer wurden aufgrund ihrer hierarchischen Stellung eingeladen, unabhängig davon, ob sie einen reellen Beitrag zur Diskussion beisteuern können.*
Indem der Moderator zu Beginn der Diskussion thematisiert, welche Bedeutung sie für die einzelnen Teilnehmer hat, kann er auch solche Teilnehmer von deren Nutzen überzeugen, die der Diskussion bis dahin skeptisch gegenüberstanden.

b) *Die Teilnehmer wurden als Vertretung für ihren Vorgesetzten geschickt und ihnen fehlen die Kompetenzen, um mögliche Lösungsvorschläge zu bewerten.*
Bei fehlenden Entscheidungskompetenzen schaffen Regeln Abhilfe, die allen Teilnehmern kommuniziert werden. Diese Regeln könnten beispielsweise festlegen, dass Eingeladene, die zum zweiten Mal in Folge keinen Teilnehmer oder einen mit fehlenden Entscheidungskompetenzen entsenden, von der der Teilnehmerliste gestrichen werden.

c) *Die Sitzung liefert keine neuen Impulse.*
Wenn die Sitzung keine neuen Impulse liefert, sollte der Moderator eine Reduzierung der Vortragszeit erwägen. Zwei Drittel der Sitzungszeit sollten interaktiv genutzt werden. Andernfalls muss hinterfragt werden, ob es Sinn ergibt, die Teilnehmer eventuell sehr lange anreisen zu lassen, nur um den Großteil ihrer Arbeitszeit mit Aufgaben wie dem Hören von Vorträgen zu verbringen, für die das Zusammenkommen in der Gruppe nicht unbedingt notwendig ist.

d) *Eventuell sehr lange Anreisezeiten der Teilnehmer wurden nicht berücksichtigt.*
Bei zu langen Anreisezeiten erörtert der Moderator gemeinsam mit den Teilnehmern, wie sich die Termine des Seminars mit den Anreisezeiten in Einklang bringen lassen.

e) *Die Teilnehmer nehmen nicht freiwillig an der Sitzung teil.*
Gruppenarbeit basiert darauf, dass alle Teilnehmer zusammenarbeiten wollen. Wenn der Moderator das Gefühl hat, dass die Teilnehmer nicht freiwillig an der Sitzung teilnehmen, betont er noch einmal die Vorteile von Gruppenarbeit und die Absicht der Sitzung. Auch kann er versuchen, Kreativmethoden aus Kapitel 6 in den Ablauf der Sitzung mit einfließen zu lassen, um den Teilnehmern zu zeigen, dass interaktiv gestaltete Gruppenarbeit weniger anstrengend und ermüdend sein kann als Einzelarbeit. Haben die Teilnehmer trotzdem kein Interesse an der Gruppenarbeit, sollte der Moderator erwägen, die Sitzung zukünftig mit anderen Teilnehmern durchzuführen.

Für die vereinbarten Aktivitäten finden sich keine Verantwortlichen

Situation:
Nachdem die Gruppe in der Sitzung Lösungsideen und eine Agenda ausgearbeitet hat, möchte sie keiner der Teilnehmer seinem Vorgesetzten erklären oder nach der Umsetzung als Ansprechpartner dienen.

Mögliche Ursachen und Lösungen:
a) *Die Teilnehmer befürchten, die alleinige Verantwortung für negative Auswirkungen eines in der Diskussion gefundenen Konsenses zu tragen.*
Weigern sich Teilnehmer, Verantwortung für den Konsens zu übernehmen, weil sie fürchten, für dessen negative Konsequenzen verantwortlich gemacht zu werden, liegt dies häufig daran, dass Vorgesetzte die Teilnehmer nicht oder nur unzureichend unterstützen. Ist dies der Fall, empfiehlt sich ein Gespräch mit den Vorgesetzten. Falls diese jedoch keine Bereitschaft zeigen, ihre Mitarbeiter bei der Umsetzung eines gefundenen Konsenses zu unterstützen, führt eine Diskussion oft nicht zu umsetzbaren Lösungen. Dann sollte von der Diskussion abgesehen werden.

b) *Unter den Teilnehmern herrscht Frustration und sie wollen sich nicht mehr engagieren.*
Um Frustration vorzubeugen, räumt der Moderator allen Teilnehmern während der Diskussion genug Raum zum Äußern ihrer Bedenken und Zweifel ein. Bei sich widersprechenden Interessen zweier oder mehrerer Teilnehmer wendet er die Methoden zur →Konsensfindung (S. 40) an. Falls das nicht möglich ist, kann er auf die Methoden zur Entscheidungsfindung aus Kapitel 7.2 zurückgreifen.

c) *Die Teilnehmer sind der Ansicht, dass ihnen Entscheidungskompetenzen fehlen.*
Wenn die Teilnehmer der Ansicht sind, dass sie nicht die nötigen Entscheidungskompetenzen haben, kann das daran liegen, dass zu viele Aktivitäten vereinbart wurden. In diesem Fall versucht der Moderator, die festgelegte Agenda auf eine überschaubare Anzahl an Aktivitäten für jeden Teilnehmer zu reduzieren.

Verfügen die Teilnehmer dennoch nicht über genug Handlungskompetenzen, um über die vereinbarten Aktivitäten zu entscheiden, kann es helfen, vor jeder Sitzung die Regel zu kommunizieren, dass eingeladene Teilnehmer nur *handlungskompetente* Vertreter schicken dürfen. Beim mehrmaligen Verstoß gegen diese Regel kann die Gruppe Sanktionen vereinbaren, wie etwa den Ausschluss des betreffenden Teilnehmers von zukünftig stattfindenden Sitzungen.

Streitereien vergiften die Atmosphäre

Situation:
Statt Lösungsideen zu erörtern und Argumente gegeneinander abzuwägen, bestimmen Anfeindungen und gehässige Bemerkungen die Diskussion.

Mögliche Ursachen und Lösungen:

a) *Die Teilnehmer fühlen sich vom Moderator nicht ernst genommen.*
Wenn die Teilnehmer das Gefühl haben, nicht ernst genommen zu werden, hat dies oft Gründe, die nicht mit der aktuellen Situation zusammenhängen. Eine mögliche Ursache könnte sein, dass der Vorgesetzte oder der Moderator die Teilnehmer in früheren Diskussionen nicht ernst genommen hat. In diesem Fall empfiehlt sich ein Gespräch mit dem Vorgesetzten. Außerdem sollte der Moderator den Teilnehmern durch geduldiges und respektvolles Auftreten signalisieren, dass er ihre Vorschläge durchaus ernst nimmt.
Um zusätzlich vorzubeugen, dass sich Teilnehmer nicht ernst genommen fühlen, sollte der Moderator oder der Vorgesetzte den Teilnehmern immer die Gründe erläutern, warum er eine von den Teilnehmern ausgearbeitete Lösung nicht in die Praxis umsetzt.

b) *Eine kleine Gruppe an Teilnehmern vertritt eine von der Gruppenmeinung abweichende Auffassung und fühlt sich benachteiligt.*
Siehe dazu die nächste Sitzungsfalle.

c) *Es gibt zwei gegeneinander arbeitende Lager unter den Teilnehmern.*
In dieser Situation spricht der Moderator den Konflikt direkt an und erörtert, ob die Lager ein gemeinsames Gruppenziel verfolgen. Wenn dies nicht der Fall ist, versucht der Moderator, wie im Kapitel zur →Konsensfindung (S. 40) beschrieben, die Interessen beider Lager zu klären, um mit einem gemeinsamen Ziel eine Handlungsbasis zu finden, die den Interessen beider Lager entgegenkommen. Der Moderator sollte aber nicht versuchen, die unterschiedlichen Werteauffassungen beider Lager vollständig miteinander in Einklang zu bringen, da dies ein schwieriger Prozess ist, der selten gelingt.

Findet die Gruppe kein gemeinsames Ziel, ist es oft besser, die Gruppenarbeit in einer anderen Gruppenbesetzung fortzusetzen oder gegebenenfalls die Formulierung des Ziels zu modifizieren.

d) *Einige Teilnehmer nehmen Aussagen persönlich oder tragen persönliche Konflikte in der Diskussion aus.*
Der Moderator begegnet aggressiven Wortmeldungen emotionslos und betont zunächst den Sachaspekt einer Aussage. Beispiele, was er aggressiven Wortmeldungen entgegenbringen kann, finden sich in Kapitel 3.5.2.
Oft fehlt bei solchen Szenarien die Zeit für ein individuelles klärendes Gespräch. Wenn daher die persönlichen Konflikte weiterhin in der Diskussion ausgetragen werden, kann er die Sitzung unterbrechen oder gemeinsam mit der Gruppe Sanktionen festlegen. Nach eigenem Ermessen könnte er auch versuchen, Teilnehmer einzubeziehen, die nicht von dem persönlichen Konflikt betroffen sind, um sich mit ihnen auf den Sachaspekt des Problems zu konzentrieren.

e) *Zwischen dem Moderator und den Teilnehmern entstehen Konflikte.*
Konflikte zwischen dem Moderator und den Teilnehmern muss der Moderator immer direkt ansprechen und klären, da sie sonst die Gruppenarbeit vollkommen verhindern. Zusätzlich zeigt der Moderator, dass er die Teilnehmer anerkennt, indem er sie um eine Stellungnahme bittet.
Darüber hinaus kann es hilfreich sein, wenn der Moderator einen Co-Moderator zur Diskussion hinzuzieht, der im Falle von Konflikten zwischen Teilnehmern und Moderator die Führungsrolle einnimmt und den Konflikt klärt.

Bis auf wenige Teilnehmer ist sich die Gruppe über die Lösung einig

Situation:
Die Sitzung steht kurz vor ihrem Abschluss und bis auf wenige Teilnehmer unterstützt die Gruppe die bis dahin erarbeitete Lösung.

Mögliche Ursachen und Lösungen:
a) *Einige wenige Teilnehmer finden, dass der Rest der Gruppe ihren Argumenten während der Diskussion zu wenig Beachtung geschenkt hat.*
Der Moderator bittet die wenigen Teilnehmer, die die Lösung nicht unterstützen, Verbesserungsvorschläge oder Anmerkungen zur erarbeiteten Lösung einzubringen. Auf dieser Grundlage prüft er, ob eine →Konsensfindung (S. 40) möglich ist, die sowohl die erarbeitete Lösung als auch die Anmerkungen berücksichtigt. Gelingt dies nicht, wendet er die Methoden an, die das Konsenskapitel für diesen Fall parat hält (S. 44).

b) *Auch unter den anderen Teilnehmern herrscht kein Gruppenkonsens; die wenigen Teilnehmer, die die Lösung nicht unterstützen, sind jedoch diejenigen, die sich trauen, ihre Unzufriedenheit mit der Lösung auszusprechen.*
Wenn der Moderator das Gefühl hat, dass in der Gruppe doch kein Konsens über die bis dahin erarbeitete Lösung herrscht, wendet er den im Konsenskapitel vorgestellten →Konsenstest (S. 44) an. Dazu betont er noch einmal das Ziel der Sitzung: eine Lösung zu finden, die im Interesse aller Teilnehmer ist. Bei Zeitmangel erwähnt der Moderator zusätzlich, dass die Gruppe die Sitzung gegebenenfalls zu einem späteren Zeitpunkt fortsetzen kann.

Schlüsselpersonen bleiben der Sitzung fern

Situation:
Schlüsselpersonen, in deren Kompetenzbereich die Entscheidung über mögliche Lösungen fällt, erscheinen trotz Einladung nicht bei der Sitzung.

Mögliche Ursachen und Lösungen:
a) *Die Schlüsselpersonen haben vermeintlich Wichtigeres zu tun oder verstehen den Nutzen der Sitzung nicht.*
Wenn Schlüsselpersonen den Nutzen der Sitzung nicht verstehen oder ihre Bedeutung für die Sitzung nicht erfassen, haben sie womöglich zu wenig Informationen über das Thema der Sitzung erhalten oder wurden nicht genug in deren Planung und Gestaltung einbezogen. Um dieser Situation vorzubeugen, sollte der Gruppenleiter oder Moderator sie vor der Sitzung genau informieren und intensiv in die Sitzungsplanung miteinbeziehen. Dabei ist es besonders wichtig, den Schlüsselpersonen den Nutzen zu verdeutlichen, den sie selbst aus der Teilnahme an der Sitzung schöpfen.

b) *Sie glauben, keine bedeutende Rolle für die Sitzung zu spielen. Daher schicken sie eine Vertretung, die sie auf dem Laufenden halten soll.*
Der Moderator bringt der Vertretung einer Schlüsselperson während der Sitzung ebenso viel Respekt entgegen wie der Schlüsselperson selbst. Um die Schlüsselperson zusätzlich zu motivieren, an folgenden Sitzungen persönlich teilzunehmen, sollte er außerdem einige Zeit in das anschließende Gespräch mit der Vertretung investieren. Darin besprechen sie, wie die Vertretung dem Abwesenden die Ergebnisse der Sitzung präsentiert und wie sie noch einmal dessen Kompetenzen betonen kann. Auf diese Weise können sich Schlüsselpersonen ihrer Bedeutung für die Sitzung bewusst werden.

Die Zeit wird knapp

Selbst bei guter Vorbereitung kann die Zeit knapp werden. Der Moderator sollte auf keinen Fall versuchen, in der verbleibenden knappen Zeit eine Lösung zu erzwingen. Vielmehr sollte er bedenken, dass die Gruppe bereits Nebenziele der Sitzung erreicht, wenn sie die Voraussetzungen für eine spätere Lösungsfindung schafft: individuelle Meinungsäußerung der Teilnehmer, gegenseitige Verständigung und gemeinsames Engagement. Diese Voraussetzungen benötigen oft mehr Zeit als geplant, bilden aber eine gute Grundlage für die spätere Fortsetzung der Gruppenarbeit.

Wird die Zeit knapp, fasst der Moderator zunächst die bis dahin erarbeiteten Ergebnisse zusammen und erstellt eine Agenda für die mögliche Weiterarbeit. Anschließend kann er gemeinsam mit den Teilnehmern beschließen, dass die Gruppe in der verbleibenden Zeit Lösungen zu bestimmten Teilpunkten dieser Agenda erarbeitet.

3.5.2 Umgang mit aggressiven Wortmeldungen

Aggressiven Wortmeldungen, sogenannten »Killerphrasen«, begegnet der Moderator emotionslos. Zudem sollte er jede Killerphrase mit einer schlagfertigen Antwort erwidern, einer sogenannten »Gegenphrase«. Um das Formulieren entsprechender Gegenphrasen in angespannten Situationen zu erleichtern, bietet dieses Kapitel einige Beispiele (*Berkel* 2011):

Tabelle 3-2: Killerphrasen und Gegenphrasen

Killerphrase	**Gegenphrase**
»Das klappt vielleicht in Amerika, aber nicht bei uns!«	»Was sind denn die grundlegenden Unterschiede zwischen dem amerikanischen Markt und unserem?«
»Auf dem Papier wirkt das ganz hübsch, aber die Praxis sieht doch ein wenig anders aus!«	»Können Sie bitte kurz begründen, was in der Praxis anders ist?«
»Das ist viel zu teuer!«	»Welchen Aspekt genau halten Sie für zu teuer?«
»Das haben wir früher schon einmal versucht und ganz schnell wieder sein lassen!«	»Dann ist es für unsere Arbeit umso wichtiger zu wissen, warum das Projekt damals aufgegeben wurde.«
»Das funktioniert nie!«	»Was macht Sie da so sicher?«
»Sie sind noch nicht lange genug bei uns!«	»Was hält Sie davon ab, neue Gesichtspunkte zu betrachten?«

Killerphrase	Gegenphrase
»Dass das ausgerechnet von Ihnen kommt, überrascht mich kein bisschen!«	»Was hat das mit meinen Argumenten zu tun?«
»Das will unser Kunde nicht!«	»Warum denken Sie das?«
»Es gibt doch wirklich Wichtigeres zu tun!«	»Was halten Sie im Moment für wichtiger?«
»Das Geld dafür können wir uns sparen!«	»Warum glauben Sie das?«
»Es gibt keine Alternativen, oder haben Sie eine bessere Idee?«	»Was ändert das daran, dass unsere jetzige Lösung nicht anwendbar ist?«

4 Einführung in die Gruppenarbeitsmethoden

Bevor die verschiedenen Gruppenarbeitsmethoden vorgestellt werden, sollen einige einführende Erläuterungen ihre zielgerichtete Anwendung unterstützen. Dazu erklärt das vorliegende Kapitel kurz die Struktur der nachfolgenden Methodenkapitel und führt die darin verwendete Terminologie ein. Zusätzlich gibt das Kapitel allgemeine Hinweise und Tipps, die sich auf alle Methoden beziehen.

Unterscheidung zwischen Methoden, Übungen und Analysen

Die nachfolgenden Kapitel unterscheiden zwischen »Methoden«, »Übungen« und »Analysen«. Sogenannte *Methoden* bilden dabei den Schwerpunkt des Buches. Methoden im Sinne des Buches sind strukturierte Gruppenarbeitsverfahren, die mithilfe bestimmter Regeln und gruppendynamischer Effekte zu einem konkreten inhaltlichen Ziel führen sollen. Im Gegensatz dazu haben Übungen kein konkretes Ziel, sondern konzentrieren sich auf die gruppendynamischen Abläufe. Viele Unterkapitel aus Kapitel 5 enthalten Übungen, wie etwa die Kennenlern- (S. 65) und Aufteilungsübungen (S. 76) oder die Übungen zur Förderung der Zusammenarbeit (S. 97) oder zur Auflockerung in Unterbrechungen (S. 101). Neben Methoden und Übungen gibt es noch schematische Vorgehensweisen, in die sich gruppendynamische Elemente einarbeiten lassen, obwohl sie dafür nicht zwingend notwendig sind. Diese schematischen Vorgehensweisen heißen *Analysen*. Sie finden sich in den Kapiteln zur Suche eines geeigneten Themenfeldes für die Ideensammlung (S. 113) und zur Ideenbewertung (S. 178).

4.1 Der Aufbau der Kapitel

Einige Unterkapitel enthalten zunächst Vorbemerkungen zu den jeweiligen Methoden, Übungen oder Analysen. Diese Vorbemerkungen geben unverzichtbare Hinweise und Hilfestellungen. Sie müssen sie daher unbedingt lesen, bevor sie die entsprechenden Methoden, Übungen oder Analysen anwenden können.

Abgesehen von eventuellen Vorbemerkungen beginnt jedes Unterkapitel mit der folgenden Tabelle, welche die wichtigsten Randinformationen auf einen Blick zusammenfasst:

	< 10	10–20	**20–40**	**40–60**	> 60	
	3	5–10	10–20	20–30	> 30	
	x	x	**x**	x	x	
	x	x	x	x	**x**	
	x	x	**x**	x	x	

Die erste Zeile gibt die voraussichtliche *Dauer der Methode in Minuten* an, die zweite die empfohlene *Anzahl an Teilnehmern*. In der dritten Zeile ist das *Maß an Interaktion* zwischen den Teilnehmern vermerkt, von links, wenig Interaktion, bis rechts, viel Interaktion. Die vierte Zeile stellt die *empfohlene Erfahrung der Teilnehmer* dar. Die fünfte Zeile gibt schließlich an, ob die Methode viele auflockernde oder lustige Elemente enthält (»Spaßfaktor«) oder einen eher *ernsten Charakter* aufweist.

Die optimale Variante ist jeweils blau markiert. Schwarze Markierungen geben Varianten an, die zwar nicht optimal sind, aber dennoch eine gewinnbringende Gruppenarbeit erlauben. Fehlt in einer Spalte eine blaue Markierung, wie in der oben gezeigten Beispieltabelle bei dem Maß an Interaktion, hängt die optimale Abstufung von weiteren Faktoren ab, z. B. der Anzahl der Teilnehmer oder dem Umfang der ausgehändigten Materialien. In diesem Fall informiert die ausführliche Methodenbeschreibung darüber, mit welchen Faktoren die optimale Abstufung zusammenhängt.

Nach einigen Zusatzinformationen folgen in fast jedem Kapitel sowohl eine Kurzbeschreibung der Methode, Übung oder Analyse als auch eine ausführliche Beschreibung mit allen nötigen Details. Die vielen Details sollen vor allem denjenigen Lesern bei der Umsetzung des Beschriebenen helfen, die erst über wenig praktische Erfahrung mit Gruppenarbeitsmethoden verfügen. Lesern mit einem großen Erfahrungsschatz genügen vermutlich häufig auch die Kurzbeschreibungen. Mit der Zeit werden Sie sehr wahrscheinlich immer mehr eigene Ideen und Erweiterungen einbringen, die sich stärker an der individuellen Zusammensetzung und dem Erfahrungs- und Kenntnisstand der Gruppe orientieren.

Methodenplatzierung und ihre Kategorisierung

Dieses Buch ist sowohl als sogenanntes Kochrezept- als auch als Anregungsbuch zu verstehen. Mit dem Ausdruck Kochrezept wird dabei der oben erwähnte stark strukturierte und detailreiche Ablauf bezeichnet, der in den Methodenbeschreibungen enthalten ist. Die aufgelisteten Methoden lassen sich dabei einerseits in ihrem jeweils beschriebenen Anwendungsgebiet einsetzen, können jedoch andererseits auch modifiziert und erweitert werden, falls dies der zu lösenden Problemstellung angemessener erscheint. Mit dieser Aussage soll nicht versucht werden, es allen Lesern möglichst recht zu machen, vielmehr trägt sie dem zu Beginn dieses Abschnitts erläuterten Sachverhalt Rechnung, dass verschiedene Leser über unterschiedliche Kenntnisstände und Erfahrungsgrade in der methodischen Gruppenarbeit verfügen.

Alternative Verwendungsmöglichkeiten

Die thematischen Einteilungen der Methoden sind zunächst als Vorschläge zu verstehen. Um daneben auch alternative Verwendungsmöglichkeiten abzubilden, enthält jedes Methodenkapitel ein Netzdiagramm, das darstellt, welchen alternativen Zwecken die Methode dienen könnte. Dafür enthält das Diagramm die fünf Kategorien »Erwartungen und Feedback« (**E**), »Ideen finden« (**I**), »Konzepte erarbeiten oder erweitern« (**K**), »Lernen« (**L**) und »Lehren und Vorträge halten« (**V**). Die folgende Abbildung zeigt dazu ein Beispielnetzdiagramm:

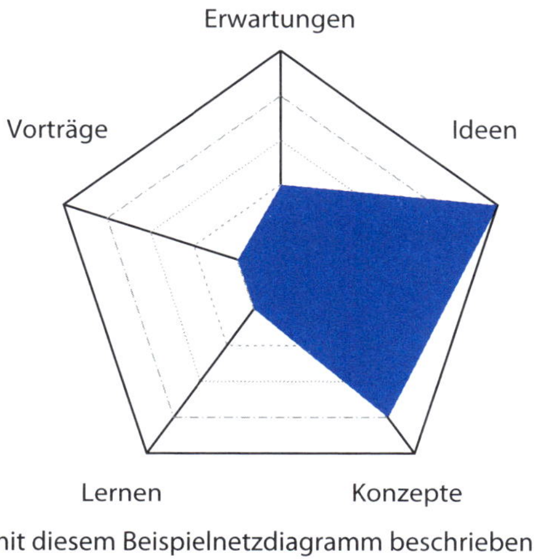

Abbildung 4-1: Die mit diesem Beispielnetzdiagramm beschriebene Methode eignet sich zur allem zur Ideenfindung, kann jedoch ebenfalls zur Konzepterarbeitung eingesetzt werden. Zudem wäre es auch möglich, Erwartungshaltungen zu klären.

Zusätzlich zu den Netzdiagrammen am Beginn der Methodenkapitel findet sich diese Kategorisierung zur besseren Übersicht auch in einem tabellarischen Schema mit farbigen Punkten im Inhaltsverzeichnis wieder.

Ergänzungs- und Verbesserungsvorschläge

Dieses Buch stellt eine Auswahl der sinnvollsten Methoden aus dem weiten Feld der Gruppenarbeitsmethoden dar. Da es bei dem reichhaltigen Fundus an vorhandenen Methoden nicht möglich ist, jede davon einzeln vorzustellen oder in der Praxis anzuwenden, um ihren tatsächlichen Nutzen zu evaluieren, sind wir, die Autoren, stets offen für Ihre Impulse, Ideen und Erfahrungen. Daher sei bereits auf die am Ende des Buches (Kapitel 10.3) ausführlich formulierte Bitte um Ergänzungen und Anregungen hingewiesen.

4.2 Verwendete Begriffe

Um Abläufe und Routinen, die sich ständig wiederholen, nicht in jedem Methodentext erneut vorstellen zu müssen, werden nun die Schlüsselbegriffe aus den Methodentexten erläutert.

4.2.1 Leiter und Gruppenleiter

Für einige Methoden benötigen die Teilnehmer jemanden, der Aufgaben an sie delegiert und auf die genaue Einhaltung des Methodenablaufs achtet, ohne ihn zu moderieren. Diese Person wird in den folgenden Methodentexten als »Leiter« bezeichnet. Der Begriff »Gruppenleiter« bezeichnet hingegen den *formellen* Leiter der Gruppe. Sofern nicht in den Methodentexten anders angegeben, nimmt der Gruppenleiter die Rolle des Leiters ein.

4.2.2 Moderation, Zeitnahme, Ergebnissicherung

In den Kurzinfos zu jeder Methode tauchen häufig die bereits erwähnten Schlagwörter *Moderation*, *Zeitnahme* und *Ergebnissicherung* auf. Deshalb erklären die folgenden Erläuterungen die organisatorischen und personellen Arbeitsschritte, für die diese Schlagwörter in der Kurzinfo stellvertretend eine Gedankenstütze bilden sollen.

Moderation

Das Schlagwort *Moderation* ermöglicht und steuert in der Kurzinfo darauf hin, dass die Gruppe einen Moderator benötigt. Wie bereits in Kapitel 3 beschrieben, moderiert der Moderator Diskussionen, delegiert Aufgaben an die Teilnehmer und achtet auf die genaue Einhaltung des Methodenablaufs und der Regeln. Zudem verfügt der Moderator über ein Grundwissen zum diskutierten Thema, hat jedoch kein allzu starkes Interesse, selbst an der Diskussion teilzunehmen oder sie in eine bestimmte Richtung zu lenken.

Daher ist es für die nachfolgenden Methoden oft günstig, wenn eine Person die Rolle des Moderators einnimmt, die nicht Teil der Diskussionsrunde ist, die aber trotzdem über ausreichend Hintergrundwissen verfügt. Wenn sich jedoch der Gruppenleiter oder ein Teilnehmer nicht an der Diskussion beteiligen möchte, kann auch er die Rolle des Moderators übernehmen. Falls es die Methode zwingend erfordert, dass eine ganz bestimmte Person die Rolle des Moderators einnimmt, geht der entsprechende Methodentext darauf noch einmal ein. Werden Gruppenleiter und Moderator getrennt voneinander im Methodentext erwähnt, bedeutet dies, dass eine andere Person als der Gruppenleiter die Rolle des Moderators einnimmt.

Zeitnahme

Die meisten Methoden finden innerhalb eines fest vorgegebenen zeitlichen Rahmens statt. Deshalb achtet ein Zeitnehmer auf die Einhaltung der Zeitvorgaben. Dies kann der Moderator oder Leiter oder auch ein beliebiger Teilnehmer übernehmen. Er sollte den Teilnehmern durch ein gut wahrnehmbares optisches oder akustisches Signal andeuten, dass die vorgegebene Bearbeitungszeit beendet ist. Beispielsweise kann er das Licht im Raum abdimmen oder eine Trillerpfeife, eine Glocke oder eine Audiodatei verwenden. Methoden, für die ein Zeitnehmer benötigt wird, sind in der Kurzinfo mit dem Begriff *Zeitnahme* gekennzeichnet.

Da die Aufgabe des Zeitnehmers nicht abhängig von der jeweiligen Methode variiert, beschränken sich die folgenden Methodentexte auf die Nennung der Zeitvorgaben, um kenntlich zu machen, dass ein Zeitnehmer ausgewählt werden muss, um sich um die Einhaltung der Zeitvorgaben zu kümmern. Die Person des Zeitnehmers selbst wird dabei nicht erneut erwähnt.

Ergebnissicherung

Die erarbeiteten Ergebnisse lassen sich nur dann gewinnbringend weiterverwenden, wenn sie während des Methodenablaufs oder im Anschluss daran protokolliert werden. Bei vielen Methoden geht die Ergebnissicherung bereits mit dem Methodenablauf einher, etwa beim Brainstorming oder bei Methoden, bei denen die Teilnehmer während des Methodenablaufs vorgefertigte Tabellen ausfüllen, die sich anschließend zu einem Ergebnisprotokoll zusammenfügen lassen. Ein auf der Tafel protokolliertes Brainstorming würde dabei ebenfalls als eine Methode gelten, bei der die Ergebnissicherung schon Teil des Methodenablaufs ist: Ein Tafelanschrieb lässt sich zwar nicht direkt als Ergebnissicherung verwenden, kann aber leicht in einem Fotoprotokoll festgehalten werden.

Bei Methoden hingegen, die nicht ohnehin schon eine Ergebnissicherung beinhalten, weist der Vermerk *Ergebnissicherung* in der Kurzinfo darauf hin, dass die Ergebnisse am Ende noch festgehalten werden müssen. So kann der Leiter im Vorfeld entscheiden, ob er die Ergebnissicherung selbst durchführt oder einen der Teilnehmer als Schriftführer bestimmt. Da aus dem Kontext der Methode meist ersichtlich ist, ob der Leiter oder ein beliebiger Teilnehmer die Rolle des Schriftführers einnehmen können, erwähnen die nachfolgenden Methodentexte die Rolle des Schriftführers, ohne sie jedes Mal explizit einzuführen.

4.2.3 Visualisierungsmedien

Oft werden Medien wie Flipchart, Pinnwand, Smartboard oder Beamer mit dazugehöriger Projektionsleinwand benötigt. Dabei ist meist gar nicht entscheidend, welches der genannten Medien benutzt wird, und in diesem Fall steht in der Kurzinfo der allgemeine Begriff *Visualisierungsmedium*. Wenn dieser Begriff auftaucht, sollte der Leiter außerdem stets ausreichend passende Schreibmaterialien bereitstellen.

Sollte die Art des Visualisierungsmediums für die Methode dennoch entscheidend sein – wenn etwa die Teilnehmer Karten ausfüllen, die an eine Pinnwand geheftet werden müssen –, ersetzt die entsprechende Bezeichnung den allgemeinen Begriff *Visualisierungsmedium*.

Abbildung 4-2: Ein Seminarraum mit Flipchart und Smartboard als Visualisierungsmedien

4.2.4 Schreibmaterialien und Schreibgelegenheiten

Sind Schreibmaterialien für eine Methode zwingend erforderlich, wird dies in der Kurzinfo vermerkt. Der Begriff *Schreibmaterialien* meint dabei mehrere Stifte und beschreibbares Papier pro Teilnehmer. Bei Methoden, für die die Teilnehmer nur Stifte und kein Papier benötigen, steht statt *Schreibmaterialien* der Hinweis *Stifte pro Teilnehmer*. Dies ist etwa bei den Impulsplakaten (S. 86) der Fall. Jedem Teilnehmer sollten stets mehrere Stifte in verschiedenen Farben zur Verfügung stehen. Davon abgesehen sollten sich die Teilnehmer immer eigene Notizen machen dürfen.

Zusätzlich wird mit dem Vermerk *Sitz- und Schreibgelegenheiten* in der Kurzinfo darauf hingewiesen, ob Stühle oder ähnliche Sitzgelegenheiten für die Methode benötigt werden und ob ebenfalls Schreibgelegenheiten wie Tische oder Pulte für jeden Teilnehmer vorhanden sein müssen.

4.3 Allgemeine Hinweise zur Anwendung der Methoden

4.3.1 Lesegeschwindigkeit bei Fachtexten

Bei vielen Gruppenarbeitsmethoden muss der Leiter oder Moderator für die Zeitplanung die Dauer schätzen, die die Teilnehmer benötigen, um ausgeteilte Materialien zu lesen und inhaltlich zu erfassen. Die Lesegeschwindigkeit variiert von Teilnehmer zu Teilnehmer und hängt darüber hinaus von einer Vielzahl verschiedener Faktoren ab. Dazu gehören etwa das Fachgebiet, die Länge des Fachtextes, der bereits vorhandene Wissensstand der Teilnehmer usw. Entsprechend lässt sich die genaue Lesedauer nur mit großem Aufwand vorhersagen.

Daher beschränkt sich dieses Kapitel auf eine grobe Faustregel, mit deren Hilfe Sie die voraussichtliche Lesegeschwindigkeit von Fachtexten in der Praxis ermitteln können:

Für kurze *Texte mit weniger als 1000 Wörtern* ergibt sich eine durchschnittliche Bearbeitungsgeschwindigkeit von etwa *160 Wörtern pro Minute.*

Für lange *Texte mit mehr als 1000 Wörtern* hingegen ergibt sich eine durchschnittliche Bearbeitungsgeschwindigkeit von etwa *90 Wörtern pro Minute.*

4.3.2 Tipps zur Verwendung des Visualisierungsmediums

Folgende Tipps können dabei helfen, das verwendete Visualisierungsmedium möglichst gewinnbringend einzusetzen:

- Die Bedienung des Visualisierungsmediums sollten Sie vorher alleine üben. Vor allem bei neuartigen Medien wie Smartboards, die eine Software benötigen und die einen Touchscreen besitzen, sollten Sie zunächst eine gewisse Sicherheit im Umgang mit dem Medium erreichen.
- Um nicht unnötig viel Platz auf dem Visualisierungsmedium zu verschwenden und zusätzlich die Einprägsamkeit zu erhöhen, sollten Sie Schlagworte statt ausformulierter Sätze aufschreiben.
- Das Geschriebene muss groß und deutlich sein. Dazu können Sie im Vorfeld das Schreiben am jeweiligen Visualisierungsmedium üben und das Geschriebene aus einiger Entfernung (etwa 5 bis 8 m) betrachten.
- Verwenden Sie sowohl Groß- als auch Kleinbuchstaben. Großbuchstaben allein sind schwer lesbar.
- Ein einheitliches Farbschema (z. B. rot für Überschriften, grün für Beispiele und blau für normalen Text) kann die Einprägsamkeit des Geschriebenen erhöhen.
- Falls das Visualisierungsmedium ein Flipchart ist, empfiehlt es sich, immer die breite Seite des Flipchartstifts zu verwenden. Dies macht die Schrift besser lesbar.
- Während des Schreibens sollten Sie nicht zum Visualisierungsmedium, sondern zu den Teilnehmern sprechen.
- Das Geschriebene sollte schon während des Schreibens für die Teilnehmer lesbar sein. Achten Sie als Schreiber darauf, das Geschriebene nicht während des Schreibens zu verdecken.

5 Gruppenbildung, Zusammenarbeit und Arbeitsabläufe

»Mit einer Hand lässt sich kein Knoten knüpfen.«

MONGOLISCHES SPRICHWORT

Ohne entsprechende Vorbereitung kann keine Gruppe Lösungen zu vorgegebenen Problem- oder Fragestellungen finden. Bevor die Gruppe mit dieser sogenannten lösungsorientierten Gruppenarbeit beginnen kann, muss ihr Leiter oder Moderator zunächst die gruppendynamischen Voraussetzungen schaffen und mögliche organisatorische Schwierigkeiten überwinden. Zu diesen gruppendynamischen Voraussetzungen gehören z. B. das gegenseitige Kennenlernen der Teilnehmer und das Sammeln erster Erfahrungen bei der gemeinsamen Zusammenarbeit. Daher präsentiert das folgende Kapitel Methoden und Übungen, die u. a. einen effektiven und strukturierten Ablauf der Kennenlernphase ermöglichen und die Zusammenarbeit der Teilnehmer untereinander trainieren und unterstützen.

Auch während der problemlösungsorientierten Gruppenarbeit fallen häufig kleinere organisatorische Aufgaben an. Dazu zählt beispielsweise das Aufteilen der Teilnehmer auf mehrere Kleingruppen oder das Festlegen der Reihenfolge, in der die Teilnehmer ihre Beiträge einbringen. Deshalb stellt das Kapitel ebenfalls Übungen zusammen, die einen konventionellen oder methodischen Rahmen für diese organisatorischen Aufgaben bilden. Konventionelle Lösungen wie z. B. das Aufteilen der Teilnehmer durch Auslosen der jeweiligen Kleingruppe haben den Vorteil, dass sie sehr wenig Zeit in Anspruch nehmen. Die in diesem Kapitel präsentierten Übungen bieten dem Leiter oder Moderator jedoch die Möglichkeit, solche Prozesse spielerisch zu gestalten. Dadurch lockern sie obligatorische Aufgaben auf, bilden einen Kontrast zu den Arbeitsphasen und dienen auf diese Weise zugleich als Pausen- und Erholungszeit.

Am Ende des Kapitels sind einige Übungen aufgeführt, die sich für die Gestaltung von regulären Pausen zwischen den jeweiligen Arbeitsphasen eignen. Dabei ist entscheidend, dass die Pausen keinesfalls ermüden dürfen und nicht passiv verbracht werden sollten. Vielmehr sollten Pausen die Teilnehmer anregen und aktivieren. Andernfalls besteht die Gefahr, dass die Teilnehmer unkonzentriert in die anschließende Arbeitsphase gehen. Die Übungen zur Pausengestaltung setzen daher ihren Schwerpunkt darauf, die Teilnehmer während der Pause zu aktivieren und ihnen eine Abwechslung zu den Arbeitsphasen zu bieten.

5.1 Übersicht

Zu den Vorbedingungen für die lösungsorientierte Gruppenarbeit gehört zunächst die in *Kapitel 5.2* behandelte *Kennenlernphase*. Dafür bietet das Kapitel sowohl Übungen, die es allen Teilnehmern ermöglichen, sich untereinander kennenzulernen, als auch Übungen, bei denen sich nicht zwangsläufig alle Teilnehmer kennenlernen, die jedoch einen spielerischeren Charakter aufweisen. Letztere Übungen empfehlen sich vor allem, wenn die Zeit für eine ausführliche Kennenlernphase zu knapp wäre, oder wenn ein entspannter Einstieg in die Gruppenarbeit besonders wichtig ist.

Für viele der ab Kapitel 6 aufgeführten Methoden müssen Kleingruppen gebildet werden. Übungen, die für eine rasche *Aufteilung* der Gesamtgruppe in Kleingruppen sorgen, werden darum im *Kapitel 5.3* vorgestellt.

Das anschließende *Kapitel 5.4* stellt Übungen vor, die die *Beitragsreihenfolge* methodisch festlegen.

Die Übungen in *Kapitel 5.5* eignen sich sowohl dazu, vor Beginn der gemeinsamen Arbeit die *Erwartungshaltungen und Motive* aller Teilnehmer zu klären, als auch dazu, zum Abschluss Raum für *Feedback* zu geben. Sie beugen somit zum einen falschen Erwartungen und Enttäuschungen vor. Zum anderen bieten sie dem Leiter oder Moderator Anregungen für mögliche Änderungen oder Verbesserungen des methodischen Arbeitsablaufs oder zu seiner eigenen Rolle bei der Umsetzung der Gruppenarbeitsmethode.

Die *Förderung der Zusammenarbeit* innerhalb einer Gruppe wird in *Kapitel 5.6* thematisiert.

Bei langen Seminaren spielt schließlich die *Auflockerung* durch Unterbrechungen und aktivierende Pausen eine wichtige Rolle. Die Übungen in *Kapitel 5.7* eignen sich sowohl für gewöhnliche Unterbrechungen als auch für aktivierende Pausen, die den Teilnehmern die Möglichkeit zu körperlicher und geistiger Bewegung bieten.

5.2 Sich kennenlernen

5.2.1 Bingo

	< 10	10 – 20	20 – 40	40 – 60	> 60	
	< 5	5 – 10	10 – 20	20 – 30	> 30	
	X	X	X	X	X	
	X	X	X	X	X	
	X	X	X	X	X	

Kurzinfo

- keine Sitzgelegenheiten erforderlich
- Schreibmaterialien pro Teilnehmer
- 1 Bingo-Zettel pro Teilnehmer

Ziel

Die Teilnehmer lernen andere Teilnehmer auf spielerische Art kennen. Außerdem bietet die Übung die Möglichkeit, mehr als bloß die obligatorischen Daten wie Name und Fachbereich der Teilnehmer in Erfahrung zu bringen.

Kurzbeschreibung

Die Teilnehmer erhalten ähnlich wie beim Bingo je eine Karte mit einem quadratischen Schema. Darauf sind im Gegensatz zum regulären Bingo keine Zahlen, sondern bestimmte Eigenschaften vermerkt, die die Teilnehmer miteinander gemeinsam haben könnten. Die Aufgabe der Teilnehmer besteht nun darin, im Gespräch mit den anderen Teilnehmern übereinstimmende Eigenschaften zu finden. Wer dies zuerst bei allen vier Eigenschaften in einer horizontalen, vertikalen oder diagonalen Linie geschafft hat, ruft »Bingo«. Damit ist die Übung beendet.

Ausführliche Beschreibung

Jeder Teilnehmer erhält eine Karte mit vier Spalten und vier Zeilen, sodass sich 16 quadratische Felder ergeben. In jedem Feld ist eine Eigenschaft angegeben, die der Teilnehmer mit anderen Teilnehmern gemeinsam haben könnte, z. B. »Teilt mit Ihnen ein gemeinsames Hobby«. Die Eigenschaften und deren Anordnung sind auf allen Karten identisch.

Die Aufgabe der Teilnehmer besteht nun darin, andere Teilnehmer zu finden, mit denen sie diese Eigenschaften teilen. Wenn ein Teilnehmer jemanden gefunden hat, tragen die beide den Namen ihres jeweiligen Partners in das entsprechende Feld der eigenen Karte ein. Dabei darf kein Teilnehmer zwei Mal denselben Teilnehmernamen auf seiner Karte vermerken.

Die für die Bingokarte ausgewählten Eigenschaften können ganz bewusst etwas vage formuliert sein. Aus der Eigenschaft »Hat das gleiche Lieblingsspiel wie Sie« aus der unten dargestellten Beispielkarte geht nicht hervor, ob ein Gesellschafts- oder Computerspiel oder eine ganz andere Art von Spiel gemeint ist. Indem die Teilnehmer untereinander klären, in welchen Attributen genau sie sich gleichen, entsteht ein reger Austausch, was das Kennenlernen zusätzlich fördert.

Befinden sich schließlich auf der Karte eines Teilnehmers vier ausgefüllte Felder in einer horizontalen, vertikalen oder diagonalen Reihe, ruft er »Bingo«, wodurch die Übung beendet wird.

Ist im selben Bundesland wie Sie geboren.	Arbeitet im selben Fachbereich wie Sie.	Hat ebenfalls bereits die Hauptstadt … besucht.	Hat genauso viele Kinder wie Sie.
Ist im selben Jahrzehnt wie Sie geboren.	Fährt auch mit dem Fahrrad (Auto, …) zur Arbeit.	Teilt mit Ihnen ein gemeinsames Hobby.	Hat das gleiche Lieblingsspiel wie Sie.
Besitzt ebenfalls ein/kein Haustier.	Hat die gleiche Schuhgröße wie Sie.	Konnte das gleiche Schulfach nicht ausstehen, das Sie nicht mochten.	Hat ebenfalls einen/keinen Garten.
Spricht die gleiche Fremdsprache wie Sie (außer Englisch).	Ist in der gleichen Jahreszeit wie Sie geboren.	Hat dieselbe Lieblingsfarbe (Lieblingszahl) wie Sie.	Hat dieselbe Lieblingsfernsehsendung wie Sie.

Abbildung 5-1: Beispiel-Bingokarte

Tipp

Beim Erstellen der Bingokarte sollten Sie Formulierungen wählen, die der einzelne Teilnehmer in jedem Fall auf sich beziehen kann: Auf der Beispielkarte findet sich z. B. die Formulierung »Hat ebenfalls einen/keinen Garten«. Dies können sowohl zwei Teilnehmer ausfüllen, die beide einen Garten besitzen, als auch zwei Teilnehmer, die beide keinen Garten besitzen. Solche Formulierungen verringern die Gefahr, dass die Übung sehr lange dauert oder kein Ende findet, weil kein Teilnehmer genügend gemeinsame Attribute mit den anderen Teilnehmern teilt.

Variante

- Der Methode kann ein zusätzlicher Schwierigkeitsgrad hinzugefügt werden, der gleichzeitig sicherstellt, dass sich die Teilnehmer die Namen der anderen besser merken. Dazu wird verlangt, dass die Teilnehmer auf alle Teilnehmer deuten müssen, mit denen sie eine Eigenschaft aus der vollständig ausgefüllten horizontalen, vertikalen oder diagonalen Linie teilen, wenn sie »Bingo rufen«. Dabei müssen sie außerdem die entsprechende Eigenschaft nennen, ohne jedoch auf der Tabelle nachzusehen.
- Als zusätzlichen Anreiz kann der Leiter demjenigen Teilnehmer, der als Erstes »Bingo« ruft, einen kleinen Preis wie etwa eine Süßigkeit oder einen Schreibblock in Aussicht stellen.
- Für kleinere Gruppen unter acht Teilnehmern reicht eine Tabelle mit 3 × 3 Feldern aus.

Vor- und Nachteile

\+ Der Ablauf der Übung ist weniger eng vorgegeben als bei anderen Kennenlernübungen und weist einen spielerischeren Charakter auf.

– Nicht alle Teilnehmer lernen sich durch die Übung kennen.

5.2.2 Ich packe meinen Koffer und nehme mit …

	< 10	**10 – 20**	20 – 40	40 – 60	> 60	
	< 5	5 – 10	**10 – 20**	**20 – 30**	> 30	
	X	X	**X**	X	X	
	X	X	X	X	X	
	X	X	X	**X**	X	

Kurzinfo

- Sitzgelegenheiten optional

Ziel

Wenn sich das Kennenlernen zunächst darauf beschränken soll, die Namen der einzelnen Teilnehmer zu erlernen (weil sie sich zu einem späteren Zeitpunkt ohnehin noch besser kennenlernen sollen), ist diese spielerische und effiziente Methode gut geeignet.

Kurzbeschreibung

Zuerst stellen sich die Teilnehmer der Reihe nach mit ihrem Namen vor. Anschließend bilden sie ähnlich wie in dem Spiel »Ich packe in meinen Koffer und nehme mit …« Merksätze, in denen sie erst die bereits genannten Teilnehmer aufzählen und anschließend einen noch nicht genannten Teilnehmer hinzufügen. Dieser Teilnehmer formuliert seinerseits selbst wieder einen Satz nach dem bekannten Schema. Das Spiel geht so lange weiter, bis in einem Satz alle Teilnehmer erwähnt wurden.

Ausführliche Beschreibung

Die Teilnehmer bilden zu Beginn sitzend oder stehend einen Kreis, in dem sie einander ansehen können, und stellen sich zunächst der Reihe nach in einer kurzen Vorstellungsrunde vor. Danach wählt der Leiter eine Einleitung aus, die dem Satzanfang »Ich packe meinen Koffer und nehme mit …« aus dem gleichnamigen Spiel ähnelt. Dieser Satz kann dabei Bezug auf den Grund für das Zusammentreffen nehmen. Bei einem Seminar über Vortragstechnik könnte der Satzanfang z. B. lauten: »Ich trage heute etwas vor und nehme mit …« Anschließend bestimmt der Leiter zufällig einen Teilnehmer, der dann mit der eigentlichen Übung beginnt, indem er an den vorgegebenen Satzanfang einen Teilnehmernamen anhängt und dabei auf den entsprechenden Teilnehmer deutet. Der genannte Teilnehmer muss nun seinerseits die Einleitung sowie den Namen des vorangegangenen Teilnehmers wiederholen und erneut einen weiteren, noch nicht genannten, Namen hinzufügen. Dabei deutet derjenige, der an der Reihe ist, immer auf den jeweiligen Teilnehmer, wenn er den entsprechenden Namen nennt. Für Teilnehmer, die am Schluss an der Reihe sind, wird die Übung so immer schwieriger.

Dabei sollte der Leiter im Vorfeld erklären, dass es Teil der Methode ist, wenn Teilnehmer bei der Namensnennung kurz ins Stocken geraten oder Hilfe benötigen. Auf diese Weise prägen sich die Namen besser ein.

Auch wenn einigen Teilnehmern das Zeigen auf einzelne Personen möglicherweise unangenehm ist, stellt es ein zentrales Element der Methode dar, da es verhindert, dass Teilnehmer allein die Reihenfolge der bereits genannten Teilnehmer auswendig lernen. Durch das Deuten können sie die genannten Namen auch mit den entsprechenden Teilnehmern verbinden. Stattdessen kann aber auch ein anderes Zeichen verwendet werden, wie etwa Blickkontakt. Bei solchen subtileren Zeichen besteht jedoch eine stärkere Gefahr, dass die Teilnehmer das Zeichen vergessen und sich auf das Lernen der richtigen Reihenfolge beschränken.

Anmerkung

Auf die Vorstellungsrunde ganz zu Beginn der Übung kann verzichtet werden, falls die Teilnehmer schon vorab kurz miteinander ins Gespräch gekommen sind und so jeder Teilnehmer bereits mindestens einen anderen Namen kennt.

Vor- und Nachteile

+ Wenn ausschließlich Namen auswendig gelernt werden sollen, stellt die Methode eine spielerische Alternative zum bloßen »Pauken« dar.
– Bei denjenigen Teilnehmern, die zu Beginn an der Reihe waren, besteht die Gefahr, dass sie die Namen der nach ihnen genannten Teilnehmer nicht verinnerlichen.

5.2.3 Partnerinterview

	< 10	**10 – 20**	20 – 40	40 – 60	> 60	
	< 5	5 – 10	**10 – 20**	20 – 30	**> 30**	
	X	X	X	X	X	
	X	X	X	X	X	
	X	X	X	X	X	

Kurzinfo

- 1 Interviewbogen pro Teilnehmer optional

Ziel

Die Teilnehmer kennen im Anschluss an die Methode von jedem anderen Teilnehmer die wichtigsten Eckdaten. Zusätzlich hat jeder mit einem anderen Teilnehmer bereits ein Gespräch geführt und Informationen ausgetauscht, die über die Informationen aus einer einfachen Vorstellungsrunde deutlich hinausgehen.

Kurzbeschreibung

Jeder Teilnehmer sucht sich einen Partner, mit dem er anschließend ein Gespräch führt. In dessen Verlauf stellen sich beide Partner einander vor, indem sie Eckdaten wie etwa Name, Beruf, Arbeits- oder Fachbereich austauschen und indem daran anknüpfend möglicherweise Raum für weitere Gesprächsthemen entsteht. Nachdem sich das Interviewpaar auf diese Weise kennengelernt hat, stellt jeder Teilnehmer seinen jeweiligen Partner der großen Runde vor.

Ausführliche Beschreibung

Der Leiter bittet die Teilnehmer, sich jeweils einen Partner zu suchen. Dabei kann die Partnersuche ohne weitere Übung stattfinden oder der Leiter wendet eine der in Kapitel 5.3 vorgestellten Aufteilungsübungen an. Eine solche Übung empfiehlt sich vor allem dann, wenn sich einzelne Teilnehmer bereits kennen und verhindert werden soll, dass genau diese Teilnehmer jeweils Paare bilden. Bei einer ungeraden Anzahl an Teilnehmern nimmt der Leiter selbst an der Übung teil.

Nachdem jeder einen Partner gefunden hat, haben die Teilnehmer fünf Minuten Zeit, um sich im Gespräch kennenzulernen. Das Gespräch kann dabei ohne äußere Vorgaben stattfinden, aber der Leiter kann auch anregen, spezielle Sachverhalte zu Beginn des Gesprächs abzusprechen. Dazu kann er eine Liste mit vordefinierten Fragen erstellen und diese an die Teilnehmer austeilen.

Im Anschluss an das Partnergespräch stellen oder setzen sich die Teilnehmer in einer Runde zusammen, sodass sich alle gut im Blick haben. Anschließend stellt jeder der Reihe nach seinen jeweiligen Partner vor. Der vorgestellte Partner kann danach noch kurz Korrekturen oder Ergänzungen hinzufügen. Die Übung endet, wenn jeder seinen Partner vorgestellt hat.

Die Vorstellungsrunde vor der Gruppe kann sehr zeitintensiv ausfallen. Falls der Leiter schon damit rechnet, sollte er vorher um eine kurze und prägnante Vorstellung bitten.

Tipp

Falls diese Methode mit Fragelisten durchgeführt wird, können die Fragen die Teilnehmer bereits auf relevante Details für die spätere Gruppenarbeit vorbereiten. Bei einem anschließenden Workshop über Kreativitätsmethoden wäre es z. B. denkbar, neben obligatorischen Informationen wie den Teilnehmernamen auch dessen Erwartungen oder die ungewöhnlichste jemals eingesetzte Kreativitätstechnik abzufragen.

Variante

Bei Gruppen mit mehr als 30 Teilnehmern, in denen ein Kennenlernen aller Teilnehmer untereinander in kurzer Zeit nicht realistisch wäre, lässt sich die Methode ebenfalls einsetzen, wenn auf die gemeinsame Vorstellungsrunde verzichtet wird. Diese Variante sorgt dann dafür, dass die einzelnen Teilnehmer in großen Gruppen zumindest einen weiteren Teilnehmer gut kennenlernen. So fühlen sie sich in der fremden Gruppe nicht unbehaglich, obwohl sie noch nicht alle anderen Teilnehmer kennen.

Vor- und Nachteile

+ Mit dieser Methode lernen die Teilnehmer ihren Partner sehr viel besser kennen als alle anderen Teilnehmer. Dies kann ihnen zu Beginn der Gruppenarbeit ein Sicherheitsgefühl geben.
– Durch die Konzentration auf den Partner kann die Motivation sinken, andere Teilnehmer gut kennenzulernen.

5.2.4 Pinocchio-Methode

	< 10	10 – 20	20 – 40	40 – 60	> 60	
	< 5	5 – 10	10 – 20	20 – 30	> 30	
	X	X	X	X	X	
	X	X	X	X	X	
	X	X	X	X	X	

Kurzinfo

- Sitzgelegenheiten

Ziel

Alle Teilnehmer lernen einander kennen. Gleichzeitig schafft die Übung eine lockere Atmosphäre und bietet dank ihres spielerischen Charakters auch die Möglichkeit, entspannt in die Gruppenarbeit einzusteigen.

Kurzbeschreibung

Die Teilnehmer stellen sich der Reihe nach vor, indem sie vor der Gruppe ihren Namen nennen sowie drei Fakten über sich erzählen, von denen jedoch ein Fakt bloß ausgedacht ist. Die anderen Teilnehmer müssen dann im Anschluss raten, welcher der drei Fakten ausgedacht war.

Ausführliche Beschreibung

Vor Beginn der Kennenlernrunde bittet der Leiter die Teilnehmer, sich drei Fakten zu überlegen, die sie den anderen Teilnehmern über sich erzählen möchten und von denen ein Fakt erfunden ist. Die Teilnehmer setzen oder stellen sich anschließend im Kreis zusammen, sodass sie einander sehen können. Danach stellen sie sich der Reihe nach vor, indem sie erst ihren Namen und weitere obligatorische Informationen wie Fachbereich oder Studienabschluss nennen und anschließend den anderen Teilnehmern die drei vorher ausgewählten Fakten erzählen. Nachdem sich ein Teilnehmer vorgestellt hat, müssen die anderen erraten, welcher der drei Fakten nicht der Wahrheit entspricht. Unmittelbar im Anschluss deckt der Teilnehmer die Lüge auf.

Variante

Die Teilnehmer können auch auf mehrere Kleingruppen von zwei bis fünf Personen verteilt werden. Dort stellen sich die Teilnehmer nur der eigenen Kleingruppe vor und lassen deren Mitglieder raten.

Vor- und Nachteile

+ Die Methode hat einen spielerischeren Charakter als z. B. →Ich packe meinen Koffer und nehme mit … (S. 68), trotzdem lernen sich wirklich alle Teilnehmer untereinander kennen.
– Teilnehmern, die in Kreativitätstechniken ungeübt oder sehr zurückhaltend sind, könnte es schwerfallen, sich spontan eine gute Lüge auszudenken.

5.2.5 Speed-Dating

	< 10	**10 – 20**	**20 – 40**	40 – 60	> 60	
	< 5	**5 – 10**	**10 – 20**	20 – 30	> 30	
	X	**X**	X	X	X	
	**X**	X	X	X	X	
	X	X	X	**X**	X	

Kurzinfo

- Zeitnahme
- Sitzgelegenheiten optional

Ziel

Speed-Dating eignet sich, wenn in einem Seminar viele Teilnehmer zusammenkommen, die sich untereinander noch nicht kennen. Jeder Teilnehmer lernt alle anderen in kurzer Zeit kennen, sodass anfängliche Kontakthemmungen überwunden werden können.

Kurzbeschreibung

Alle Teilnehmer bilden Paare und führen untereinander ca. drei Minuten ein zwangloses Gespräch ohne Themenvorgabe mit dem Gesprächspartner. Danach wechseln alle bis auf einen Teilnehmer zum benachbarten Platz, sodass jeder in den nächsten drei Minuten einen weiteren Gesprächspartner kennenlernt. Dies wiederholen die Teilnehmer, bis jeder mit allen (oder möglichst vielen) anderen gesprochen hat.

Ausführliche Beschreibung

Vor Beginn der Übung wird eine Reihe oder ein Halbkreis aus je zwei gegenüberstehenden Stühlen aufgebaut. Falls vorhanden, können auf Wunsch auch Tische zwischen die Stuhlpaare gestellt werden. Danach bittet der Leiter die Teilnehmer, sich auf die Stühle im Raum zu verteilen, sodass jeder Teilnehmer einem anderen gegenübersitzt. Bei ungerader Teilnehmerzahl sucht sich der Leiter selbst einen Gesprächspartner unter den Teilnehmern. Wenn jeder einen Partner gefunden hat, beginnt die erste *Speed-Dating*-Runde:

Jeder Teilnehmer hat drei Minuten Zeit, um seinen Gesprächspartner kennenzulernen. Wenn die Zeit abgelaufen ist, gibt der Leiter ein Signal und die Teilnehmer rotieren. Damit jeder die Möglichkeit hat, mit jedem der anderen Teilnehmer zu

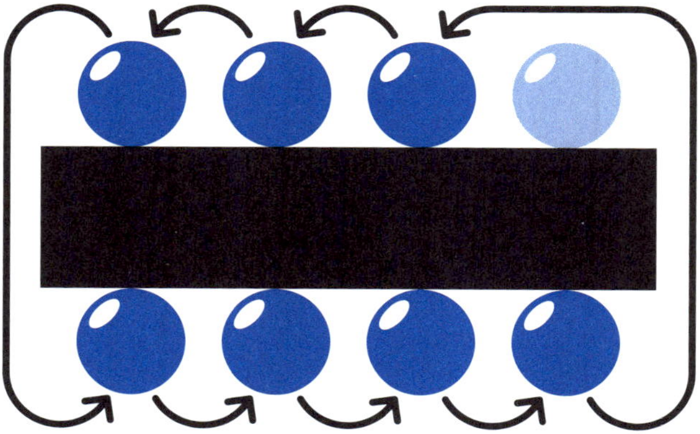

Abbildung 5-2: Schematische Darstellung des Platzwechsels beim *Speed-Dating*

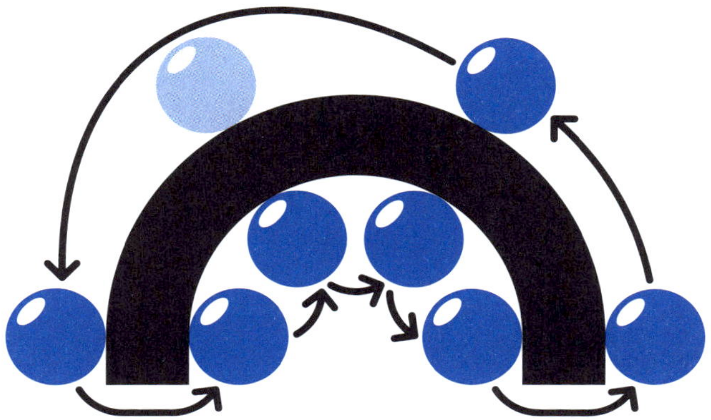

Abbildung 5-3: Platzwechsel beim *Speed-Dating*. Der hellblau eingefärbte Teilnehmer ändert seinen Sitzplatz nicht.

reden, rotiert die Gruppe nach einem Verfahren, das so auch beim Spielerwechsel in Schachturnieren zum Einsatz kommt: Einer der Teilnehmer behält seinen Platz bei, alle anderen Teilnehmer rücken einen Platz nach rechts. Nimmt der Leiter selbst am *Speed-Dating* teil, kann er seinen Platz beibehalten, andernfalls wählt er einen Teilnehmer aus, der nicht mitrotiert. Die Teilnehmer, neben denen sich rechts kein Stuhl mehr befindet, wechseln beim Rotieren auf den gegenüberliegenden Sitzplatz. Wer links vom nicht rotierenden Teilnehmer sitzt, nimmt den Sitzplatz rechts von diesem Teilnehmer ein.

Nach weiteren drei Minuten gibt der Leiter erneut ein Signal und die nächste Rotation findet statt. Dies kann je nach Anzahl der Teilnehmer entweder so lange weitergehen, bis alle Teilnehmer miteinander gesprochen haben, oder bis ein vorher festgelegter Zeitrahmen überschritten ist.

Das Ziel des *Speed-Datings* besteht darin, in überschaubarer Zeit mit möglichst vielen Teilnehmern ins Gespräch zu kommen. Mit drei Minuten ist die Tiefe des Informationsaustauschs begrenzt, doch allein die Tatsache, dass jeder einmal mit jedem gesprochen hat, baut anfängliche Kontakthürden ab und erleichtert die spätere Kommunikation.

Variante

Beim *Speed-Dating* besteht die Gefahr, dass die Teilnehmer sich nach einer gewissen Anzahl an Platzwechseln langweilen, weil sie den wechselnden Partnern in jeder Runde dieselben Informationen präsentieren. Um dem entgegenzuwirken, kann der Leiter ein Leitthema vorgeben, das nach zwei bis drei Platzwechseln variiert.

Vor- und Nachteile

+ Alle Teilnehmer lernen einander kennen und haben die Möglichkeit, mehr als nur obligatorische Informationen wie Name und Fachbereich auszutauschen.
– Die Übung ist vergleichsweise zeitaufwendig und setzt eine logistische Vorbereitung voraus.
– Die Übung ist weniger spielerisch als die anderen Methoden und kann daher schneller als anstrengend empfunden werden.

5.3 Aufteilungsübungen

5.3.1 Vorbemerkungen

Nicht zugeteilte Teilnehmer

Die in diesem Kapitel vorgestellten Übungen helfen dabei, die Gruppe in mehrere Kleingruppen aufzuteilen. Dabei kann es passieren, dass sich die Teilnehmeranzahl nicht genau durch die Anzahl an Kleingruppen teilen lässt, sodass einzelne Teilnehmer in keiner der Kleingruppen landen. Wie sich die übrigen Teilnehmer nachträglich in die Kleingruppen einteilen lassen, hängt in diesem Fall von der Methode ab, die der Leiter im Anschluss an die Aufteilungsübung anwendet.

Daher bieten die folgenden Aufteilungsübungen kein pauschales Verfahren, das in diesem Fall zu bevorzugen wäre: Für einige Methoden ist eine Neuaufteilung der Kleingruppen sinnvoll, für andere ist es sinnvoller, wenn sich die übrigen Teilnehmer auf die bereits bestehenden Kleingruppen verteilen oder wenn der Leiter in einer Kleingruppe teilnimmt. Wie sich solche Probleme lösen lassen, erläutern deshalb die Abschnitte zu den einzelnen Gruppenarbeitsmethoden, die auf die jeweiligen Aufteilungsübungen folgen sollen.

5.3.2 Kordelziehen

	< 10	10 – 20	20 – 40	40 – 60	> 60	
	< 5	**5 – 10**	**10 – 20**	**20 – 30**	> 30	
	x	x	**x**	x	x	
	x	**x**	x	x	x	
	x	**x**	x	x	x	

Kurzinfo

- keine Sitzgelegenheiten erforderlich
- je 1 Stück Kordel (Länge: 2 bis 4 m) für 2 Teilnehmer

Ziel

Spielerisches Aufteilen einer Gruppe in Zweiergruppen.

Beschreibung

Zur Vorbereitung schneidet der Leiter pro Teilnehmerpaar ein Stück Kordel von zwei bis vier Meter Länge zurecht. Diese Kordeln verknäuelt er derart, dass alle freien Enden aus dem Knäuel herausragen (nicht verknoten!). Nun bittet er die Teilnehmer, jeweils ein Kordelende in die Hand zu nehmen. Dabei hält er das Knäuel in der Mitte fest. Sobald jeder ein Kordelende in der Hand hält, lässt der Leiter die Kordeln los. Teilnehmer, die dasselbe Kordelstück halten, bilden eine Zweiergruppe.

Wichtig ist, dass die Anzahl der Kordeln genau der Hälfte der Teilnehmer entspricht, da einzelne Kordeln andernfalls von bloß einem Teilnehmer gehalten werden könnten.

Da die Teilnehmer zuerst alle Kordeln entwirren müssen, bevor sie herausfinden, wer ihr Partner ist, erhält die Übung ein spielerisches Element. So überwinden sie anfängliche Hemmungen.

Variante

- Indem der Leiter jeweils mehrere Teilnehmer bittet, gemeinsam ein Ende der Kordel zu halten, kann er die Teilnehmer auf Kleingruppen mit einer beliebigen geraden Anzahl von Gruppenmitgliedern aufteilen.
- Der Leiter kann im Vorfeld Kordeln zusammenknoten, deren Anzahl an Enden der gewünschten Anzahl an Teilnehmern pro Kleingruppe entspricht. Mit dieser Variante lassen sich Kleingruppen mit mehr als zwei Mitgliedern bilden. Das Entwirren der Enden ist hier jedoch zeitaufwendiger.

Vor- und Nachteile

+ Diese Aufteilungsübung wirkt am stärksten aktivierend und knüpft an den Kennenlernprozess an, indem sie Hemmungen weiter abbaut.
– Die Vorbereitung und Durchführung der Übung dauern relativ lange.

5.3.3 Losverfahren

	max. 5	10 – 20	20 – 40	40 – 60	> 60	
	< 5	5 – 10	**10 – 20**	**20 – 30**	> 30	
	X	**X**	X	X	X	
	X	X	X	X	X	
	X	X	X	**X**	X	

Kurzinfo

- Sitzgelegenheiten optional
- Plakate mit Gruppeneinteilung optional
- Bonbons oder Süßigkeiten zum Losen optional

Ziel

Eine Gruppe wird in mehrere Teilgruppen aufgeteilt.

Beschreibung

Um eine Gruppe in mehrere, möglicherweise verschieden große Kleingruppen aufzuteilen, befüllt der Leiter einen als Urne dienenden Behälter mit mehreren Losen, die mit den Zahlen oder Symbolen der entsprechenden Kleingruppen beschriftet sind. Danach lässt er jeden Teilnehmer der Reihe nach ein Los aus der Urne ziehen und bittet Teilnehmer mit gleichen Zahlen, sich in den entsprechenden Kleingruppen zusammenzufinden. Um diesen Prozess zu beschleunigen, kann der Leiter jeder Zahl oder jedem Symbol einen festen Ort im Raum zuweisen oder vorher an verschiedenen Stellen im Raum Plakate mit den jeweiligen Zahlen oder Symbolen aufhängen.

Tipp

Das Losen lässt sich spielerisch gestalten, indem statt beschrifteter Zettel verschieden farbige Bonbons oder verschiedene Sorten von Süßigkeiten als Lose dienen.

Vor- und Nachteile

+ Die Übung geht auch mit großen Gruppen (mehr als 30 Teilnehmer) vergleichsweise schnell und wirkt dennoch leicht aktivierend.
+ Während beim →Nummernzuweisen (S. 79) Kleingruppen gleicher Gruppengröße entstehen, kann der Leiter hier Kleingruppen mit variierender Gruppengröße bilden.

5.3.4 Nummern zuweisen

	max. 2	10 – 20	20 – 40	40 – 60	> 60	
	< 5	5 – 10	**10 – 20**	**20 – 30**	**> 30**	
	X	X	X	X	X	
	X	X	X	X	X	
	X	X	X	X	**X**	

Kurzinfo

- Sitzgelegenheiten optional
- Plakate mit Nummern optional

Ziel

Die Übung ermöglicht das sehr schnelle Aufteilen einer Gruppe in mehrere Teilgruppen mit gleicher Anzahl an Gruppenmitgliedern.

Beschreibung

Der Leiter bittet die Teilnehmer, in einer festen Sitzordnung Platz zu nehmen, oder sich in mehreren Reihen aufzustellen. Dann beginnt er für alle Teilnehmer hörbar, von »1« an zu zählen und deutet bei jeder Zahl auf einen Teilnehmer, sodass er allen Teilnehmern entsprechend ihrer Sitzreihenfolge oder ihrer Aufstellung eine Nummer zuweist. Entspricht die genannte Nummer der geplanten Anzahl an Kleingruppen, beginnt der Leiter mit dem Zählen erneut bei »1«. Hat er allen Teilnehmern eine Nummer zugewiesen, bittet der Leiter die Teilnehmer mit gleichen Nummern, sich in Kleingruppen zusammenzufinden.

Um dies zu beschleunigen, kann der Leiter jeder Nummer einen festen Ort im Raum zuweisen oder vorher an verschiedenen Stellen im Raum Plakate mit den jeweiligen Nummern aufhängen.

Variante

Bei Seminaren, in denen dieselbe Gruppe mehrmals mit dieser Übung auf Kleingruppen aufgeteilt wird, können Teilnehmer auch der Reihe nach ihre eigene Nummer nennen. Es empfiehlt sich, diese Variante erst durchzuspielen, nachdem der Leiter das Zählen mindestens einmal selbst übernommen hat, da sonst der Erklärungsaufwand den Zeitvorteil aufhebt.

Vor- und Nachteile

+ Die Übung ist auch mit großen Gruppen (mehr als 30 Teilnehmer) sehr schnell durchführbar.
+ Im Gegensatz zu den anderen Aufteilungsübungen benötigt der Leiter keine weiteren Hilfsmittel wie z. B. Kordeln oder Süßigkeiten.
– Der Spaßfaktor und die Gruppeninteraktion sind extrem niedrig.

5.4 Festlegen einer Reihenfolge

Bei vielen Seminaren, Methoden oder Aufgaben, in denen Gruppenarbeiten anfallen, tritt folgendes Problem auf: Alle Teilnehmer sollen nacheinander einen Beitrag beisteuern, doch entweder möchte keiner der Teilnehmer als Erster seinen Beitrag präsentieren oder es wollen immer dieselben Teilnehmer anfangen.

Diese Situationen lassen sich vermeiden, indem vor Beginn der gemeinsamen Arbeit nach einem vorgegebenen Schema eine Beitragsreihenfolge festgelegt wird. Hierfür stehen folgende Möglichkeiten zur Verfügung:

Auslosen

Der Leiter verteilt nummerierte Zettel, die die Reihenfolge festlegen. Dieses Vorgehen empfiehlt sich vor allem, wenn das Festlegen der Reihenfolge möglichst wenig Zeit in Anspruch nehmen soll. Es eignet sich außerdem auch für Gruppen, die in mehreren Sitzungen zusammenarbeiten, aber die Beiträge nicht jedes Mal in der gleichen Reihenfolge präsentieren wollen.

Alphabetische Reihenfolge

Die Beitragsreihenfolge wird nach der alphabetischen Reihenfolge des Vor- oder Nachnamens festgelegt. Dabei kann der Leiter das Alphabet sowohl von vorne nach hinten als auch von hinten nach vorne durchgehen. Dank dieser Methode haben die Teilnehmer zudem noch einmal die Möglichkeit, sich die Namen der anderen Teilnehmer einzuprägen. Für Gruppen, die sich häufig treffen, eignet dieses Verfahren jedoch weniger, da hier die Gefahr besteht, dass in jeder Sitzung dieselben oder sich ähnelnde Reihenfolgen gewählt werden.

Soziogramm

Zu Beginn bekommt jeder Teilnehmer einen Stift und einen Zettel. Anschließend bittet der Leiter die Teilnehmer, jeweils drei Namen anderer Teilnehmer auf ihren Zetteln zu notieren, und zwar in der Reihenfolge, in der diese ihre Beiträge präsentieren sollen. Anschließend sammelt der Leiter alle Zettel ein und zählt die Nennungen mit einer Strichliste auf dem Visualisierungsmedium aus. Dabei erhalten erstgenannte Teilnehmer drei Striche, zweitgenannte zwei Striche und drittgenannte einen Strich. Die Anzahl der Striche legt dann die Reihenfolge fest, nach der die Teilnehmer ihre Beiträge präsentieren.

Diese Methode ist relativ zeitaufwendig. Sie hat aber den Vorteil, dass der Leiter auf diese Weise nicht nur die Reihenfolge festlegen, sondern gleichzeitig auch das Erstellen von Soziogrammen erläutern kann. Ein Nachteil dieser Vorgehensweise ist jedoch, dass die Teilnehmer demotivieren könnte, die sehr viele oder sehr wenige Striche erhalten. Aus diesem Grund sollte die Methode nur mit Gruppen durchgeführt werden, in denen keine Spannungen bestehen.

Geburtstag

Die Reihenfolge der Geburtstage im Laufe des Jahres legt die Reihenfolge fest. Dabei kann der Leiter die Teilnehmer entweder direkt nach ihrem Geburtsdatum oder -monat fragen, oder er bittet sie, sich untereinander auszutauschen und auf diese Weise die Geburtsdaten der jeweils anderen zu ermitteln. Die erste Variante ist die schnellere. Bei der zweiten Variante, dem eigenständigen Austausch der Teilnehmer, bietet dieses Verfahren jedoch zusätzlich eine aktivierende Komponente. Daher empfiehlt sich die zweite Variante vor allem dann, wenn der Präsentation der Beiträge bereits eine lange Arbeitsphase vorangegangen ist.

Anzahl der Buchstaben des vollständigen Namens

Alle im vollständigen Namen vorkommenden Buchstaben werden von den Teilnehmern zusammengezählt; der Teilnehmer mit der höchsten Anzahl der Buchstaben beginnt danach mit seinem Beitrag. Bei diesem Verfahren kann bewusst offen gelassen werden, ob zweite oder dritte Vornamen mitgezählt werden. Wenn sich Teilnehmer eventuell wundern, weil ein Teilnehmer scheinbar zu viele Buchstaben angibt, kann die anschließende Diskussion an die Kennenlernphase anknüpfen und aktivierend wirken. Sie ist jedoch auch zeitaufwendig.

Lösen einer (sehr kurzen) Aufgabe

Der Leiter stellt allen Teilnehmern gleichzeitig eine kurze Knobelaufgabe. Die von den Teilnehmern benötigte Zeit legt dann die Beitragsreihenfolge fest. Dieses Verfahren kann ebenfalls sehr zeitaufwendig sein, eignet sich jedoch vor allem dann, wenn es sinnvoll erscheint, vor der Arbeitsphase eine kurze aktivierende Pause einzulegen. Darüber hinaus lässt sich das Verfahren sowohl bei Gruppen, die sich schon lange kennen, als auch bei Gruppen, die sich erst kennenlernen, anwenden.

Stellung im Raum

Jeder Teilnehmer notiert auf einem Zettel eine Zahl zwischen 1 und der anderthalbfachen Teilnehmeranzahl. Diesen Zettel falten sie und halten ihn mit einer Hand hinter dem Rücken. Nun ist es ihre Aufgabe, sich in einer Reihe entsprechend der aufsteigenden Nummern auf ihren Zetteln aufzustellen. Dabei dürfen sie weder reden, noch die hinter dem Rücken befindliche Hand benutzen. Die Reihenfolge, in sich der die Teilnehmer aufstellen, legt dann die Beitragsreihenfolge fest.

Diese Übung fördert die Gruppendynamik und wirkt durch die zusätzliche Bewegung wie eine aktivierende Pause. Darüber hinaus dient sie durch den spielerischen Charakter dazu, Hemmungen abzubauen.

Die Übung lässt sich bei Bedarf dahin gehend erweitern, dass sich die Beitragsreihenfolge umkehrt, wenn zwei oder mehr Teilnehmer dieselbe Zahl auf ihrem Zettel notiert haben. So kann der Leiter vermeiden, dass Teilnehmer, die ihren Beitrag als Erste oder Letzte präsentieren wollen, einfach eine sehr hohe oder niedrige Zahl wählen.

5.5 Erwartungen und Feedback

5.5.1 Vorbemerkungen

Erwartungshaltungen korrigieren

Dieses Kapitel stellt Übungen vor, die sich dazu eignen, vor der problemlösungsorientierten Gruppenarbeit die Erwartungshaltungen der Teilnehmer zu klären, oder nach der gemeinsamen Arbeit Feedback einzuholen. Wenn sich die Teilnehmer schon vor der Gruppenarbeit über ihre Erwartungen austauschen, kann der Austausch dem Moderator die Möglichkeit bieten, überzogene Erwartungen unmittelbar zu korrigieren. Zu diesem Zweck sollte jemand die Rolle des Moderators übernehmen, der mit den Zielen der Gruppenarbeit vertraut ist, beispielsweise der Gruppenleiter.

Nachdem die Erwartungen geklärt sind, versucht der Moderator, die nachfolgende Gruppenarbeit soweit wie möglich mit den Wünschen der Teilnehmer in Einklang zu bringen. Wenn dies nicht möglich ist, verdeutlicht er, warum auch diejenigen Aspekte für die gemeinsame Arbeit notwendig oder zielführend sind, die den Teilnehmern weniger zusagen, oder warum sich eventuelle Verbesserungsvorschläge nicht umsetzen lassen. Dies erleichtert es den Teilnehmern, die von ihnen als unangenehm empfundenen Aspekte in das Gesamtkonzept und dessen Ziele einzuordnen und ihre ablehnende Haltung gegenüber diesen Aspekten aufzugeben.

Feedback an den Moderator

Bewerten die Teilnehmer den Moderator, die verwendeten Methoden oder den Aufbau des Seminars im Anschluss an die Gruppenarbeit, empfiehlt es sich, jemanden als Schriftführer hinzuzuziehen, der nicht an der vorangegangenen Arbeitsphase beteiligt war. Er protokolliert zusätzlich zum Moderator oder zum bisherigen Schriftführer das Feedback und greift dabei nicht in die Bewertungen der Teilnehmer ein. Auf diese Weise verringert sich die Gefahr, dass das Feedback der Teilnehmer subjektiv protokolliert wird. Da der zusätzliche Schriftführer nicht an der vorangegangenen Arbeitsphase beteiligt war, kann er das Feedback neutraler und ungefilterter auffassen als der Moderator oder der bisheriger Schriftführer. Trotzdem sollte die Gruppe während der Feedbackrunde nicht vollständig auf den Moderator verzichten, damit die Teilnehmer ihr Feedback direkt an ihn adressieren können.

Kommunikationsstil

Feedback wird immer in Form von →konstruktiver Kritik (S. 31) geäußert. Um darüber hinaus eine sachliche Diskussion zu unterstützen, vermeiden die Teilnehmer verallgemeinernde Formulierungen. Dies bedeutet insbesondere, dass sie auf Passivkonstruktionen und auf Formulierungen verzichten, die das Wort »man« beinhalten. Stattdessen wählen sie die direkte Anrede. Anstatt z. B. zu sagen, »Man sollte präziser formulieren«, oder »Es wird zu unpräzise formuliert«, sollten die Teilnehmer Formulierungen wählen wie: »Ich bin der Meinung, dass Sie als Moderator zu unpräzise formulieren.«

5.5.2 Blitzlicht (Feedbackrunde)

	**< 10**	10 – 20	20 – 40	40 – 60	> 60	
	**< 5**	**5 – 10**	**10 – 20**	**20 – 30**	**> 30**	
	**X**	X	X	X	X	
	X	**X**	X	X	X	
	X	X	**X**	X	X	

Kurzinfo

- Moderation
- Sitzgelegenheiten

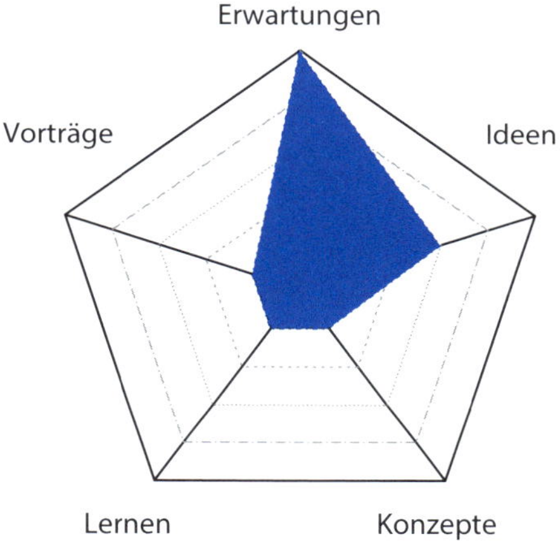

Ziel

Die Übung Blitzlicht liefert dem Gruppenleiter ein Feedback zur bisherigen Arbeit der Gruppe und baut Spannungen innerhalb der Gruppe ab. Dabei garantiert sie, dass auch zurückhaltende Teilnehmer eine Wortmeldung abgeben können. Störungen im Arbeitsprozess können daher aufgegriffen und erkannt werden.

Kurzbeschreibung

Der Reihe nach äußert sich jeder Teilnehmer zu einer vorgegebenen Fragestellung über seine Gedanken und Gefühle. Das Gesagte wird nicht kommentiert oder aufgegriffen.

Ausführliche Beschreibung

Die Teilnehmer und der Gruppenleiter sitzen in einem Stuhlkreis. Der Moderator gibt eine Fragestellung vor, deren Antworten Rückschlüsse über seine Arbeit oder die Stimmung und den Arbeitsfortschritt der Gruppe liefert. Eine mögliche Frage könnte etwa lauten: »Was gefällt mir/gefällt mir bis jetzt nicht an diesem Seminar?« Zur Unterstützung kann der Leiter die Frage auf einem Visualisierungsmedium festhalten.

Jeder Teilnehmer nimmt dann der Reihe nach in der Ich-Perspektive Stellung zu der vorgegebenen Fragestellung. Mögliche Antworten wären: »Ich wünsche mir mehr Theorie.« Oder: »Ich finde das Arbeitsklima belastend.« Der Gruppenleiter selbst beantwortet die vorgegebene Fragestellung erst zum Schluss, um die Teilnehmer nicht durch seine eigene Rückmeldung zu beeinflussen.

Während die Teilnehmer sprechen, dürfen sie nicht unterbrochen werden und es findet keine Diskussion statt. Vorangegangene Äußerungen dürfen nicht aufgegriffen oder kommentiert werden. Wer nicht reden möchte, gibt das Wort weiter.

Der Moderator entscheidet am Ende der, ob einzelne Aussagen aufgegriffen und in mit den Teilnehmern diskutiert werden. Das Blitzlicht kann jedoch auch unkommentiert bleiben. Die Möglichkeit, vor den anderen Teilnehmern und dem Gruppenleiter Kritik äußern zu können, genügt oft schon, um negativen Gefühlen der Teilnehmer entgegenzuwirken und das Arbeitsklima zu verbessern.

Tipp

Wer das Wort hat, kann dabei einen Gegenstand in der Hand halten, den er an seinen Nachredner weitergibt. So kommt es nicht zu Missverständnissen, ob jemand schon fertig ist oder nicht.

Variante

Die Methode kann auch ohne die Anwesenheit des Gruppenleiters durchgeführt werden. Dann besteht das Ziel nicht darin, dem Gruppenleiter ein Feedback zu geben, sondern das Gruppenklima unter den Teilnehmern zu verbessern, da sich Spannungen oftmals bereits dadurch abbauen lassen, dass die Teilnehmer die als störend empfundenen Punkte vor der Gruppe ansprechen.

Vor- und Nachteile

+ Das direkte Äußern der eigenen Gedanken und Gefühle vor der Gruppe und dem Leiter kann stärker dazu beitragen, dass sich die Teilnehmer beachtet fühlen, als es das bloße Aufschreiben der Kritik zur Folge hätte.
– Jedoch können insbesondere zurückhaltende Teilnehmer Hemmungen haben, ihre Meinung offen auszusprechen.
– Einigen Teilnehmern kann es schwerfallen, die eigenen Gedanken und Gefühle in einem Satz oder in wenigen prägnanten Sätzen zusammenzufassen.

5.5.3 Impulsplakate

	< 10	10 – 20	20 – 40	40 – 60	> 60	
	< 5	5 – 10	10 – 20	20 – 30	> 30	
	x	x	x	x	x	
	x	x	x	x	x	
	x	x	x	x	x	

Kurzinfo

- Moderation
- Sitzgelegenheiten
- Flipcharts mit Impulsplakaten (Fragen oder Satzanfänge müssen notiert sein)
- 1 Flipchartstift pro Teilnehmer,Stifte optional in verschiedenen Farben

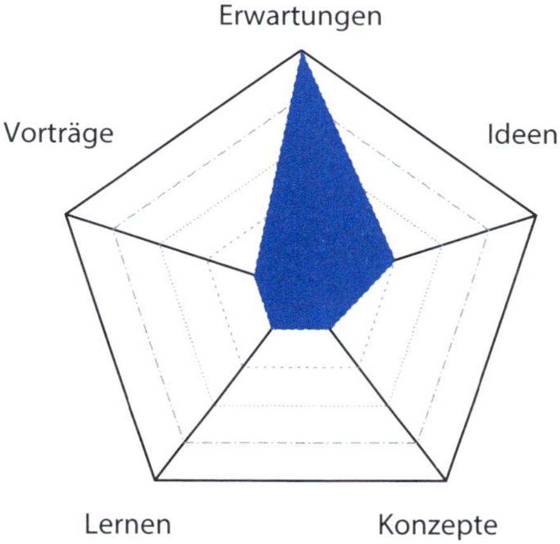

Ziel

Impulsplakate erfassen Erwartungen und Haltungen der Teilnehmer gegenüber einem Thema oder Seminar. Mit ihrer Hilfe kann der Leiter Erwartungen korrigieren, die vom Ziel des Themas oder Seminars abweichen. Die Teilnehmer äußern ihre Erwartungshaltungen nicht anonym.

Kurzbeschreibung

Im Raum werden mehrere Plakate aufgehängt, auf denen jeweils eine Fragestellung oder ein zu ergänzender Satz steht. Die Teilnehmer gehen durch den Raum und beantworten die Fragestellungen oder ergänzen die Sätze auf den Plakaten. Nachdem jeder Teilnehmer jedes Plakat beschrieben hat, bespricht die Gruppe die Antworten.

Ausführliche Beschreibung

Der Moderator bereitet die Methode vor, indem er die Plakate mit den Fragen oder zu ergänzenden Sätzen beschriftet und sie im größtmöglichen Abstand voneinander im Raum aufhängt. Die Sätze oder Fragen sind in der ersten Person formuliert, damit sich die Teilnehmer stärker mit diesen identifizieren können. Mögliche Formulierungen könnten etwa lauten: »Was erwarte ich von diesem Seminar?« Oder: »Dies wird ein erfolgreiches Seminar, wenn …«. Neben den Plakaten sollten im Raum Sitzgelegenheiten und ein zusätzliches Visualisierungsmedium wie Tafel oder Flipchart für die anschließende Diskussion vorhanden sein.

Nachdem die Teilnehmer den Raum betreten haben, bittet der Moderator sie, in Einzelarbeit die Fragen jedes Plakats zu beantworten oder die unvollständigen Sätze zu ergänzen. Die Antworten werden besprochen, sobald jeder Teilnehmer einen Satz auf jedes Plakat geschrieben hat. Für die Besprechung nehmen die Teilnehmer Platz und der Moderator hängt das erste Plakat für alle sichtbar an die Wand, bevor er die Antworten mit den Teilnehmern diskutiert und zum nächsten Plakat fortschreitet. Dabei klärt er zunächst Verständnisfragen, indem er den jeweiligen Teilnehmer im Falle von Unklarheiten bittet, seine Frage oder Satzergänzung noch einmal zu erläutern.

Beispiele für mögliche Satzanfänge:
»Ich bin hergekommen, weil …«
»Ich würde mich freuen, wenn hier …«
»Ich möchte hier vor allem erfahren, …«
»Ich hoffe, wir werden hier …«
»Ich hoffe, wir werden hier nicht …«
»Ich habe mich gefragt, …«
»Das wird eine erfolgreiche Veranstaltung, wenn …«
»Folgende Erfahrungen möchte ich hier gerne machen: …«
»Damit möchte ich mich hier gründlich auseinandersetzen: …«
»Ich wünsche mir, dass wir hier diskutieren, …«
»Ich möchte, dass wir hier erproben, …«

Tipp

Damit sich die Aussagen bei der Auswertung besser den einzelnen Teilnehmern zuordnen lassen, kann der Moderator verschiedenfarbige Stifte an die jeweiligen Teilnehmer verteilen.

Variante

Anstatt still umherzugehen, könnten die Teilnehmer die Plakate auch ausfüllen, indem sie sich gemeinsam um die Plakate setzen und ein Schriftführer ihre freien Wortmeldungen auf dem entsprechenden Plakat notiert.

Variante »4-Ecken-Methode«

Die Übung eignet sich in leicht abgewandelter Form auch als Kreativmethode. Dafür wird die zu bearbeitende Frage- oder Problemstellung in drei bis fünf Kategorien aufgeteilt, die jeweils durch ein eigenes Plakat repräsentiert werden. Die Teilnehmer beschriften dann die im Raum aufgehängten Plakate. Kapitel 6.4.1 beschreibt den genauen Ablauf dieser Methode.

Weitere Anwendungsmöglichkeiten

Statt Erwartungshaltungen zu klären, kann der Moderator die Methode auch anwenden, um ein *Feedback von den Teilnehmern zu erhalten.* Mögliche Fragen oder Sätze für die Plakate wären hier: »Was hat mir besonders gut/schlecht gefallen?« oder »Mein Eindruck von diesem Seminar war, (dass,) …«.

Vor- und Nachteile

+ Die Teilnehmer haben die Möglichkeit, bereits während des Schreibprozesses die Beiträge der anderen Teilnehmer aufzugreifen, zu kommentieren oder zu ergänzen.
– Bei dieser Übung besteht die Gefahr, dass Einzelmeinungen durch die gegenseitige Beeinflussung in einer großen Sammelmeinung der Gruppe untergehen.

5.5.4 Karten in vier Farben

	< 10	**10 – 20**	20 – 40	40 – 60	> 60	
	< 5	**5 – 10**	**10 – 20**	20 – 30	> 30	
	X	X	X	X	X	
	X	**X**	X	X	X	
	X	X	X	**X**	X	

Kurzinfo

- Moderation
- Sitz- und Schreibgelegenheiten
- Pinnwand
- 1 Kartensatz mit 4 roten, gelben, grünen und blauen Karten pro Teilnehmer, Stifte pro Teilnehmer, Reservekarten

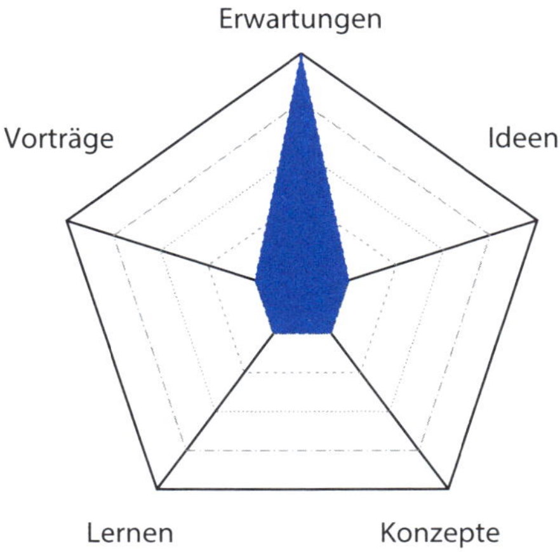

Ziel

Die Methode »Karten in vier Farben« ermittelt die Erwartungen der Teilnehmer an verschiedene Aspekte einer Methode oder eines Seminars. Die Teilnehmer äußern dabei anonym ihre Erwartungen an das Thema bzw. den Inhalt der nachfolgenden Methode oder des Seminars, an die Leitung, an die Gruppe oder an sich selbst. Der Gruppenleiter kann dadurch differenziert auf die Erwartungen der Teilnehmer eingehen und, falls notwendig, falsche Erwartungen korrigieren.

Kurzbeschreibung

Jedem der oben genannten Aspekte ist eine Karte mit einer bestimmten Farbe zugeordnet. Jeder Teilnehmer notiert auf seinen Karten jeweils seine Erwartung an die Aspekte, die der Kartenfarbe entsprechen. Danach werden die Karten farblich sortiert an eine Pinnwand gehängt, damit der Moderator die Erwartungen besprechen kann.

Ausführliche Beschreibung

Die Teilnehmer sitzen so, dass sie die Pinnwand gut im Blick haben. Der Moderator verteilt an jeden Teilnehmer einen Satz unbeschrifteter Karten. Jeder Kartensatz enthält vier rote, gelbe, grüne und blaue Karten; jede Farbe repräsentiert dabei einen bestimmten Aspekt der Erwartungen, die die Teilnehmer haben könnten:

Rot:	Themen/Inhalt/Methoden
Gelb:	Leitung/Moderation
Grün:	Gruppe
Blau:	Ich persönlich

Die Teilnehmer schreiben je eine Erwartung zum passenden Aspekt auf die Karte mit der entsprechenden Farbe. Jeder Teilnehmer darf beliebig viele Karten beschriften und bittet den Moderator gegebenenfalls um weitere Karten. Auf den roten Karten notieren die Teilnehmer, welchen inhaltlichen und methodischen Gewinn sie sich von der Methode bzw. vom Seminar erhoffen. Die gelben Karten enthalten die Erwartungen an den Führungsstil und die Organisation des Leiters und des Moderators. Die grünen Karten geben Auskunft darüber, wie sich die Teilnehmer die Zusammenarbeit in der Gruppe vorstellen, und die blauen Karten darüber, wie jeder Teilnehmer die Methode oder das Seminar zur persönlichen Weiterentwicklung nutzen möchte. Die Teilnehmer müssen nicht alle Karten ihres Kartensatzes beschriften, sollten aber auf mindestens einer Karte jeder Farbe etwas notieren.

Der Moderator kann zu Beginn die verschiedenen Erwartungsaspekte und die korrespondierenden Kartenfarben als Gedächtnisstütze für die Teilnehmer an der Pinnwand festhalten.

Wenn die Teilnehmer alle Anmerkungen notiert haben und keine weiteren Karten mehr benötigen, sammelt der Moderator die ausgefüllten Karten ein und heftet sie nach Farben sortiert an die Pinnwand. Auf diese Weise bleibt die Anonymität der Teilnehmer gewahrt, was ihre Bereitschaft erhöht, über ihr Erwartungshaltungen zu sprechen.

Nun geht der Moderator auf die Notizen zu jedem Aspekt ein. Falls Unklarheiten über die Aussagen bestimmter Karten bestehen, klärt er zunächst Verständnisschwierigkeiten, indem er den jeweiligen Teilnehmer bittet, seine Ergänzung noch einmal zu erklären. Damit die Autoren der einzelnen Beiträge auf Wunsch anonym bleiben, verdeutlicht der Moderator, dass diese Erklärung freiwillig ist. Möchte der Autor anonym bleiben, sodass sich auf die Bitte des Moderators kein Teilnehmer meldet, fordert der Moderator alle Teilnehmer dazu auf, zu erklären, wie sie selbst die unklaren Formulierungen verstehen. Die Diskussion dauert so lange, bis alle Verständnisfragen geklärt sind und alle Erwartungen erfasst wurden.

Vor- und Nachteile

+ Sowohl der Leiter als auch die Teilnehmer erhalten ein sehr strukturiertes und gut begründetes Meinungsbild.
– Da sich die Teilnehmer zu vier verschiedenen Kategorien äußern und der Moderator die Karten auf einem Visualisierungsmedium platzieren und ordnen muss, dauert die Methode vergleichsweise lange. Für Gruppen mit deutlich mehr als zehn Teilnehmern ist sie deshalb ungeeignet.

5.5.5 Stilles Meinungsbild

Punktabfrage, Einpunktfrage, Stimmungsbarometer, Stellen

	max. 3	10 – 20	20 – 40	40 – 60	> 60	
	< 5	**5 – 10**	**10 – 20**	**20 – 30**	**> 30**	
	X	X	X	X	X	
	X	X	X	X	X	
	X	X	X	X	**X**	

Kurzinfo

- 1 Flipchart mit Koordinatensystem
- 1 Klebepunkt pro Teilnehmer

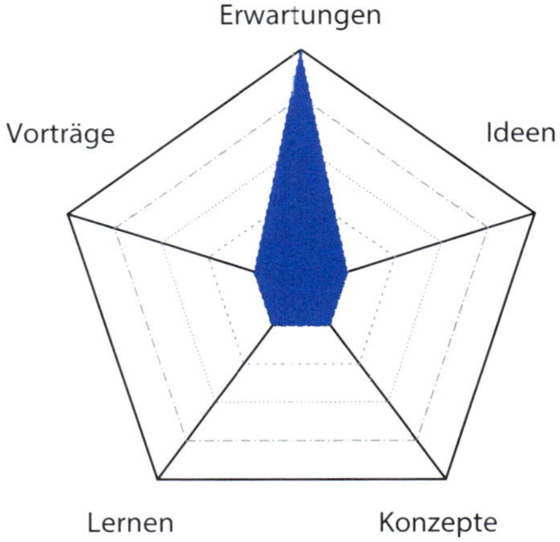

Ziel

Durch das Stille Meinungsbild können alle Teilnehmer ein anonymes Feedback zu bis zu zwei Aspekten einer Veranstaltung geben. Die Methode visualisiert das von allen Teilnehmern abgegebene Feedback und die Korrelation zwischen den beiden Aspekten.

Die Methode kann zum Abschluss oder in der Mitte eines längeren Seminars oder am Ende einer anderen Gruppenmethode eingesetzt werden.

Kurzbeschreibung

Alle Teilnehmer fügen anonym einen Klebepunkt in ein zweiachsiges Koordinatensystem ein. Beide Achsen des Koordinatensystems repräsentieren dabei einen Aspekt, zu dem der Leiter ein Feedback erhalten will. Anhand der Positionen der Klebepunkte im Koordinatensystem verschafft sich der Leiter später einen Überblick über das Feedback aller Teilnehmer.

Ausführliche Beschreibung

Zum Abschluss einer Veranstaltung verteilt der Leiter an jeden Teilnehmer einen Klebepunkt. Zuvor hat er auf einem Flipchart ein Koordinatensystem aus vier Quadranten mit einer x- und einer y-Achse eingezeichnet, wobei die Achsen jeweils einen der beiden Aspekte repräsentieren, zu denen der Leiter ein Feedback von den Teilnehmern erhalten möchte. Alle vier Quadranten des Koordinatensystems sind gleich groß.

Die Teilnehmer kleben ihren Punkt an eine Stelle im Koordinatensystem, die ihre Zufriedenheit mit den jeweiligen Aspekten repräsentiert. Sind sie mit dem auf der jeweiligen Aspekt zufrieden, weisen sie ihrem Punkt einen positiven Wert zu, bei Unzufriedenheit einen negativen Wert. Stehen sie dem Aspekt neutral gegenüber, kleben sie ihren Punkt in die Nähe des Nullpunktes der jeweiligen Achse. Dabei können sie den Punkt *an jeder Stelle des Koordinatensystems* platzieren. Darauf sollte der Leiter die Teilnehmer zu Beginn hinweisen, um beispielsweise den Eindruck zu vermeiden, dass nur die Wahl des Quadranten zählt.

Damit alle Teilnehmer die Bewertungsskala auf die gleiche Weise verstehen, erläutert der Leiter kurz die bewerteten Aspekte und erklärt, was die Pole des Koordinatensystems bedeuten, also diejenigen Stellen entlang der Achsen, die am weitesten vom Nullpunkt entfernt liegen. Wird beispielsweise auf der x-Achse der Aspekt »Ich habe im Seminar etwas Neues gelernt« abgefragt, würde eine Position weit links bedeuten, dass der Teilnehmer im Seminar nichts Neues gelernt hat. Ohne die Erklärung könnten manche das Koordinatensystem missverstehen und glauben, sie müssten den Nullpunkt markieren, wenn sie nichts Neues gelernt haben.

Nachdem die Skala erklärt wurde, kleben die Teilnehmer ihren Punkt in das Koordinatensystem. Wichtig ist, dass sie sich bereits für ihre Bewertung entschieden haben, *bevor sie zum Flipchart mit dem Koordinatensystem gehen*. Andernfalls besteht die Gefahr, dass sie sich von den Punkten anderer Teilnehmer beeinflussen lassen. Indem der Leiter das Flipchart an einer Stelle im Raum platziert, die er und die anderen Teilnehmer nicht einsehen können, stellt er sicher, dass jeder seine Bewertung anonym abgeben kann. Oder er bittet die Teilnehmer, zu einem beliebigen späteren Zeitpunkt nach Abschluss des Seminartags in den Raum zurückzukehren und dann die Bewertung vorzunehmen.

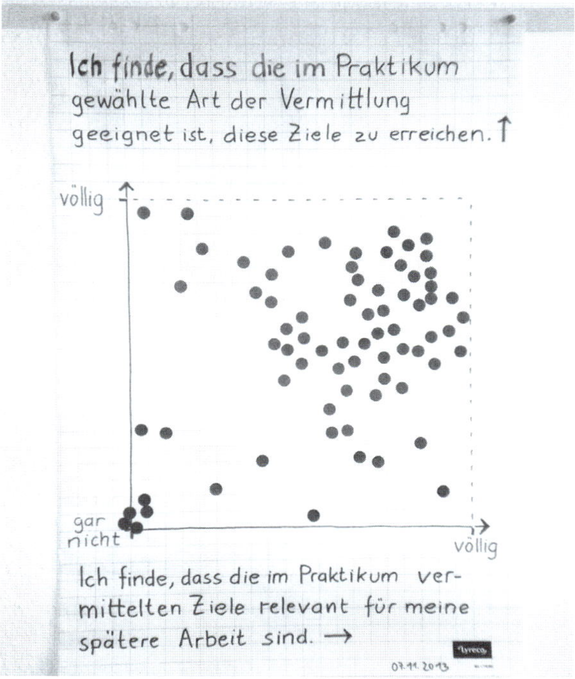

Abbildung 5-4: Beispiel einer Punktabfrage

Der Leiter kann sich so später auf einen Blick ein Bild über die Zufriedenheit aller Teilnehmer mit den bewerteten Aspekten des Seminars machen.

Durch die Darstellung im Koordinatensystem ermöglicht das Stille Meinungsbild Rückschlüsse darüber, wie die Zufriedenheit mit den zwei abgefragten Aspekten korreliert ist. Bilden die geklebten Punkte eine ausgedehnte Punktwolke, ist die Korrelation beider Aspekte gering; liegen die Punkte jedoch näherungsweise auf einer Geraden, ist dies ein Indiz für eine hohe Korrelation.

Tipp

Diese Übung stellt häufig eine gute Ergänzung zur →Wetterkarte (S. 95) dar. Während die Teilnehmer ihre Meinung bei der Wetterkarte ausführlich notieren und somit auch begründen können, lässt sich aus den schriftlichen Aufzeichnungen der Teilnehmer später nur schwer ein Gesamtbild ablesen. Denn die Gewichtung der einzelnen Punkte wird auf der Wetterkarte nicht deutlich. Das Stille Meinungsbild hingegen liefert ein sehr gutes Gesamtbild der Teilnehmermeinungen, lässt jedoch keinen Raum für individuelle Anmerkungen oder Verbesserungsvorschläge.

Variante

Statt einer kontinuierlichen Skalierung können die beiden Achsen auch jeweils mit einer →Likert-Skala (S. 178) eingeteilt werden. Die Anzahl der Felder, in die die Teilnehmer einen Punkt kleben und damit ihre Bewertung vornehmen können, entspricht dann dem Produkt aus den Abstufungen der beiden Likert-Skalen.

Variante »Einpunktfrage«, »Stimmungsbarometer«, »Stellen«

Sollen Teilnehmer nur *einen* Aspekt bewerten, fragt kein Koordinatensystem die Meinung der Teilnehmer ab, sondern eine einzige Achse, deren Pole wieder die extremen Werte »überhaupt nicht zufrieden« und »überaus zufrieden« markieren. Die Teilnehmer kleben ihren Punkt dann direkt auf die Achse. Diese Variante ist auch als »Einpunktfrage« »Stimmungsbarometer« oder »Stellen« bekannt.

Vor- und Nachteile

- \+ Die Methode lässt sich auch mit sehr vielen Teilnehmern sehr schnell durchführen.
- \+ Das gewonnene Meinungsbild berücksichtigt gleichermaßen die Meinungen von sehr aktiven und stillen Teilnehmern.

+ Die Methode liefert ein leicht erfassbares Feedback, das der Leiter durch ein Foto des fertigen Koordinatensystems veröffentlichen oder den Teilnehmern zukommen lassen kann.
– Für sich genommen bietet die Methode den Teilnehmern nicht die Möglichkeit, ihre Meinung zu begründen oder Verbesserungsvorschläge einzubringen.

5.5.6 Wetterkarte (Karten in zwei Farben) *Kartenfrage*

	< 10	10 – 20	20 – 40	40 – 60	> 60	
	< 5	5 – 10	10 – 20	20 – 30	> 30	
	X	X	X	X	X	
	X	X	X	X	X	
	X	X	X	**X**	X	

Kurzinfo

- Sitz- und Schreibgelegenheiten
- 1 Karte für positives und 1 Karte für negatives Feedback pro Teilnehmer
- 1 Visualisierungsmedium optional

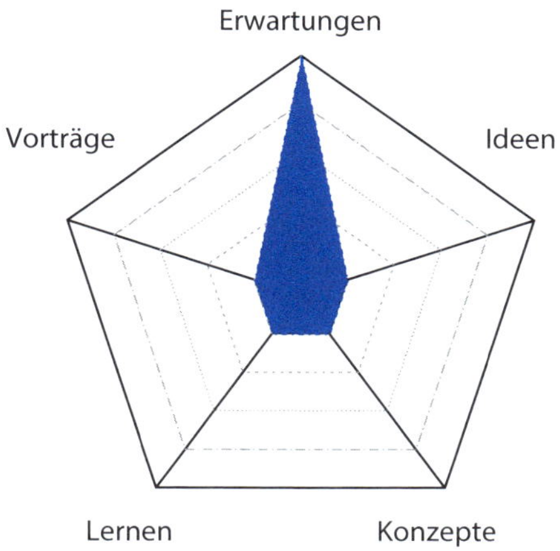

Ziel

Die Übung liefert ein anonymes, schriftliches und begründetes Teilnehmerfeedback, indem die Teilnehmer sowohl positive als auch negative Aspekte der Veranstaltung nennen.

Kurzbeschreibung

Jeder Teilnehmer erhält zwei Karten in verschiedenen Farben oder mit verschiedenen Symbolen. Auf eine der Karten schreibt er positives, auf die andere Karte negatives Feedback. Der Leiter sammelt die Karten anonym ein und wertet das Feedback aus.

Ausführliche Beschreibung

Der Leiter bereitet zwei Kartensätze in verschiedenen Farben oder mit verschiedenen Symbolen vor. Da jeder Teilnehmer für die Übung eine Karte von jedem Kartensatz erhält, um positives oder negatives Feedback zu notieren, sollten die Farben oder Symbole mit eindeutig positiven oder negativen Assoziationen verbunden sein. So empfiehlt es sich etwa, für das positive Feedback ein Sonnensymbol und für das negative Feedback Regen- oder Gewitterwolken zu verwenden. Von diesen Symbolen leitet sich auch der Name der Übung ab.

Der Leiter erläutert die Bedeutung der beiden Farben oder Symbole und teilt anschließend jeweils eine Karte aus jedem Kartensatz an die Teilnehmer aus. Anschließend bittet er die Teilnehmer, ihr Feedback für sich allein auf den Karten zu notieren. Als zusätzliche Gedankenstütze kann der Leiter die Farben oder Symbole und ihre Bedeutung auf einem Visualisierungsmedium darstellen.

Zum Schluss bittet der Leiter die Teilnehmer, ihm ihre Karten geknickt oder mit der unbeschrifteten Seite nach oben zu geben, damit die Abgabe anonym bleibt. Er kann das Feedback nun protokollieren, indem er die Karten an eine Pinnwand heftet und fotografiert oder indem er die Karten digitalisiert. Dieses Protokoll kann er anschließend veröffentlichen und an die Teilnehmer schicken.

Tipp

Da die Übung keinen offenen Austausch im Gespräch vorsieht, kann es für den Leiter später schwierig sein, allein mit der Wetterkarte eine stimmige Gesamtbewertung zu erhalten. Um diesen Nachteil auszugleichen, empfiehlt es sich, diese Übung um das ebenfalls sehr schnell durchführbare →Stille Meinungsbild (S. 91) zu ergänzen.

Variante »Kartenfrage«

In der Variante »Kartenfrage« eignet sich die Übung sowohl für die Feedbackrunde als auch dazu, die Erwartungen der Teilnehmer im Vorfeld der Gruppenarbeit zu ermitteln. Bei dieser Variante bereitet der Leiter ein Plakat oder eine Pinnwand mit zwei vorgegebenen Satzanfängen vor, welche die Teilnehmer mithilfe der Karten um ihre Meinung ergänzen. Mögliche Satzanfänge wären z. B. »Dies ist/wird ein tolles Seminar, da/wenn …« und »Dies ist/wird ein schlechtes Seminar, da/wenn …«. Nachdem die Teilnehmer die Karten ausgefüllt haben, sammelt der Leiter sie ein, mischt sie und heftet sie anschließend für alle sichtbar an das Plakat oder die Pinnwand. Durch das Mischen der Karten bleibt die Befragung anonym. Zusätzlich zur gewöhnlichen Wetterkartenübung hat der Leiter nun die Möglichkeit, das Gesamtbild der einzelnen Teilnehmerbeiträge in Anwesenheit der Gruppe zu visualisieren und häufig genannte Punkte zur Diskussion zu stellen.

Bei dieser Variante sollte der Leiter jedoch unbedingt betonen, dass er das gesamte Meinungsbild und nicht über einzelne Karten diskutieren möchte. Auf diese Weise vermeidet er, dass sich Teilnehmer möglicherweise verpflichtet fühlen, offenzulegen, welche Karten sie selbst beschriftet haben.

Vor- und Nachteile

+ Die Übung lässt sich sehr schnell durchführen.
+ Es entsteht ein begründetes und differenziertes Feedback, ohne dass Teilnehmer sich öffentlich äußern müssen und dadurch möglicherweise gehemmt sind, ihre Meinung einzubringen.
- Es kann mitunter schwierig sein, aus dem schriftlich abgegebenen Feedback die Gewichtung der einzelnen genannten Punkte zu entnehmen und damit ein aussagekräftiges Meinungsbild zu extrahieren.

5.6 Förderung der Zusammenarbeit

5.6.1 Anspitzer, Bleistift und Papier

	< 10	10 – 20	20 – 40	40 – 60	> 60	
	< 5	5 – 10	10 – 20	20 – 30	> 30	
	X	X	X	X	X	
	X	X	X	X	X	
	X	X	X	X	X	

Kurzinfo

- Zeitnahme
- 2 Anspitzer, 3 abgebrochene Bleistifte und ungefähr 30 kleine Notizzettel (DIN A6 oder kleiner)

Ziel

Die Teilnehmer erhalten eine Aufgabe, die sie nur erfüllen können, indem sie mit anderen Teilnehmern verhandeln und kooperieren. Dadurch haben sie die Möglichkeit, sowohl ihr Verhandlungsgeschick als auch ihre Kooperationsbereitschaft zu trainieren und zu verbessern.

Kurzbeschreibung

Die Teilnehmer werden in drei Kleingruppen eingeteilt, von denen eine Kleingruppe Anspitzer, eine Kleingruppe abgebrochene Bleistifte und eine Kleingruppe unbeschriftete Notizzettel erhält. Das Ziel jeder Kleingruppe besteht darin, in einer vorgegebenen Zeit möglichst viele Blätter mit dem eigenen Gruppennamen zu beschriften.

Ausführliche Beschreibung

Der Leiter teilt die Teilnehmer auf drei Kleingruppen mit gleicher Teilnehmerzahl auf. Die Kleingruppen haben dabei die Gruppennamen A, B und C. Für die Einteilung der Teilnehmer eignen sich die Methoden aus Kapitel 5.3. Eine der drei Kleingruppen erhält vom Leiter zwei Anspitzer, eine andere Gruppe einen Stapel Notizzettel und die verbleibende Gruppe drei abgebrochene Bleistifte. Es darf nicht möglich sein, mit den abgebrochenen Bleistiften zu schreiben, ohne sie vorher zu spitzen.

Jede Gruppe hat nun die Aufgabe, in einer vom Leiter vorgegebenen Zeitspanne (etwa zwei bis vier Minuten) ihren Gruppennamen auf möglichst viele Blätter zu schreiben. Da jede Gruppe ein dafür nötiges Utensil besitzt, müssen die Kleingruppen miteinander verhandeln. Dazu muss jeder Teilnehmer sowohl mit den Teilnehmern innerhalb seiner eigenen Kleingruppe zusammenarbeiten, um sich in der Kleingruppe auf eine bestimmte Strategie festzulegen, als auch mit den Teilnehmern der anderen Gruppen, um die fehlenden Gegenstände zu erhalten.

5.6.2 Seenot *1-2-4, Schneeball*

	< 10	**10 – 20**	**20 – 40**	40 – 60	> 60	
	< 5	**5 – 10**	10 – 20	20 – 30	> 30	
	X	X	**X**	X	X	
	X	X	X	**X**	X	
	X	**X**	X	X	X	

Kurzinfo

- Zeitnahme
- Sitz- und Schreibgelegenheiten
- Schreibmaterialien
- 1 Arbeitsblatt pro Teilnehmer mit Liste auswählbarer Begriffe optional

Ziel

Indem sie gemeinsam eine fiktive Fragestellung lösen, lernen und trainieren vor allem Teilnehmer mit wenig Erfahrung in Gruppenarbeit das gemeinsame Arbeiten und die Fähigkeit, sich zu einigen. Dabei müssen sie sich zunächst bloß in einer Zweiergruppe einigen, doch nach jedem Einigungsprozess verdoppelt sich die Anzahl der Gruppenmitglieder, sodass der Einigungsprozess schrittweise schwieriger wird.

Etwas abgewandelt kann die Methode auch dazu genutzt werden, reale Lösungsideen zu bewerten.

Kurzbeschreibung

Die Methode »Seenot« geht von einem fiktiven Szenario aus: Die Teilnehmer sind Überlebende eines Schiffbruchs auf hoher See. Aus einer vorgegebenen Liste von Gegenständen muss jeder Teilnehmer fünf Gegenstände auswählen, die ihm für das Überleben auf See oder einer unbewohnten Insel geeignet erscheinen. Anschließend bilden sich Gruppen aus zwei Teilnehmern, die sich gemeinsam einigen müssen, fünf

Gegenstände aus all ihren Listen auszuwählen. Es bilden sich dann zuerst Vierer-, dann Achtergruppen, die sich erneut auf maximal fünf Gegenstände einigen müssen.

Ausführliche Beschreibung

Zu Beginn erläutert der Leiter den Teilnehmern das Szenario: Sie waren Passagiere auf einem Schiff, das Schiffbruch erlitten hat. Aufgrund des begrenzten Platzes im Rettungsboot können sie aus einer vorgegebenen Liste von Gegenständen maximal fünf Dinge mitnehmen. Dabei entscheidet der Leiter, ob die Gegenstände dazu dienen sollen, möglichst lange im Rettungsboot oder auf einer nahe gelegenen, unbewohnten Insel zu überleben. Die Liste mit den möglichen Gegenständen findet sich am Ende der Methode.

Die Methode gliedert sich in mehrere Phasen: In der ersten Phase wählt jeder Teilnehmer für sich fünf Gegenstände aus der Liste aus, was etwa zwei bis drei Minuten dauern dürfte. Anschließend fordert der Leiter die Teilnehmer auf, Zweiergruppen zu bilden, z. B. mithilfe der Methode →Nummern zuweisen (S. 79). Jede Zweiergruppe muss sich nun erneut auf fünf gemeinsame Gegenstände einigen. Diese Einigungsphase dauert etwa fünf Minuten, sodass die Teilnehmer zwar über jeden Gegenstand mindestens eine Minute diskutieren können, aber dennoch ihr Bewusstsein geschärft wird, dass sie sich in kurzer Zeit auf eine Lösung einigen müssen.

Je nach zeitlichem Rahmen können sich in weiteren Phasen auch Vierer- oder Achtergruppen bilden, die sich wieder auf fünf gemeinsame Vorschläge einigen müssen. Dabei sollten für jede Einigungsphase wieder zehn Minuten einkalkuliert werden.

Nach der letzten Einigungsphase stellen die Gruppen ihre Ergebnisse und ihre Entscheidungskriterien vor.

Beispielliste an Gegenständen

Angel	Kartenspiel	Seil
Erste-Hilfe-Kasten	Lupe	Schlauchbot
Harpune	Moskitonetz	Schwimmweste
Henkelmann	Paddel	Streichhölzer
Fallschirm	PET-Flasche	Taschenlampe
Fass mit Rum	Radio	Taschenmesser
Kanister mit 5 l Dieselöl	Rasierspiegel	Trillerpfeife
Kanister mit 20 l Trinkwasser	Rettungsring	

Variante »Schneeball«, »1-2-4-Methode«

Wird die Methode eingesetzt, um *Ideen* zu einer realen Fragestellung zu *bewerten*, heißt sie »Schneeball«- oder »1-2-4-Methode«. Dabei notieren alle Teilnehmer in der ersten Arbeitsphase in Einzelarbeit fünf Lösungsideen zu einer eng umrissenen Fragestellung. Eine mögliche Fragestellung könnte dabei lauten: »Schreiben Sie fünf Vorschläge auf, wie sich die Anschaffungskosten neuer PCs in unserer Institution senken lassen.« Ebenso wäre es denkbar, die Lösungsideen durch ein vorheriges →Brainstorming (S. 133) mit nachfolgender →Listenpriorisierung (S. 184) zu erzeugen.

In den folgenden Einigungsphasen bewerten die einzelnen Gruppen dann die Ideen. Dazu einigen sie sich auf fünf Ideen aus der ersten Phase.

5.7 Auflockerung in Unterbrechungen

5.7.1 Vorbemerkungen

Wann sind Pausen sinnvoll?

Pausen sind ein wichtiger und integrativer Bestandteil von Gruppenarbeitsprozessen und sollten daher geplant und aktiv gestaltet werden. Dennoch werden sie häufig als Zeitverlust angesehen, sodass Gruppen sie zu selten oder nur mit Gewissensbissen nehmen. Dabei können geplante und bewusst eingesetzte Pausen insgesamt zu einem Zeitgewinn führen, weil die durch sie gewonnene Produktivität häufig die scheinbar verlorene Arbeitszeit wieder ausgleicht.

Da Gruppenarbeit die Teilnehmer stärker aktiviert als Einzelarbeit, und da die Teilnehmer hier häufiger ihr Tätigkeitsfeld wechseln, sind für Gruppenarbeit in der Regel weniger Pausen nötig als für Einzelarbeit. Grundsätzlich sollte jedoch mindestens alle 60 Minuten eine Pause oder aktivierende Übung eingeplant werden. Zudem sollte sich die Pause der jeweils vorangegangenen oder nachfolgenden Arbeitsphase und Methode anpassen. Die Angabe des Erfahrungsgrads und der Methodendauer in der Tabelle zu Beginn jedes Methodenkapitels hilft bei der Vorbereitung. Wenn sich komplexe Methoden mit aktivierenden Übungen abwechseln, kann die Gruppe etwas länger durcharbeiten, bis die nächste Pause nötig wird.

Bei der Planung von Pausen gelten die folgenden Faustregeln:

- Viele kleine Pausen sollten einer großen vorgezogen werden. Drei über einen Zeitraum verteilte Zehnminutenpausen aktivieren die Teilnehmer häufig stärker als eine halbstündige Pause.
- Auch Pausen müssen bewusst wahrgenommen werden. Entscheidend für den Erholungseffekt ist, dass die Teilnehmer die Pause nicht mit dem Gedanken an die noch zu erledigenden Aufgaben verbringen.

- Qualität ist wichtiger als Quantität! Damit auch kurze Pausen nicht ermüdend wirken, empfiehlt es sich, die Teilnehmer zu aktivieren. Wie das geht, wird im folgenden Abschnitt beschrieben.
- Achten Sie als Leiter auf die Signale, die aus der Gruppe kommen. Es kann durchaus sinnvoll sein, eine geplante Pause zu verschieben bzw. eine zusätzliche Pause einzufügen.

Allgemeine Tipps zur Pausengestaltung

Neben den gruppendynamischen Übungen, die weiter unten vorgestellt werden, bieten sich auch die folgenden sehr simplen Möglichkeiten an, eine Pause sowohl entspannend als auch aktivierend zu gestalten. Dazu gehören:

- kleine Knobelaufgaben (wobei Knobelaufgaben, die besonders aktivierend wirken, in Kapitel 5.7.4 vorgestellt werden)
- ein Themenspaziergang (dafür wird ein außerfachliches Gesprächsthema empfohlen, falls sich nicht von selbst ein Gespräch zwischen den Teilnehmern ergibt)
- das gemeinsame Essen in der Kantine oder eine gemeinsame Kaffeerunde
- eine Fantasiereise

Pausenspiele

Die hier vorgestellten Pausenübungen sollen sich für ein möglichst breites Teilnehmerspektrum eignen. Deshalb enthält das Buch keine Übungen, die so spielerisch sind, dass sie als informelle Auflockerungsübungen auf reine Jugend- oder Studentengruppen zugeschnitten wären. Falls Sie sich jedoch auch einen Überblick über solche Übungen verschaffen möchten, stellt die Webseite www.spielereader.org eine gute Übersicht über solche Übungen bereit.

Techniken zur tiefen und dauerhaften Entspannung

Die Auflockerungsübungen in diesem Kapitel sollen die Teilnehmer aktivieren und ihnen die Möglichkeit bieten, sich in kurzen Unterbrechungen der Arbeitsphasen mithilfe von gruppendynamischen Elementen zu entspannen. Sie sind jedoch nicht dazu geeignet, möglichen Symptomen langer Stressperioden entgegenzuwirken oder die regelmäßige Anwendung von Entspannungstechniken im Alltag zu ersetzen.

Für diese Zwecke existiert eine Vielzahl an verschiedenen Entspannungstechniken. Einige davon sollen kurz vorgestellt werden. Das weite Feld der Entspannungstechniken würde den Rahmen dieses Buches jedoch bei Weitem übersteigen, zumal es sich dabei nicht um Gruppenarbeitsmethoden handelt, welche den thematischen Schwerpunkt dieses Buches bilden. Daher folgen nun die groben Abläufe einer kleinen Auswahl von Entspannungstechniken, deren Wirkung wissenschaftlich nachgewiesen wurde. Und auch bei diesen Techniken gibt es noch große inter- und intraindividuelle Unterschiede, was ihre Wirksamkeit für einzelne Anwender angeht. Aus diesem Grund sollten Interessierte zunächst mehrere Techniken ausprobieren und dann diejenige Technik fortführen, die ihnen persönlich am geeignetsten erscheint:

- **Autogenes Training**: Autogenes Training basiert auf Autosuggestion, einem Prozess, bei dem Menschen durch gedankliche Spruchformeln ihr Unbewusstes trainieren. Durch diesen Prozess entspannt sich der Trainierende im autogenen Training bewusst und nimmt seinen Körper intensiv wahr. Eine umfassende Einleitung in die Praxis des autogenen Trainings findet sich u. a. bei *Lindemann* 2004.
- **Progressive Muskelentspannung**: Dies ist ein Verfahren, das durch bewusste Muskelanspannung und -entspannung den Umgang mit Anspannung und die Wahrnehmung des Wechsels von An- zur Entspannung trainieren soll.
- **Achtsamkeit**: Wer Achtsamkeit übt, versucht, ein sogenanntes »Objekt« (etwa den Fluss des eigenen Atems oder bestimmte Klänge) zu beobachten, ohne das Beobachtete als gut bzw. angenehm oder schlecht bzw. unangenehm zu bewerten. Sobald der Übende merkt, dass er in Gedanken versunken ist, lenkt er seine Aufmerksamkeit zurück auf das jeweilige Objekt, ebenfalls ohne das Geschehene zu bewerten. Eine ausführliche Einführung in die Praxis der Achtsamkeit liefert *Schneider* 2012.

5.7.2 Jeder bewegt jeden

	< 10	10 – 20	20 – 40	40 – 60	> 60	
	< 5	5 – 10	10 – 20	20 – 30	> 30	
	X	X	X	X	X	
	X	X	X	X	X	
	X	X	X	X	X	

Kurzinfo

- keine Sitzgelegenheiten erforderlich

Ziel

Dauerhaftes Sitzen bei Seminaren kann manche Teilnehmer anstrengen und ermüden. Die Übung »Jeder bewegt jeden« bietet eine Gelegenheit, Phasen von Müdigkeit und fehlender Motivation durch aktive Bewegung zu überwinden.

Beschreibung

Alle Teilnehmer werden in Kleingruppen mit vier bis acht Teilnehmern aufgeteilt, beispielsweise durch das →Losverfahren (S. 78). Jede Kleingruppe überlegt sich einen Bewegungsablauf und übt untereinander, wie sie diesen am besten anleitet. Bei dem Bewegungsablauf kann es sich um eine bereits bekannte Bewegung aus der Gymnastik oder aber auch um eine frei erfundene Bewegung handeln.

Anschließend präsentieren sich alle Kleingruppen gegenseitig ihre Bewegungen. Falls genug Zeit vorhanden ist, kann jede Kleingruppe die restlichen Teilnehmer zu ihrer Bewegung anleiten.

5.7.3 Murmelgruppen

	**< 10**	10 – 20	20 – 40	40 – 60	> 60	
	< 5	5 – 10	**10 – 20**	**20 – 30**	**> 30**	
	x	x	**x**	x	x	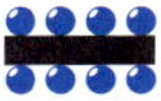
	x	**x**	x	x	x	
	x	**x**	x	x	x	

Kurzinfo

- Zeitnahme
- Sitzgelegenheiten

Ziel

Murmelgruppen schaffen kurze geistige Entspannungsphasen, indem sie für Abwechslung in langen Vorträgen oder Referaten sorgen, welche den Zuhörern oft große Konzentration abverlangen. Murmelgruppen lassen sich extrem schnell bilden und wieder auflösen, sodass diese Auflockerungsübung einen sehr geringen organisatorischen und zeitlichen Aufwand erfordert.

Beschreibung

Während eines Vortrags oder Referats fordert der Redner die Zuhörer auf, sich wenige Minuten mit ihren Sitznachbarn zu unterhalten. Das Thema der Unterhaltung kann eine Frage zum referierten Stoff sein oder komplett offen gelassen werden. So bilden sich kleine Gruppen von zwei bis vier Teilnehmern, die sich über die Frage des Vortragenden austauschen, miteinander »murmeln«.

Variante »Bienenkorb«

Eine strikter organisierte Variante der Murmelgruppen, bei der das Bearbeiten einer Aufgabenstellung im Vordergrund steht, ist die Methode →Bienenkorb (S. 252).

5.7.4 Pausenrätsel – Mit Hand und Verstand

	< 10	10 – 20	20 – 40	40 – 60	> 60	
	< 5	5 – 10	10 – 20	20 – 30	> 30	
	X	X	X	X	X	
	X	X	X	X	X	
	X	X	X	X	X	

Kurzinfo

- Zeitnahme
- Rätsel und Tüfteleien für die Pause

Kurzbeschreibung

Der Leiter macht den Teilnehmern in der Pause das *optionale* Angebot, kleine Rätsel oder Tüfteleien zu lösen. Dabei geht es nicht nur um reine Denkaufgaben, sondern auch darum, dass die Teilnehmer ihre Hände benutzen, indem sie etwa mechanische Geduldspiele oder Bastelaufgaben lösen.

Ausführliche Beschreibung

Der Leiter stellt kurz vor Beginn der Pause einige Rätsel und Tüfteleien auf einem Tisch bereit und bietet den Teilnehmern an, sich damit während der Pause zu befassen. Dabei sollte der Leiter vor Beginn der Pause unbedingt deutlich klarstellen, dass die Beschäftigung mit den Rätseln freiwillig ist. Dies ist vor allem deshalb wichtig, weil solche Rätsel nicht auf alle Teilnehmer aktivierend wirken und es durchaus auch Teilnehmer gibt, die in der Pause abschalten müssen, um im Anschluss wieder voll leistungsfähig zu sein.

Die bereitgestellten Rätsel oder Tüfteleien sollten nicht nur zum Denken anregen, sondern auch zur Bewegung animieren. Dafür bieten sich besonders Knobeleien an, für die die Teilnehmer ihre Hände benutzen müssen, oder die eine unkonventionelle Denkweise erfordern. Häufig finden sich auf der Rückseite von

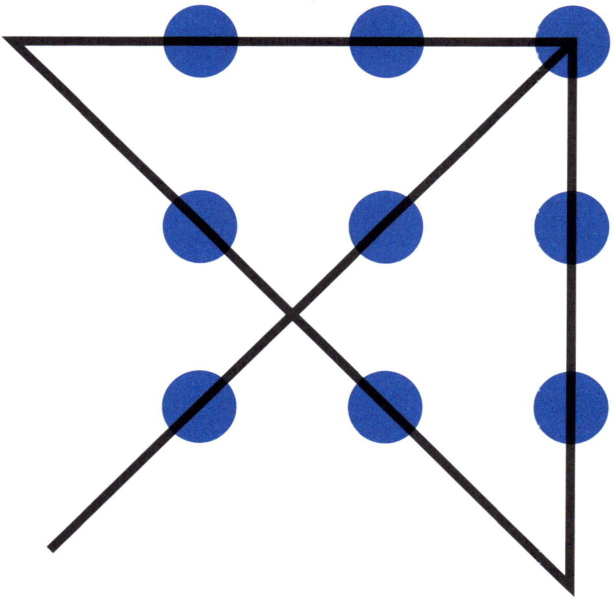

Abbildung 5-5: Eine mögliche Lösung für das Neun-Punkte-Problem mit vier Strichen.

Streichholzschachteln Rätsel, die gleichzeitig die Möglichkeit bieten, die Hände zur Lösung einzusetzen.

Rätsel, die das sogenannte »*Thinking out of the box*« erfordern, können die Teilnehmer ebenfalls aktivieren, obwohl diese dafür nicht unbedingt ihre Hände benötigen. Dabei handelt es sich um Rätsel, für deren Lösung der Ratende erst einmal unbewusste Annahmen verwerfen muss, die die Lösungsmöglichkeiten einschränken, ohne jedoch Teil der Aufgabenstellung zu sein. Ein Beispiel für eine solche Aufgabe ist das Neun-Punkte-Problem: Der Ratende soll die neun Punkte eines 3 × 3 Punkte-Quadrats in höchstens vier Strichen miteinander verbinden, ohne den Stift abzusetzen. Bei diesem Rätsel liegt die Lösung darin, dass der Ratende die Striche über die durch die äußeren Punkte definierten Grenzen des Quadrats hinaus zeichnet. Obwohl die Aufgabenstellung nicht vorschreibt, dass das Quadrat nicht verlassen werden darf, setzen viele Ratende diese Einschränkung implizit voraus. Eine solche Lösung ist in der nachfolgenden Abbildung dargestellt:

Beispielrätsel

Aufgabe mit Einsatz der Hände und *Thinking out of the box*: Bilden Sie aus sechs Streichhölzern mindestens vier gleichseitige Dreiecke. Dabei dürfen Sie die Streichhölzer (natürlich) nicht zerbrechen.
Lösung: Ein Davidstern (konventionell) oder ein Tetraeder (eine Pyramide mit dreieckiger Grundfläche – *Thinking out of the box*, da die Lösung die dritte Dimension heranzieht)

Aufgabe mit *Thinking out of the box*: Der alte Scheich spürt, dass es langsam mit ihm zu Ende geht. So ruft er seine beiden Söhne in sein Zelt und sagt:

»Meine lieben Kinder. Ihr wisst, dass ich auch dank Euch auf ein langes und glückliches Leben zurückblicken kann. Da mir nicht mehr viele Tage bleiben, möchte ich Euch meinen Besitz übertragen. Ihr beide seid geschickte Kamelreiter, aber ich will meine kostbare Reitkamelherde nicht zerreißen. Dem Klügeren von Euch soll sie gehören.

Unternehmt einen Kamelritt bis zur Oase und zurück. Derjenige, dessen Kamel vor Sonnenaufgang als Letztes hier eintrifft, soll das Erbe erhalten.«

Die Söhne schauen sich nun völlig ratlos an.

Wie von der Tarantel gestochen stürzt einer der beiden plötzlich aus dem Zelt, während der andere sich zunächst in aller Ruhe von seinem Vater verabschiedet und anschließend gemütlich herausschlendert.

Unter der Voraussetzung, dass beide Söhne gleich gute Kamelreiter sind, ihre beiden Kamele gleich schnell laufen können, beide Söhne jeweils die vollständige Reitkamelherde haben wollen und auch beiden der Weg zur Oase und zurück vertraut ist:

Welcher der beiden Söhne kann das Erbe mit Sicherheit erhalten, und welche Strategie wird er anwenden?

Lösung: Der Sohn, der »wie von der Tarantel gestochen« losgeritten ist, tut dies auf dem Kamel des anderen Sohnes.

Literatur

Eine umfangreiche Sammlung solcher und ähnlicher Rätsel findet sich in den Büchern des Aachener Physikprofessors Heinrich Hemme, etwa in: *Das Ei des Kolumbus und weitere hinterhältige Knobeleien* (*Hemme* 2004).

6 Ideen suchen und finden

»Phantasie ist wichtiger als Wissen, denn Wissen ist begrenzt.«

ALBERT EINSTEIN, DEUTSCH-AMERIKANISCHER PHYSIKER

Nachdem Kapitel 5 die Grundlagen der problemlösungsorientierten Gruppenarbeit geschaffen hat, stellt dieses Kapitel Methoden vor, die kreative Prozesse wie die Ideensuche fördern und die das bewusste Entwickeln kreativer Gedankengänge unterstützen. Dazu gibt das Kapitel zunächst einen Überblick über Hilfsmittel für die Ideensuche und über Techniken, die dabei helfen, das zu bearbeitende Themenfeld bereits vor der Ideenfindung einzugrenzen.

Damit die anschließenden Ideenfindungsmethoden zu sinnvollen Resultaten führen, muss das Vorgehen auf das jeweilige Problem angepasst sein. Aus diesem Grund gliedert sich dieses Kapitel in fünf Methodenkapitel, von denen jedes eine andere Art von Kreativtechniken präsentiert.

6.1 Übersicht

Bevor die Methoden für die eigentliche Ideensuche vorgestellt werden, bereiten die einleitenden Kapitel 6.2 und 6.3 auf das Arbeitsfeld »Ideensuche« vor. *Kapitel 6.2* erläutert dabei, welche Hilfsmittel das *Sammeln von Ideen fördern*. Sie helfen, die Ideensuche dauerhaft und nachhaltig in den Arbeitsalltag der Mitarbeiter oder Teilnehmer einzubinden und das Bewusstsein dafür zu stärken, dass die Ideensuche kein Prozess ist, der ausschließlich mit bestimmten Arbeitsphasen beginnt und endet.

Im Anschluss stellt *Kapitel 6.3* Analysen vor, mithilfe derer sich der *Bereich eingrenzen* lässt, in dem *Ideen gesucht werden*. Schließlich darf die Ideensuche nicht beliebig lange dauern und kann ineffektiv sein, wenn das relevante Themenfeld nicht von vorneherein eingeschränkt wird. Deshalb stellen die in diesem Kapitel vorgestellten Analysen Prinzipien vor, mit denen sich das Themenfeld nicht nur einschränken lässt, sondern die außerdem denjenigen Bereich identifizieren, in dem Innovationen die größtmögliche Verbesserung des Ausgangsprodukts versprechen. Die Einschränkung des Themenfelds hilft außerdem, Schwachstellen zu erkennen, und sie kann verhindern, dass sich Ideen zu weit vom zu lösenden Problem entfernen.

Die anschließenden sieben Methodenkapitel gliedern sich folgendermaßen: Während die ersten fünf Kapitel jeweils Ideenfindungsmethoden eines bestimmten Typs von Kreativtechniken enthalten, präsentieren die letzten beiden Kapitel Methoden, die den Moderator dabei unterstützen, offene Fragen zu bearbeiten und mit sehr großen Gruppen erfolgreiche Diskussionen durchzuführen. Im Detail gliedern sich die Kapitel wie folgt:

Kapitel 6.4 stellt *Techniken der freien Assoziation* vor, also Techniken, die größtenteils ohne Hilfsmittel wie Strukturierung oder stark durchgeplante Methodenabläufe auskommen. Sie sprechen vor allem Teilnehmer an, die feste Strukturen und Abläufe als hemmend oder hinderlich bei der Ideenfindung empfinden.

Anschließend präsentiert *Kapitel 6.5 Techniken der strukturierten Assoziation* vorgestellt. Dazu gehören Methoden, bei denen Ideen sofort strukturiert oder geordnet werden. Sie sprechen Teilnehmer an, für die das Strukturieren gesammelter Ideen den Kreativitätsprozess fördert.

Die *Imaginationstechniken* aus *Kapitel 6.6* erweitern die Vorstellungskraft der Teilnehmer durch die detaillierte Schilderung fiktiver Szenarien oder regulierter Abläufe, sogenannter Rollenspiele. Dies kann dabei helfen, festgefahrene oder eingespielte Gedankenmuster abzulegen, und so zu neuen Einfällen führen.

Danach befasst sich *Kapitel 6.7* mit sogenannten *Konfrontationstechniken*. Sie wecken Assoziationen, indem sie die Teilnehmer etwa mit einem Wort oder einer im Widerspruch zur Realität stehenden Aussage konfrontieren. Im Gegensatz zu den anderen Methoden liegt hier das Hauptaugenmerk auf der Vermeidung schwerwiegender Fehler.

Diese verschiedenen Arten von Ideenfindungsmethoden eignen sich für verschiedene Teilnehmer unterschiedlich gut. Manchmal können auch Kombinationen der in den Kapiteln 6.4 bis 6.7 vorgestellten Methoden neue Impulse hervorbringen, wenn eine einzelne Methode in eine Sackgasse geführt hat. Wenn etwa ein →Brainstorming (S. 133) keine neuen Ideen liefert, kann die Strukturierung der bisherigen Ideen mithilfe eines →Clusters (S. 137) neue gedankliche Impulse freisetzen.

Zum Abschluss des Ideenfindungsteils stellt *Kapitel* 6.8 Methoden vor, die auch bei sehr *großen Gruppen* für einen ungehemmten Ideenfluss sorgen, bei dem jeder einzelne Teilnehmer berücksichtigt wird.

Jede der nun folgenden Ideenfindungsmethoden kann dabei helfen, eine Vielzahl an Ideen hervorzubringen. Für die Weiterarbeit mit diesen Ideen ist es jedoch oft nötig, eine Vorauswahl aus den gesammelten Ideen zu treffen. Dafür eignen sich die Analysen aus Kapitel 7.2, mithilfe derer die Gruppen die vielversprechendsten Ideen identifizieren und bewerten können.

6.1.1 Osborn-Regeln

Der US-amerikanische Autor Alex F. Osborn (1888–1966) gilt als Erfinder des →Brainstormings (S. 133) sowie der →Mindmap (S. 140) und der →Osborn-Methode (S. 210). Er entwickelte vier Regeln, die bei der Durchführung kreativer Prozesse beachtet werden sollten:

- Üben Sie keine Kritik! (sowohl ausgesprochene Kritik an fremden Ideen als auch innere Kritik an eigenen Ideen) → Trennen Sie Ideensuche von Ideenkritik.
- Quantität geht vor Qualität: → Je mehr Ideen, desto besser!
- Es gibt kein geistiges Eigentum. → Ergänzen und verbessern Sie bereits vorhandene Ideen!
- Alles ist erlaubt → Je ungewöhnlicher die Idee, desto besser!

Diese Regeln müssen bei der Ideensuche bei allen Methoden des folgenden Kapitels unbedingt beachtet werden!

6.2 Hilfsmittel zum Sammeln von Ideen

Geeignete Methoden und Kreativtechniken können kreative Prozesse und Gedankengänge kurzfristig anregen und zu erfolgreichen Resultaten führen, doch auch Kreativität ist eine Fähigkeit, die sich erlernen und trainieren lässt. Um die langfristige Entwicklung dieser Fähigkeit zu fördern, stellt dieses Kapitel daher Hilfsmittel zum Sammeln von Ideen vor. Für sich genommen sind die Hilfsmittel noch keine komplexen Verfahren oder Methoden. Ihr Nutzen liegt vielmehr darin begründet, dass sie das Bewusstsein für kreative Prozesse und ungewöhnliche Ideen im Unternehmen oder in der Arbeitsgruppe stärken.

Damit die Hilfsmittel einen positiven Effekt erzielen, muss eine *Person benannt werden, die die Anwendung der Hilfsmittel organisiert* und das *Bewusstsein* der anderen Mitarbeiter oder Gruppenmitglieder *für die Hilfsmittel aufrechterhält*. Zudem müssen die mit den Hilfsmitteln gesammelten Ideen analysiert und ausgewertet werden. Auch diesen Prozess muss jemand koordinieren.

Ideenkasten

Beim Ideenkasten handelt es sich in Anlehnung an den sogenannten Vorschlagskasten um eine Art unternehmens- oder gruppeninternen Briefkasten, in den alle Mitarbeiter oder Gruppenmitglieder Zettel mit ihren Ideen einwerfen können. Dieses Konzept ist nicht sehr komplex oder strukturiert, kann im Unternehmen oder in der Arbeitsgruppe aber das Bewusstsein dafür stärken, dass nach Ideen gesucht werden soll und dass jeder Mitarbeiter oder jedes Gruppenmitglied ein Teil des Ideenfindungsprozesses ist.

Beim Aufstellen des Ideenkastens kann entschieden werden, ob Ideen anonym oder mit dem Namen des Urhebers abgegeben werden sollen. Eine anonyme Ideenabgabe kann es den Mitarbeitern oder Gruppenmitgliedern erleichtern, auch ungewöhnliche oder riskante Ideen abzugeben. Eine nicht-anonyme Ideenabgabe hingegen ermöglicht Anreizsysteme wie etwa einen kleinen Preis für die beste Idee.

Software zum Ideenmanagement

Der oben beschriebene Ideenkasten kann auch durch Systeme der elektronischen Datenverarbeitung ersetzt werden. Eine sehr einfache Möglichkeit wäre die Einrichtung des Ideen»kastens« als E-Mail-Adresse, an die jeder seine Ideen schreiben kann. In vielen Gruppen ist dies ein Vorteil, weil es in Zeiten von stark PC-lastiger Büroarbeit oft näher liegt, eine E-Mail zu schreiben als eine handschriftliche Notiz in einen Kasten einzuwerfen.

Notizbuch für Ideen

Bei diesem Konzept erhält jeder Mitarbeiter oder jedes Gruppenmitglied ein Notizbuch, das er stets bei sich trägt. Der Vorteil dieser Notizbücher liegt darin, dass die Mitarbeiter oder Gruppenmitglied jederzeit in der Lage sind, spontane Einfälle und Ideen zu notieren.

Anstelle eines Notizbuchs eignet sich auch eine Computerdatei, die jeder bearbeiten kann. Da in Büros die meiste Arbeitszeit vor dem PC verbracht wird, schränkt diese Lösung auch nicht die Möglichkeit ein, Ideen spontan zu notieren. Zudem können alle Mitarbeiter oder Gruppenmitglieder auf diese Weise auch die Ideen der anderen sehen, was neue Einfälle anregt. Software wie beispielsweise Google Drive oder ein eigenes Wiki sind zwei Möglichkeiten, diesen Ansatz umzusetzen. Ebenfalls die Implementierung über eine Smartphone-App wäre denkbar.

Dieses Hilfsmittel ist nicht zu verwechseln mit dem →kollektiven Notizbuch, welches eine Variante der Kreativmethode →6-5-3 (S. 130) darstellt.

Sonstiges

Indem die Gruppe die Endanwender (etwa Kunden, Studenten oder Konsumenten) in den jeweiligen Ideenfindungsprozess einbezieht, kann sie die Ideenfindung ebenfalls fördern. Bei einem großen Endanwenderkreis wie z. B. den Käufern eines überregional verkauften Produkts reicht eventuell schon ein Verweis auf eine Internetseite auf der Verpackung des jeweiligen Produkts.

Viele Firmen bieten mittlerweile Ideenfindungsworkshops an, deren Dauer von einer halben Stunde bis zu mehreren Tagen reicht.

Weitere Quellen für mögliche innovative Ideen sind schließlich sogenannte Trendnewsletter. Verbreitete Trendnewsletter lassen sich etwa über die Internetseiten www.trendwatching.com und www.springwise.com abonnieren (in englischer Sprache).

6.3 Wo nach Ideen suchen? Produkt- und Marktanalysen

6.3.1 House of Quality *QFD*

	< 10	**10 – 20**	**20 – 40**	40 – 60	> 60	
	< 5	**5 – 10**	10 – 20	20 – 30	> 30	
	X	X	**X**	X	X	
	X	X	X	**X**	X	
	X	X	X	X	**X**	

Kurzinfo

- Moderation
- Sitzgelegenheiten
- Visualisierungsmedium mit Vorlagentabelle

Ziel

Die Methode eignet sich dazu, aus bereits gesammelten Kundenanforderungen an ein bekanntes Produkt diejenigen Produktmerkmale zu extrahieren, deren Änderung die gesammelten Kundenanforderungen am besten erfüllt. Diese Änderung kann dann das Ziel einer möglichen Weiterentwicklung sein.

Kurzbeschreibung

Für diese Analyse erstellen Sie ein tabellarisches Schema, das sogenannte »*House of Quality*«, welches als Zeilenüberschriften die gesammelten Kundenanforderungen an ein Produkt und als Spaltenüberschriften die jeweiligen technischen Komponenten des Produkts enthält. In die Tabellenzellen tragen Sie anschließend Zahlenwerte ein, die die Korrelationen aus der entsprechenden Kundenanforderung und der technischen Komponente widerspiegeln. Zusätzlich ergänzen Sie das Schema um ein dreieckiges Diagramm, welches die Korrelation der technischen Komponenten untereinander angibt. Auf Grundlage der Tabelleneinträge ermitteln Sie anschließend die technischen Realisierungen, die den höchsten Erfüllungsgrad im Verhältnis zu allen Anforderungen haben.

Ausführliche Beschreibung

Die Methode überträgt Kundenanforderungen (»*Was* muss das Produkt leisten?«) auf Produktmerkmale (»*Wie* funktioniert das Produkt? *Wie* ist es aufgebaut?«) und analysiert, in welchen Produktmerkmalen das größte Potenzial zur Verwirklichung der Kundenanforderungen steckt. Dafür müssen Sie drei Dinge bereits kennen: (1) die Kundenanforderungen an das Produkt, (2) ihre jeweilige Gewichtung, also ihre Bedeutung für die Kunden, und (3) die einzelnen Produktmerkmale. Um die Kundenanforderungen zu ermitteln, können Sie die Techniken der freien Assoziation aus Kapitel 6.4 mit einer Vielzahl von Kunden anwenden. Ebenfalls gemeinsam mit den Kunden können Sie dann z. B. eine →Matrixanalyse (S. 186) zur Gewichtung der einzelnen Anforderungen erstellen. Dabei empfiehlt es sich zusätzlich, wie im Tipp der Matrixanalyse beschrieben, die Gewichte auf einen Wert zwischen 0 und 1 zu normieren.

Beachten Sie, dass Sie die Kundenanforderungen nicht bereits technisch oder unternehmerisch formulieren sollten, wenn Sie die Kunden befragen. Falls Sie die *House-of-Quality*-Methode z. B. verwenden, um die Dienstleistung eines Paketversands zu optimieren, könnten die möglichen Kundenwünsche etwa »günstige Preise«, »freundliche Bedienung«, »schneller Versand«, »nahe Paketabgabe« und »hohes erlaubtes Gewicht« sein. Die dazu korrespondierenden Produktmerkmale wären hingegen »Filialnetz«, »Personal«, »Öffnungszeiten«, »Tarifstruktur« und »Fahrzeugstauraum«. Im Allgemeinen können die jeweiligen Entwickler oder Vermarkter des Produkts diese Merkmale ermitteln. Dabei können erneut die oben erwähnten Gruppenarbeitsmethoden zum Einsatz kommen. Häufig kennen die Entwickler auch schon die relevanten technischen Komponenten.

Sowohl bei den Kundenanforderungen als auch bei den Produktmerkmalen sollten Sie darauf achten, dass nicht mehr als jeweils 15 Kundenanforderungen und Produktmerkmale gesammelt werden, da die Tabelle sonst zu unübersichtlich wird, um gute Resultate zu liefern. Haben Sie mehr als 15 Kundenanforderungen und Produktmerkmale gesammelt, können z. B. die Gewichte der Anforderungen und die Kosten, die mit einer möglichen Produktänderung verbunden wären, als Kriterien dienen, um aus der Gesamtheit der Kundenanforderungen und Produktmerkmale jeweils 15 Stück auszuwählen. Anschließend erstellen Sie ein tabellarisches Schema, in das Sie die ermittelten Kundenanforderungen als Zeilenüberschriften und die Produktmerkmale als Spaltenüberschriften eintragen. Oberhalb der Produktmerkmale legen Sie zusätzlich eine dreiecksförmige Tabelle an, deren Zellen die einzelnen Produktmerkmale untereinander verbinden. Dies ist das »Dach« des *House of Quality*. Die folgende Abbildung zeigt den grundsätzlichen Aufbau des tabellarischen Schemas:

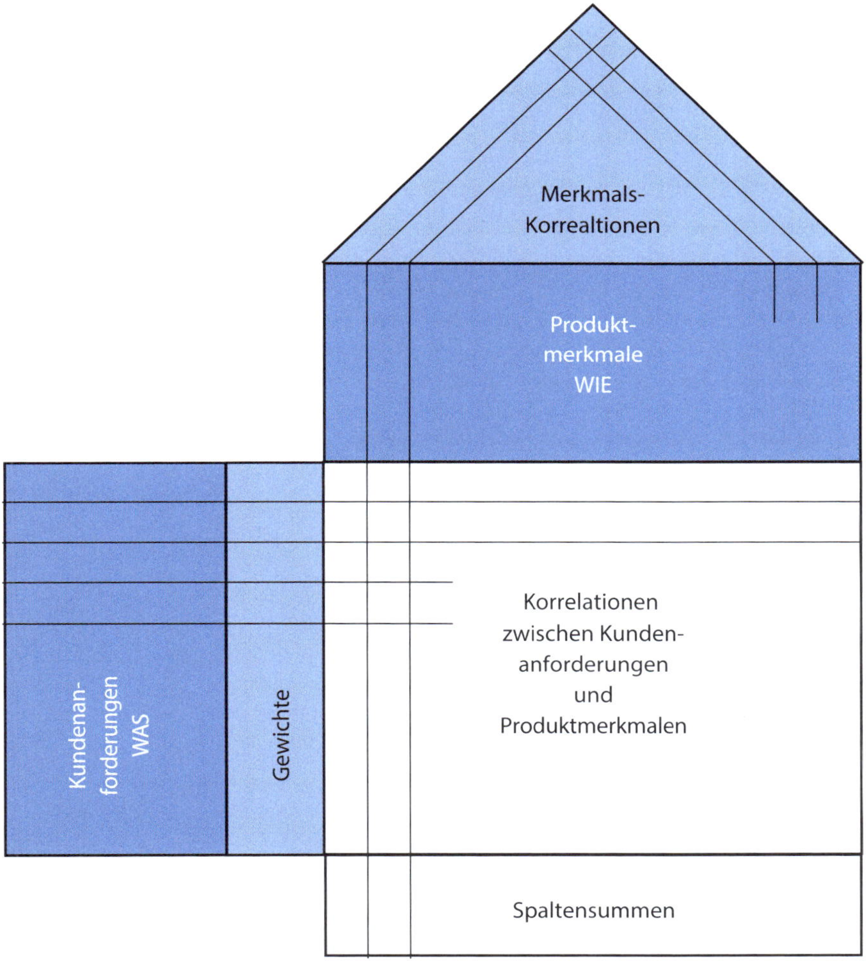

Abbildung 6-1: Schematische Darstellung des tabellarischen Schemas nach der *House-of-Quality*-Methode

Wenn die Tabelle soweit ausgefüllt ist, bewertet die Gruppe die Korrelation zwischen Kundenanforderung und Produktmerkmalen in einer vom Moderator geleiteten Diskussion. Die Methode kann zwar prinzipiell auch in Einzelarbeit angewandt werden, jedoch ist das Bestimmen der Korrelationen ein fehleranfälliger Schritt. Gruppenarbeit hilft hier, die Gefahr einer falschen Korrelation zu verringern. Die *House-of-Quality*-Methode sieht die folgenden Werte für die einzelnen Korrelationen vor:

Korrelation	**Wert**
schwach	1
mittel	3
stark	9

Statt dieser Werte ist aber auch eine lineare Skala möglich. Damit die Tabelle übersichtlich bleibt, werden Zellen ohne Korrelation freigelassen. Bei der späteren Auswertung erhalten sie den Wert 0. Um die Tabelle auszuwerten, multiplizieren Sie die einzelnen Korrelationswerte mit den Gewichten der zugehörigen Kundenanforderung. Die Produkte summieren Sie dann spaltenweise und tragen die Summe in die Zelle am Ende der entsprechenden Spalte ein.

Tabelle 6-1: Ausgefüllte Beispieltabelle der *House-of-Quality*-Methode

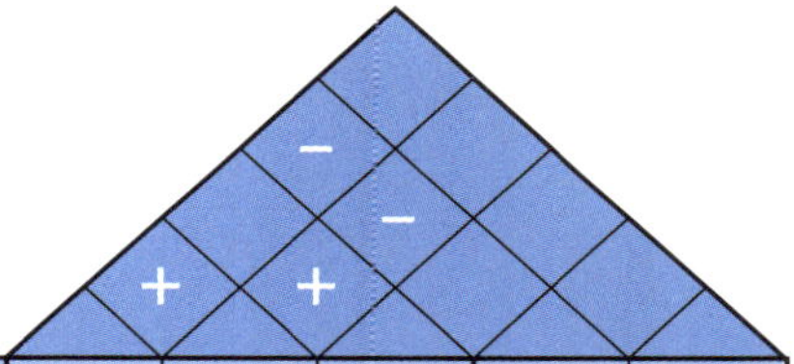

	Gewichtung	Filialnetz	Personal	Öffnungszeiten	Tarifstruktur	Fahrzeugstauraum
günstige Preise	*0,15*				9	
freundliche Bedienung	*0,10*		9			
schneller Versand	*0,30*	3	3	1		1
nahe Paketabgabe	*0,25*	9		1		
viel verschickbares Gewicht	*0,20*					9
Spaltensumme	–	**3,15**	**1,80**	**0,55**	**1,80**	**2,10**
Rangfolge	–	I	III	IV	III	II

Nachdem Sie alle Korrelationen zwischen Kundenanforderungen und Produktmerkmalen bestimmt haben, können Sie zusätzlich die Produktmerkmale untereinander auf Korrelationen untersuchen. Die Korrelationen können entweder positiv oder negativ sein. Im obigen Beispiel des Paketversands würden beispielsweise »Filialnetz« und »Tarifstruktur« eine negative Korrelation aufweisen, da ein größeres Filialnetz zu höheren Preisen führen würde, »Filialnetz« und »Personal« hingegen wären positiv korreliert, da ein größeres Filialnetz auch zu mehr Personal führt. Bei einer negativen Korrelation empfiehlt sich der Versuch einer →Konsensfindung (S. 40) zwischen den Produktmerkmalen, die miteinander im Konflikt stehen. Eventuell lässt sich der Konflikt so auflösen.

Variante »QFD«

Das *House of Quality* ist ein zentrales Element des sogenannten QFD (*Quality Function Deployment*). QFD erlaubt es, Kundenanforderungen in ein fertiges Produkt oder Konzept zu übersetzen und zusätzlich eine Agenda zu formulieren, wie die Teilschritte auf dem Weg zum fertigen Produkt oder Konzept umzusetzen sind. Allerdings ist QFD ein sehr umfangreiches Verfahren, das weit über das allgemeine Thema »Gruppenarbeit« hinausgeht. Ausführliche Informationen zu QFD bietet z. B. die Website des QFD Instituts Deutschland e. V. (www.qfd-id.de).

6.3.2 Kano-Analyse

	< 10	10 – 20	20 – 40	40 – 60	> 60	
	< 5	5 – 10	10 – 20	20 – 30	> 30	
	X	X	X	X	X	
	X	X	X	X	X	
	X	X	X	X	X	

Kurzinfo

- Moderation
- Sitzgelegenheiten
- Visualisierungsmedium

Ziel

Die Kano-Analyse zeigt auf, bei welchen Aspekten eines Produkts oder eines Konzepts sich eine Verbesserung besonders lohnt, da der Endanwender sie besonders positiv bewertet. Zudem verdeutlicht sie, bei welchen Aspekten besonders auf eine gute Umsetzung geachtet werden sollte, da der Endanwender das Produkt oder die Idee bei einer schlechten Umsetzung besonders negativ bewerten würde.

Kurzbeschreibung

Der Moderator erstellt ein Koordinatensystem, dessen x-Achse anzeigt, wie gut ein Aspekt umgesetzt wurde, und dessen y-Achse anzeigt, wie begeistert der Endanwender darauf reagiert. Zu den verschiedenen Aspekten des Produkts oder des Konzepts zeichnet der Moderator Kurven in das Koordinatensystem, die die Begeisterung beim Endanwender und die Gelungenheit der Umsetzung zueinander ins Verhältnis setzen. Diese Kurven geben Aufschluss darüber, welche Aspekte besonders gut umgesetzt sein sollten und bei welchem Aspekt sich eine Verbesserung besonders lohnt.

Ausführliche Beschreibung

Vor Beginn der Analyse müssen die Aspekte oder Bauteile des Produkts oder des Konzepts bekannt sein. In der Regel ist dies der Fall, wenn die Konzepte vorher gemeinsam mit den Teilnehmern erarbeitet werden. Sind Bauteile oder Aspekte jedoch nicht bekannt, müssen die Teilnehmer sie vorher gemeinsam herausarbeiten. Dafür eignet sich ein →Brainstorming (S. 133) mit anschließender →Konzept-Extraktion (S. 178).

Sobald alle Teilnehmer die Aspekte des Produkts oder Konzepts kennen, zeichnet der Moderator ein Koordinatensystem auf das Visualisierungsmedium und beschriftet die x-Achse mit »Gelungenheit der Umsetzung« und die y-Achse mit »Begeisterung beim Endanwender«. Die Achsen bleiben dabei unskaliert, da die beiden genannten Größen einen sehr subjektiven Charakter besitzen, weshalb sie sich nur schwer quantitativ erfassen lassen. Außerdem kommt es darauf an, am Ende alle Bauteile und Aspekte im relativen Vergleich zueinander zu sehen anstatt auf einer absoluten Skala.

In der anschließenden Analyse ordnet der Moderator dann gemeinsam mit den Teilnehmern jedem Aspekt des Produkts oder Konzepts eine Kurve im Koordinatensystem zu. Wie er diesen Prozess gruppendynamisch gestaltet, wird weiter unten am Ende der Methodenbeschreibung erläutert. Zuvor soll das Prinzip erklärt werden, nach dem er die Kurven in das Diagramm zeichnet:

Die gezeichnete Kurve veranschaulicht, wie sich die Begeisterung des Endanwenders gegenüber der Idee oder dem Produkt zur Qualität des jeweiligen Aspekts verhält. Punkte in der Nähe des Nullpunkts bedeuten, dass die Umsetzung weder überragend gut noch sehr schlecht gelungen ist, beziehungsweise, dass der Endanwender dem Aspekt oder Bauteil weder positiv noch negativ, sondern neutral gegenübersteht. Punkte weit rechts im Koordinatensystem weisen auf eine gute Umsetzung hin, weit oben liegende Punkte dagegen zeigen, dass die Begeisterung des Endanwenders sehr groß ist. Umgekehrt verweisen Punkte weit links auf eine schlechte Umsetzung, Punkte weit unten auf eine geringe Zufriedenheit des Endanwenders.

Ein Beispiel: Die Kurven für verschiedene Autoteile sollen untersucht werden. Das nachfolgende Diagramm zeigt die Kurven für Bremse, für Motor und für ein neuartiges Bauteil, das der Endanwender noch nicht kennt:

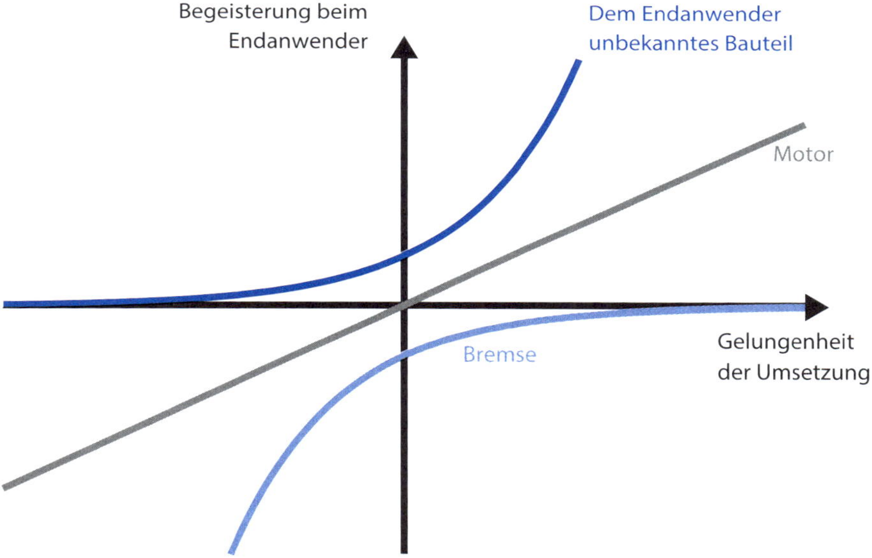

Abbildung 6-2: Beispiel für die Kano-Analyse

Die grüne Kurve für die Bremse ergibt sich wie folgt: Bei einer schlechten Bremse erhält der Endanwender ein sehr negatives Bild des gesamten Autos, eine sehr starke Bremse bemerkt er hingegen kaum. Im Gegensatz dazu verläuft die blaue Kurve des Motors näherungsweise proportional, da das Auto den Endanwender umso stärker begeistert, je stärker der Motor ist. Die rote Kurve repräsentiert ein Bauteil, das der Endanwender nicht kennt, beispielsweise weil es noch sehr neu ist. Da es der Endanwender nicht erwartet, wirkt sich eine schlechte Umsetzung oder sogar seine Abwesenheit nicht negativ auf das Gesamtbild des Endanwenders aus. Ist es aber vorhanden und gut umgesetzt, steigert sich die Begeisterung für das ganze Auto enorm, da seine Erwartungen übertroffen wurden. Ein Beispiel für ein solches Bauteil wäre ein Airbag in Zeiten, in denen Airbags noch nicht zur Standardausstattung gehörten.

Das fertige Diagramm mit den Kurven für alle Bauteile oder Aspekte können die Teilnehmer nun nutzen, um Bauteile oder Aspekte mit besonders großem Einfluss auf das Gesamtbild des Produkts oder Konzepts herauszufiltern und gegebenenfalls zu verbessern. Mithilfe der Kano-Analyse können sie also erkennen, bei welchen Aspekten sich Verbesserungen besonders rentieren, wenn bloß begrenzte personelle oder finanzielle Ressourcen zur Verfügung stehen.

Auf den ersten Blick wirkt es, als käme die Methode auch ohne die *synergetischen Effekte aus der Gruppenarbeit* aus, sodass sie sich scheinbar gut für die Einzelarbeit eignet. Doch sowohl die gelungene Umsetzung eines Aspektes als auch die Begeisterung, die sie beim Endanwender hervorruft, sind eher subjektive Kriterien. Deshalb bestünde bei Einzelarbeit die Gefahr, dass fundamental falsche Schlüsse gezogen werden. Wenn mehrere Teilnehmer die Methode gemeinsam anwenden, können sie verschiedene Ansichten zur Umsetzung eines bestimmten Aspekts und der damit verbundenen Begeisterung des Endanwenders zusammentragen. Auf diese Weise lassen sich Fehleinschätzungen vermeiden, und das mögliche Verhalten einer Vielzahl von Endanwendern lässt sich besser voraussagen.

Deshalb muss sich der Moderator beim Einzeichnen der Kurven versichern, dass unter den Teilnehmern ein Konsens über die Kurve herrscht. Besteht kein Kontext, sollten sich die Teilnehmer in einer vom Moderator geleiteten Diskussion über die unterschiedlichen Kurvenverläufe austauschen können. Nur so gewährleistet der Moderator, dass alle Teilnehmer Argumente berücksichtigen, die die Mehrheit der Teilnehmer möglicherweise bisher noch nicht bedacht hat, die jedoch von entscheidender Relevanz sind. Erst wenn eine →Konsensfindung (S. 40) keine Erfolge liefert, sollte der Moderator andere Methoden anwenden. Dazu könnte gehören, dass er zwei Kurven grafisch mittelt oder eine zusätzliche gestrichelte Kurve zu einem Aspekt einzeichnet.

Variante

Die Kano-Analyse lässt sich auch mit *anderen Kriterienpaaren* als »Gelungenheit der Umsetzung« und »Begeisterung beim Endanwender« durchführen. Eine Firma, die mehrere Produkte verkauft und herausfinden will, auf welches Produkt sie sich in Zukunft stärker konzentrieren sollte, könnte z. B. eine Analyse mit dem Kriterienpaar »Anzahl der Kunden« und »zu erwartender Gewinn« durchführen. In diesem Fall können die Achsen des Diagramms auch mit den Einheiten der entsprechenden Größen skaliert werden.

Vor- und Nachteile

+ Die Analyse lässt sich intuitiv durchführen und benötigt keine Statistiken oder ähnliche Datenmengen.
– Die zu erwartende Begeisterung beim Endanwender kann häufig nur geschätzt werden.
– Die Analyse könnte kurzfristig wirksame Lösungen übermäßig vorteilhaft erscheinen lassen.

6.3.3 Pareto-Analyse (ABC-Analyse)

	< 10	10 – 20	20 – 40	40 – 60	> 60	
	< 5	5 – 10	10 – 20	20 – 30	> 30	
	X	X	X	X	X	
	X	X	X	X	X	
	X	X	X	X	X	

Kurzinfo

- Sitz- und Schreibgelegenheiten
- Visualisierungsmedium
- Daten zur Häufigkeit und eventuell zu den Kosten der Einzelaspekte

Ziel

Die Pareto-Analyse ermöglicht es, die wirtschaftliche Bedeutung der Teilergebnisse oder Komponenten eines Gesamtergebnisses oder Produkts zu ermitteln und diejenigen Teilergebnisse und Komponenten herauszufiltern, die den größten Einfluss auf das Gesamtergebnis oder Produkt haben.

Kurzbeschreibung

Die Häufigkeit von Teilaspekten eines Gesamtergebnisses wird erfasst, damit die Teilaspekte hinsichtlich der erfassten Häufigkeit sortiert werden können. Oft stellt sich dabei heraus, dass ein geringer Anteil an Teilaspekten zu einem Großteil des Gesamtergebnisses beiträgt. Diese Idee ist auch unter dem vereinfachten Begriff 80-20-Regel bekannt.

Ausführliche Beschreibung

Die Pareto-Analyse beruht auf dem Pareto-Prinzip, auch bekannt als 80-20-Regel. Sie besagt, dass in 20 % der Gesamtzeit 80 % der Ergebnisse erzielt werden. Für die verbleibenden 20 % der Ergebnisse wiederum sind 80 % der Gesamtzeit nötig. Dieses Prinzip geht auf den italienischen Ökonomen Vilfredo Pareto zurück, der 1896 bei der Untersuchung der Vermögensverteilung in Italien entdeckte, dass 20 % aller Familien über 80 % des Vermögens besitzen.

Für reale Prozesse dient das Pareto-Prinzip lediglich als vereinfachte Annahme, denn natürlich muss das Verhältnis zwischen Gesamtzeit und Gesamtergebnis nicht genau 20 zu 80 entsprechen. Die Aussage hinter dem Prinzip kann allerdings tatsächlich Allgemeingültigkeit beanspruchen: Jedes Gesamtergebnis enthält Teilaspekte, die sich mit wenig Aufwand modifizieren lassen, obwohl sie das Gesamtergebnis signifikant verbessern. Entsprechend besteht das Ziel der sogenannten Pareto-Analyse darin, diejenigen Teilaspekte oder Merkmale zu ermitteln, deren Modifikation einen großen, mittleren oder geringen Einfluss auf das Gesamtergebnis hat, und sie zusammenfassend zu visualisieren.

Für eine Pareto-Analyse benötigen Sie Informationen über die zu analysierenden Merkmale, wie etwa Verkaufs-, Fehler- oder Garantiestatistiken. Das bedeutet, dass diese Daten bereits erfasst sein müssen, bevor Sie die Analyse durchführen können. Dabei sollten Sie stets abwägen, ob der zu erwartende Nutzen den damit verbundenen Aufwand rechtfertigt. Falls Sie die benötigten Informationen jedoch bereits kennen sollten, lässt sich die Analyse einfach durchführen. Sie kommt zudem ohne Gruppeninteraktion aus.

Der *erste Schritt* der Pareto-Analyse besteht darin, dass Sie die Merkmale hinsichtlich ihrer Häufigkeit (oder ihrer Anzahl, ihres Preises oder ihrer Kosten) ordnen. Mögliche Merkmale wären z. B. »Fehler«, »Aufgaben«, »Auftragssorten« oder »defekte Komponenten« (diese lassen sich z. B. über eine Statistik der Garantiefälle ermitteln). Für die Sortierung können Sie statt der Häufigkeit prinzipiell auch andere quantitative Größen wählen. Dabei sollten Sie jedoch beachten, dass sich viele quantitative Größen, wie etwa die Dauer eines Arbeitsschritts, direkt in Preise oder Kosten umrechnen lassen. Da die Analyse auf die wirtschaftliche Bedeutung der Merkmale abzielt, empfiehlt es sich gegebenenfalls, quantitative Größen wie die Dauer in Kosten umzurechnen.

Ausgehend von dieser Sortierung teilen Sie die Merkmale im *zweiten Schritt* in die Gruppen A, B und C ein (von dieser Einteilung leitet sich der alternative Name »ABC-Analyse« ab). Die häufigsten (oder teuersten, zeitintensivsten etc.) Merkmale sind A-Merkmale; Merkmale mit mittlerer Häufigkeit sind B-Merkmale; und Merkmale mit geringer Häufigkeit sind C-Merkmale. Als grobe Faustregel sollten A-Merkmale ca. 80 % der Gesamt*häufigkeit* ausmachen, während A- und B-Merkmale zusammengenommen ca. 50 % der Gesamt*merkmale* ausmachen sollten. Diese Einteilung ist aber nur ein grober Richtwert und kann in der Praxis variabel angepasst werden.

Zur Veranschaulichung zeigt Tabelle 6-2 ein Beispiel einer Pareto-Analyse, die ein Paketdienst durchgeführt hat, um die Fehlerursachen für die Nichtzustellung von Paketen zu bewerten.

Tabelle 6-2: Beispiel einer Pareto-Analyse der Fehlerhäufigkeit für die Nichtzustellung von Paketen bei einem Paketdienst (»#« steht für die Häufigkeit des Auftretens, »%« für den prozentualen Anteil und »Σ %« für die Summe der prozentualen Anteile der bereits genannten Fehler)

Fehler		**Häufigkeit in** #	%	Σ %
Kunde nicht zu Hause A	I	43	47	47
Paket falsch frankiert A	II	24	26	73
Verlust beim Verteiler B	III	11	12	85
Adresse nicht lesbar B	IV	9	10	95
Verlust während der Fahrt C	V	4	4	99
Diebstahl durch Nachbar C	VI	1	1	100

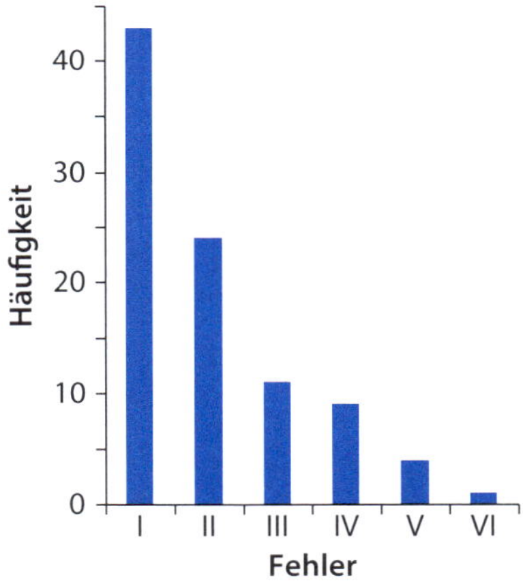

Die Tabelle verdeutlicht, dass zwei von sechs Fehlerquellen, also ca. 33 %, für 73 % der verlorenen Pakete verantwortlich sind. In diesem Fall liegt also statt 80-20 ungefähr eine 70-30-Verteilung vor.

Vor allem für die A-Merkmale lohnt es sich, in nachfolgender Gruppenarbeit nach Ideen zu suchen, wie sich die Merkmale verbessern lassen. Auf das Beispiel des Paketdienstes bezogen wären mögliche Fragen für die anschließende Gruppenarbeit: »Wie sorgen wir dafür, dass wir den Kunden häufiger zu Hause erreichen?« Oder: »Wie verhindern wir, dass unsere Kunden ihre Pakete falsch frankieren?«

Tipp

Soll mit der Pareto-Analyse die Wirtschaftlichkeit bestimmter Aspekte ermittelt werden, etwa die Höhe der Kosten, die einzelne defekte Bauteile bei Garantiefällen verursachen, müssen Sie die Häufigkeit der einzelnen Merkmale mit den Kosten pro Merkmal multiplizieren. Auf das Beispiel bezogen hieße dies, dass Sie zunächst erfassen müssen, wie oft ein defektes Bauteil ein Garantiefall verursacht hat. Das Ergebnis multiplizieren Sie nun mit den Kosten für den Austausch des Bauteils.

Vor- und Nachteile

+ Die Analyse lässt sich vergleichsweise einfach durchführen.
+ Der Erfolg der Analyse hängt stark davon ab, ob A-Merkmale identifiziert werden können. Zum Glück lassen sich A-Merkmale am leichtesten identifizieren, sodass die Analyse sehr wahrscheinlich gelingt.
– Für die Analyse müssen Verkaufsstatistiken oder ähnliche Datentypen zur Verfügung stehen und im Vorfeld gesammelt worden sein.

6.3.4 SWOT-Analyse

	< 10	10 – 20	**20 – 40**	40 – 60	> 60	
	< 5	5 – 10	**10 – 20**	20 – 30	> 30	
	x	x	**x**	x	x	
	x	x	**x**	x	x	
	x	x	x	x	**x**	

Kurzinfo

- Moderation
- Sitzgelegenheiten
- Visualisierungsmedium

Ziel

Die SWOT-Analyse bewertet die Stärken und Schwächen einer Arbeitsgruppe (oder eines Unternehmens) hinsichtlich ihrer (seiner) Möglichkeiten und Risiken. Auf dieser Grundlage kann die Gruppe Strategien erarbeiten, wie sie ihre Stärken ausnutzt und gleichzeitig ihre Risiken eindämmt. Dabei eignet sich die SWOT-Analyse trotz ihrer einfachen Struktur sehr gut dazu, zum Einstieg in ein Projekt die Faktoren zu identifizieren, die dessen Erfolg beeinflussen.

Kurzbeschreibung

Der Moderator erstellt ein tabellarisches Schema mit den Zeilenüberschriften »Stärken« und »Schwächen« sowie den Spaltenüberschriften »Möglichkeiten« und »Risiken«. Das Schema füllt er mit den sich ergebenden Begriffskombinationen aus.

Ausführliche Beschreibung

Der Name der Analyse ist ein Akronym aus den englischen Begriffen **S**trenghts (Stärken), **W**eaknesses (Schwächen), **O**pportunities (Möglichkeiten) und **T**hreats (Risiken). Im Folgenden werden die deutschen Begriffe, jedoch die englischen Anfangsbuchstaben verwendet.

Mithilfe dieser Begriffe erstellt der Moderator für alle Teilnehmer sichtbar ein tabellarisches Schema am Visualisierungsmedium:

Tabelle 6-3: Tabellarisches Schema der SWOT-Analyse

SWOT-Analyse		*interne* Attribute	
		S: Stärken	**W**: Schwächen
externe Attribute	**O**: Möglichkeiten (= günstige Bedingungen)	**SO**: Stärken und Möglichkeiten Welche Möglichkeiten und Chancen ergeben sich aus den bestehenden Stärken der Arbeitsgruppe (oder des Unternehmens) mit Blick auf das Ziel?	**WO**: Schwächen und Möglichkeiten Welche Schwächen kann die Gruppe in Möglichkeiten oder Chancen umwandeln?
	T: Risiken (= ungünstige Bedingungen)	**ST**: Stärken und Risiken Welche Risiken oder Gefahren kann die Gruppe dank der bestehenden Stärken eliminieren oder überwinden?	**WT**: Schwächen und Risiken Welche Verteidigungsstrategien kann die Gruppe entwickeln, damit vorhandene Schwächen nicht aufgrund von Risiken oder Gefahren zu Nachteilen führen?

Bei der SWOT-Analyse zählen die Stärken und Schwächen zu den *internen*, die Möglichkeiten und Risiken zu den *externen* Attributen. Dabei ist es wichtig, dass diese Einteilung strikt eingehalten und nicht aufgeweicht wird: »Stärken« und »Schwächen« beziehen sich als interne Attribute stets auf die in der Arbeitsgruppe oder im Unternehmen zum Zeitpunkt der Analyse vorhandenen Stärken und Schwächen, »Möglichkeiten« und »Risiken« bezeichnen äußere Einflüsse, die unabhängig von den inneren Stärken und Schwächen bestehen. Würde beispielsweise ein Hardwarehersteller die Analyse durchführen, um die Marktchancen eines neues Tablets zu analysieren, würden das technische Know-how des Unternehmens sowie die vorhandenen oder fehlenden Produktionsressourcen und Geschäftsbeziehungen zu den Stärken und Schwächen zählen. Marktsituation, Kundenwünsche oder Konkurrenzprodukte wären hingegen Möglichkeiten und Risiken.

Daneben beziehen sich alle vier Attribute auf *passive Zustände*, nicht auf aktive Handlungsstrategien. Sie geben den existierenden Ist-Zustand und nicht den erstrebten Soll-Zustand wieder, denn der Sollzustand soll im Anschluss an die Analyse aus den Ergebnissen abgeleitet werden.

Schließlich sollte sich eine SWOT-Analyse immer auf eine *fest definierte Fragestellung oder Zielsetzung* beziehen. Sie sollte also keinesfalls verwendet werden, um abstrakt nach neuen Ideenfeldern oder Anwendungsbereichen zu suchen.

Bevor die Gruppe das oben dargestellte Schema ausfüllen kann, muss sie zunächst jedes der vier Attribute untersuchen. Das heißt, sie muss als Erstes ermitteln, wo mit Blick auf die Fragestellung oder Zielsetzung Stärken, Schwächen, Möglichkeiten und Risiken liegen. Dies ist besonders wichtig, weil sich einige Attribute nur schwer kombinieren lassen, und wenn die Teilnehmer sie schon vor der Analyse zusammengetragen haben, fällt ihnen die anschließende SWOT-Analyse deutlich leichter. Am besten eignet sich für das Zusammentragen der Attribute deshalb eine gemeinsame moderierte Diskussionsrunde mit Mitarbeiten der betroffenen Arbeitsgruppe oder des betroffenen Unternehmens. Auch für die anschließende Analyse ist Gruppenarbeit der beste Ansatz: Dank der Vielzahl von Ideen, die eine Gruppe hervorbringen kann, finden sich auch Lösungen für schwer kombinierbare Attribute.

Um der Gruppe das gemeinsame Ausfüllen des Schemas zu erleichtern, kann der Moderator das Schema auf einem Flipchart oder einer Tafel darstellen.

Auf das obige Beispiel des Tablet-Herstellers bezogen, könnte eine einfache SWOT-Analyse folgendermaßen aussehen:

Tabelle 6-4: Beispiel einer SWOT-Analyse

SWOT-Analyse		*interne* Attribute	
		S: Stärken	**W**: Schwächen
externe Attribute	**O**: Möglichkeiten (= günstige Bedingungen)	**SO**: Das Unternehmen produziert bereits jetzt Tablets mit hochwertiger Hardware zu einem guten Preis-Leistungs-Verhältnis. Somit kann es die zukünftig steigenden Kundenanforderungen an Tablethardware bedienen.	**SW**: Das Unternehmen ist im Bereich Tablet-Apps schwach aufgestellt. Dies ist jedoch ein Wachstumsmarkt, sodass das Bestehen im harten Konkurrenzkampf weniger schwerfällt als in einem bereits gesättigten Markt.
	T: Risiken (= ungünstige Bedingungen)	**ST**: Es ist unklar, wie rasant, die oben genannten Kundenanforderungen wachsen und zu welchem Preis bzw. mit welcher Hardwareleistung Tablets zukünftig produziert werden sollen.	**TW**: Geringe Erfahrung im Bereich App-Entwicklung, nur wenige Geschäftsbeziehungen mit externen Softwareanbietern.

Die SWOT-Analyse liefert noch keine Agenda für die Weiterarbeit. Vielmehr stellt sie die zusammengetragenen Attribute und deren Beziehungen zueinander auf übersichtliche und praxisbezogene Weise dar. So ermöglicht sie der Gruppe, sich auf diejenigen Aspekte zu konzentrieren, die für das Erarbeiten einer konkreten Herangehensweise oder Strategie am relevantesten sind.

Vor- und Nachteile

+ Die Analyse bezieht die Mitarbeiter eines Unternehmens gezielt in die Ideensuche mit ein.
– Im Vergleich zu den anderen vorgestellten Analysen lässt sich die SWOT-Analyse recht schwer durchführen.

6.4 Ideen durch freie Assoziationen

6.4.1 4-Ecken-Methode

	< 10	10 – 20	20 – 40	40 – 60	> 60	
	< 5	5 – 10	10 – 20	20 – 30	> 30	
	X	X	X	X	X	
	X	X	X	X	X	
	X	X	X	X	X	

Kurzinfo

- 1 Flipchart pro Themenaspekt
- 5 bis 6 Flipchartstifte pro Flipchart

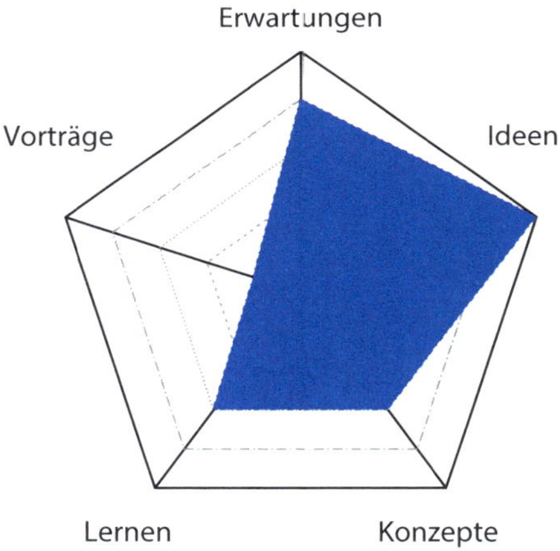

Ziel

Die Methode eignet sich zum Entwickeln vieler verschiedener Ideen zu Themen, die sich in drei bis fünf Teilaspekte zerlegen lassen. Da sie eine rein schriftliche Methode ist, bezieht sie stille und zurückhaltende Teilnehmer ebenso ein wie extrovertierte Teilnehmer, ohne jedoch komplett auf gruppendynamische Effekte zu verzichten.

Kurzbeschreibung

Der Leiter bereitet ein Flipchart pro Themenaspekt mit einer passenden Fragestellung vor. Ohne sich untereinander auszutauschen, schreiben die Teilnehmer anschließend Ideen und Einfälle auf die Flipcharts, wobei sie jederzeit und so oft sie möchten das

Flipchart wechseln können. Sie dürfen dabei sowohl ganz neue Ideen notieren als auch das Geschriebene ergänzen und erweitern.

Ausführliche Beschreibung

Der Leiter teilt vor Beginn der Methode das entsprechende Thema in drei bis fünf Teilaspekte ein. Bei Themen, die in mehr als fünf Teilaspekte unterteilt werden müssen, empfiehlt es sich, das Thema neu zu strukturieren und zu gliedern, da sonst die Gefahr besteht, dass das Bearbeiten aller Aspekte zu viel Zeit oder Teilnehmer beansprucht. Gliedert sich das Thema dagegen bloß in zwei Teilaspekte, kann das schematische Verfahren dieser Methode die Ideenfindung eher hemmen als anregen.

Wenn er alle Themenaspekte festgelegt hat, schreibt der Leiter auf jedes Flipchart den Namen eines anderen Aspekts oder eine passende Frage und platziert die Flipcharts an verschiedenen Stellen im Raum. Falls es genau vier Themenaspekte gibt, kann er sie in den Ecken des Raums aufstellen (daher der Name der Methode). An jedem Flipchart sollten sich fünf bis sechs Flipchartstifte befinden, damit möglichst viele Teilnehmer gleichzeitig ihre Ideen notieren können.

Zu Beginn der gemeinsamen Arbeit erläutert der Leiter nun kurz die Frage- oder Problemstellung, stellt die verschiedenen Themenaspekte vor und nennt die vorgesehene Bearbeitungszeit. Danach bittet er die Teilnehmer, sich frei zu verteilen und ihre Ideen und Einfälle auf den Flipcharts zu notieren. Dabei können die Teilnehmer beliebig oft das Flipchart wechseln. Es gibt auch keine zeitlichen Vorgaben, wie lange ein einzelner Aspekt bearbeitet werden darf oder muss. Die einzige Regel lautet: Die Teilnehmer dürfen sich untereinander nicht austauschen. Dadurch hat jeder Teilnehmer die Möglichkeit, beliebig lange im Stillen über das Geschriebene oder über weiter Ideen nachzudenken. Außerdem verhindert die Regel, dass die Ideen von besonders gesprächigen Teilnehmern ein stärkeres Gewicht erhalten als die Ideen von eher stillen Teilnehmern.

Nachdem die Bearbeitungszeit abgelaufen ist, stellt jeder seine Ideen vor. Dabei beantworten die Teilnehmer Fragen aus der Gruppe und präzisieren unklare Formulierungen.

Anmerkung

Der fehlende Austausch der Teilnehmer untereinander kann dazu führen, dass manche die Stichpunkte anderer Teilnehmer zunächst missverstehen. Dies muss jedoch nicht zwingend ein Nachteil sein, denn gerade aus unterschiedlichen Betrachtungsweisen entstehen neue Denkansätze und Lösungsideen.

Weiterarbeit

Im Anschluss an die Methode empfiehlt es sich, die gesammelten Ideen zu →clustern (siehe S. 137). Die einzelnen Cluster können abschließend mit den Ideenanalysemethoden aus →Kapitel 7.2 priorisiert werden.

Variante

Die 4-Ecken-Methode kann auch genutzt werden, um Erwartungshaltungen innerhalb der Gruppe zu klären oder ein Feedback zu erhalten. Dann sollte der Leiter aber den Raum verlassen, während die Teilnehmer ihr Feedback abgeben, um sie nicht zu beeinflussen.

Vor- und Nachteile

- \+ Die Methode fällt auch Teilnehmern leicht, die wenig Erfahrung mit Gruppenarbeit besitzen.
- \+ Da sich die Teilnehmer nicht untereinander austauschen, können Dominanzen innerhalb der Gruppe den Ideenfindungsprozess kaum beeinflussen.
- \+ Für das Sammeln der Ideen ist kein Moderator nötig.
- – Der Austausch zwischen den Teilnehmern ist weniger dynamisch als beim →Brainstorming (S. 133).

6.4.2 6-5-3-Methode (Brainwriting, Kartenumlauftechnik)

	< 10	10 – 20	**20 – 40**	**40 – 60**	> 60	
	< 5	**6**	10 – 20	20 – 30	> 30	
	x	x	**x**	x	x	
	x	x	**x**	x	x	
	x	x	x	x	**x**	

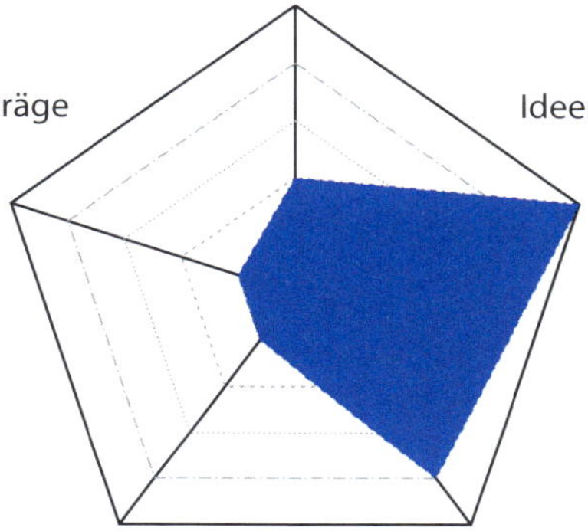

Kurzinfo

- Zeitnahme
- Sitz- und Schreibgelegenheiten
- Schreibmaterialien, dabei Flipchartstifte und DIN-A2-Blätter pro Teilnehmer optional

Ziel

Die 6-5-3-Methode eignet sich dazu, sehr viele neue Lösungsideen zu einem Problem zu entwickeln, wobei sie extrovertierte und eher stille Teilnehmer gleichermaßen einbezieht. In einer halbstündigen Sitzung entstehen bis zu 108 verschiedene Ideen.

Kurzbeschreibung

Die sechs Teilnehmer sitzen im Kreis und jeder notiert sich drei Lösungsvorschläge auf seinem Blatt. Nach fünf Minuten gibt jeder sein Blatt an den Sitznachbarn weiter. Auf das vom Nachbarn erhaltene Blatt schreibt jeder Teilnehmer wieder drei Vorschläge. Die Blätter werden so lange weitergereicht, bis jeder jedes Blatt beschrieben hat. So entstehen bis zu 108 neue Lösungsideen, welche die Gruppe im Anschluss bewertet.

Ausführliche Beschreibung

Die Stühle und Tische der Teilnehmer sind kreisförmig angeordnet. Auf jedem Platz liegen ein Stift und ein leeres Blatt Papier bereit. Der Leiter fordert die *sechs Teilnehmer* auf, sich innerhalb von *fünf Minuten* zu einer vorgegebenen Fragestellung *drei Lösungsideen* auszudenken und sich diese auf sein Blatt zu notieren. Danach gibt jeder Teilnehmer sein Blatt an seinen rechten Nachbarn weiter. In den nächsten fünf Minuten erweitert jeder die drei bereits auf seinem Blatt stehenden Ideen um drei weitere Ideen. Fällt den Teilnehmern spontan ein, wie sich eine Idee weiterentwickeln ließe, können sie stattdessen auch diese Ergänzung notieren. Andernfalls denken sie sich neue Ideen aus. Im Anschluss gibt jeder sein Blatt erneut an den rechten Nachbarn weiter und schreibt drei weitere Lösungsideen auf das neue Blatt. Dieses Verfahren geht so lange weiter, bis jeder jedes Blatt beschrieben hat.

Wie bereits in den →Osborn-Regeln (S. 110) erwähnt, bewerten oder kritisieren die Teilnehmer ihre Ideen noch nicht innerlich. Dies gilt auch für die anderen Ideenfindungsmethoden dieses Kapitels!

Tipp

Falls die ausgefüllten Blätter im Anschluss an die Methode weiterverwendet werden sollen, empfiehlt es sich, DIN-A2-Blätter oder ein anderes großes Format zu wählen. Dadurch bleiben die Notizen der Teilnehmer auch lesbar, wenn die Blätter später im Raum aufgehängt werden.

Damit sich die gesammelten Ideen bei einer späteren Auswertung besser den verschiedenen Teilnehmern zuordnen lassen, können die Teilnehmer verschiedenfarbige Stifte verwenden.

Variante

Falls die Gruppen sehr klein sind oder falls wenig Zeit zur Verfügung steht, ist die Methode auch als »5-3-4« (fünf Teilnehmer, drei Lösungsideen in vier Minuten) oder »4-2-3« (vier Teilnehmer, zwei Lösungsideen in drei Minuten) denkbar.

Variante: »Kollektives Notizbuch«

Eine Variante der 6-5-3-Methode stellt das kollektive Notizbuch dar, mit dem sich Ideen zu einer Frage- oder Problemstellung über einen Zeitraum von etwa einem Monat sammeln lassen. Jeder Teilnehmer erhält ein Notizbuch, das er stets mit sich führen und in dem er spontane Einfälle und Ideen notieren kann. Der Anzahl der Ideen sind keine Grenzen gesetzt. Wie immer gelten beim Notieren außerdem die →Osborn-Regeln (S. 110). Das heißt, jede Idee kann und soll im entsprechenden Notizbuch notiert werden, egal wie abwegig oder ungewöhnlich sie scheint.

Nach einer vorgegebenen Zeitspanne von wenigen Tagen tauschen die Teilnehmer untereinander ihre Notizbücher und lesen die Ideen der anderen Teilnehmer. Sie können diese ergänzen oder erweitern und notieren in ihr neues Notizbuch weiterhin spontane Einfälle und Ideen.

Die Notizbücher werden so oft getauscht, bis die angesetzte Zeit für die Methode verstrichen ist. Ein Moderator hilft dabei, die Notizbücher abschließend mit allen Teilnehmern zusammen auszuwerten und die Ideen zusammenzutragen.

Vor- und Nachteile

+ Jeder Teilnehmer trägt gleich viele Ideen bei.
+ Für das Sammeln der Ideen ist kein Moderator nötig.
– Der Austausch zwischen den Teilnehmern ist weniger dynamisch als beim →Brainstorming (S. 133).

6.4.3 Brainstorming

»Der beste Weg eine gute Idee zu haben, ist viele Ideen zu haben.«

LINUS PAULING, US-AMERIKANISCHER CHEMIKER

	< 10	10 – 20	**20 – 40**	40 – 60	> 60	
	< 5	5 – 10	10 – 20	20 – 30	> 30	
	X	X	**X**	X	X	
	X	X	X	**X**	X	
	X	X	X	**X**	X	

Kurzinfo

- Moderation, Ergebnissicherung
- Sitzgelegenheiten
- Pinnwand

Ziel

In sehr kurzer Zeit sammelt die Gruppe sehr viele Einfälle zu einer eng umschriebenen Problemstellung und dem entsprechenden Thema.

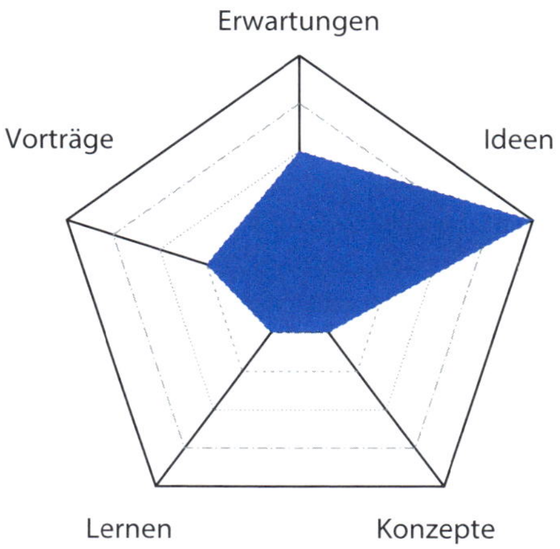

Kurzbeschreibung

Alle Teilnehmer äußern spontan ihre Einfälle zur vorgegebenen Problemstellung, und der Schriftführer protokolliert die Einfälle für alle Teilnehmer gut erkennbar auf dem Visualisierungsmedium. Die aufgeschriebenen Begriffe regen die Teilnehmer zu weiteren Ideen und Impulsen an.

Ausführliche Beschreibung

Die Teilnehmer setzen sich so, dass sie das Visualisierungsmedium im Blick haben. Zur vorgegebenen eng umschriebenen Problemstellung nennen sie spontan Ideen, welche der Schriftführer für alle sichtbar auf dem Visualisierungsmedium protokolliert. Er darf die Ideen beim Protokollieren aber noch nicht ordnen. Durch die Visualisierung der Begriffe regen sich die Teilnehmer schon während des Brainstormings gegenseitig an und entwickeln neue Ideen.

Nennen die Teilnehmer nach einer gewissen Zeit keine substanziell neuen Ideen mehr oder steuern einige Teilnehmer nur noch irrelevante Vorschläge bei, kann der Moderator im Einverständnis mit der Gruppe das Brainstorming beenden. Scheinbar irrelevante Vorschläge sind zwar laut der Osborn-Regeln (S. 110) nicht verboten, lassen sich allerdings mit anderen Methoden besser aufgreifen und nutzen (vgl. →Provokationstechnik, S. 160, oder →Reizwortanalyse, S. 163).

Ein Brainstorming zu einem eng umschriebenen Problem sollte nicht länger als zehn Minuten dauern. Dauert das Brainstorming sehr viel länger, wurde das Problem womöglich zu allgemein formuliert. Dann könnte es helfen, eine neue Brainstorming-Runde mit einem eingeengten Themenfeld und einem präziser formulierten Problem zu beginnen.

Tipp

Oft ist es sinnvoll, die Ideen im Anschluss an das Brainstorming zu ordnen, z. B. mit der Methode →Cluster (S. 137). Damit dem Schriftführer das Ordnen leichter fällt, kann er die Ideen schon beim Sammeln auf Karteikarten schreiben und an einer Pinn- oder Magnetwand befestigen. Dann muss er die Karten beim Ordnen nur noch umhängen.

Weiterarbeit

Zur ersten Strukturierung der gesammelten Ideen eignet sich das →Cluster (S. 137).

Vor- und Nachteile

+ Während der Ideensammlung können sich die Teilnehmer dynamisch austauschen.

+ Die meisten Teilnehmer kennen die Methode bereits und müssen sie nicht erst erlernen.
– *Aber*: Dieser »Vorteil« kann sich auch als Nachteil herausstellen, wenn die meisten Teilnehmer nur *glauben*, die Methode zu kennen, ohne jedoch ein wirkliches Verständnis von ihrem Ablauf zu haben. Dies kann prinzipiell für alle Methoden zutreffen, jedoch ist das Brainstorming aufgrund seines hohen Bekanntheitsgrades besonders anfällig.
– Der Redeanteil kann zwischen zurückhaltenden und aktiven Teilnehmern stark variieren. Eine Methode, die diesen Effekt abfedert, ist die →6-5-3-Methode (S. 130).

6.4.4 Freies Schreiben (Turbo-Brainstorming)

	< 10	**10 – 20**	**20 – 40**	40 – 60	> 60	
	< 5	**5 – 10**	10 – 20	20 – 30	> 30	
	x	x	**x**	x	x	
	x	x	x	**x**	x	
	x	x	**x**	x	x	

Kurzinfo

- Moderation, Zeitnahme, Ergebnissicherung
- Sitz- und Schreibgelegenheiten
- Pinnwand
- Schreibmaterialien

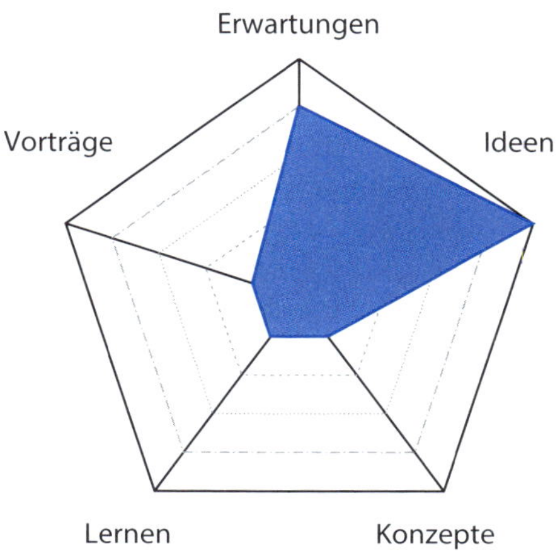

Ziel

Die Methode ist besonders hilfreich, wenn auch unkonventionelle Ideen gesucht werden sollen. Zudem eignet sie sich zur Auflockerung in Pausen oder als Einführung in die Kreativitätsmethoden.

Kurzbeschreibung

Die Teilnehmer notieren erst für sich allein eine Minute lang alle Wörter, die ihnen spontan in den Sinn kommen, ohne in dieser Zeit den Stift abzusetzen. Anschließend lesen sie der Reihe nach ihre Ideen vor. Die anderen Teilnehmer notieren sich dabei eventuelle weitere Ideen, die ihnen währenddessen einfallen.

Ausführliche Beschreibung

Zu Beginn fordert der Moderator die Teilnehmer auf, etwa eine Minute lang jeden erdenklichen Einfall zu einem vorgegebenen Thema auf ein Blatt zu notieren. Dabei ist es entscheidend, dass die Teilnehmer Einfälle spontan notieren, ohne sie innerlich zu bewerten. Um zu verhindern, dass sie dies etwa in Schreibpausen dennoch tun, gibt der Moderator ein Füllwort vor, das nichts mit dem eigentlichen Thema zu tun hat. Die Teilnehmer schreiben dieses Wort immer dann auf, wenn ihnen in diesem Moment spontan nichts mehr einfällt. Zusätzlich kann der Moderator die Teilnehmer am Anfang noch einmal an die →Osborn-Regeln (S. 110) erinnern.

Sobald die Zeit abgelaufen ist, signalisiert der Moderator den Teilnehmern, dass sie mit dem Schreiben aufhören sollen. Nun lesen sie ihre Notizen der Reihe nach vor. Dabei filtern sie diejenigen Ideen in einer vom Moderator geleiteten Diskussion heraus, die sich für die Weiterarbeit eignen könnten, und notieren sie auf dem Visualisierungsmedium. Falls jemandem während des Vorlesens und der Diskussion weitere Ideen einfallen, notiert er sie ebenfalls und bringt sie in die Diskussion ein.

Vor- und Nachteile

+ Die Methode lässt sich schnell durchführen und ist auch für Teilnehmer mit wenig Erfahrung in Gruppenarbeitsmethoden leicht erlernbar.
– Es kann für die Teilnehmer möglicherweise befremdlich sein, jede auch noch so unsinnig erscheinende Idee vorlesen zu müssen. In diesem Fall kann der Moderator die Teilnehmer vor dem Vorlesen ein weiteres Mal an die →Osborn-Regeln (S. 110) erinnern.

6.5 Ideen durch strukturierte Assoziationen

6.5.1 Cluster

	< 10	10 – 20	**20 – 40**	40 – 60	> 60	
	< 5	5 – 10	10 – 20	20 – 30	> 30	
	x	x	**x**	x	x	
	x	x	x	x	**x**	
	x	x	x	x	**x**	

Kurzinfo

- Moderation
- Sitzgelegenheiten
- Pinnwand

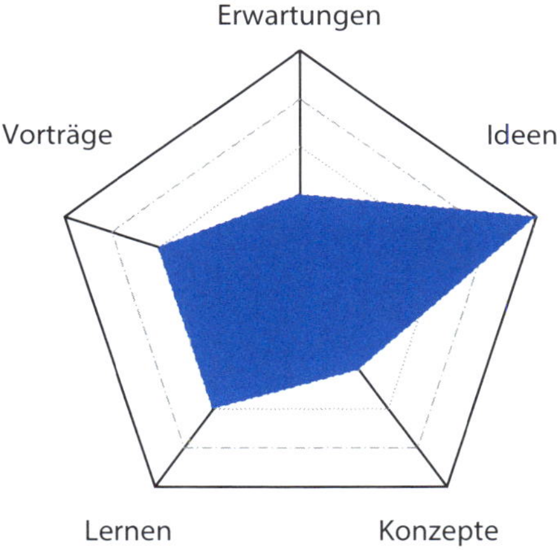

Ziel

Das Cluster verbindet sprachliche und bildhafte Elemente miteinander und hilft dabei, die Struktur und die Zusammenhänge einer eng umschriebenen Problemstellung zu erfassen. Auf diese Weise weckt es neue gedankliche Impulse. Das Cluster eignet sich besonders im Anschluss an das →Brainstorming (S. 133).

Kurzbeschreibung

Die Teilnehmer sammeln zu einem bestimmten Problem Begriffe, welche der Schriftführer auf dem Visualisierungsmedium protokolliert. Die gesammelten Begriffe werden nach thematischen Gruppen sortiert. Zusätzlich zeichnet der Schriftführer Verbindungen zwischen miteinander verknüpften Begriffen ein. Die Teilnehmer können das Cluster um weitere Ideen ergänzen, falls sie beim Ordnen weitere spontane Einfälle haben.

Ausführliche Beschreibung

Die Teilnehmer setzen sich so, dass sie das Visualisierungsmedium gut im Blick haben. In der ersten Phase, der *Sammelphase*, sammelt der Schriftführer die Ideen der Teilnehmer zur vorgegebenen eng umschriebenen Problemstellung und protokolliert sie auf dem Visualisierungsmedium. Dabei kann sich die Gruppe mit freien Wortmeldungen einbringen. Ein →Brainstorming (S. 133) eignet sich für diese Phase besonders gut. Ordnen darf der Schriftführer die Begriffe in dieser Phase jedoch noch nicht.

Wenn die Problemstellung eng umschrieben ist, sollte das Sammeln der Begriffe nicht länger als zehn Minuten dauern. Dauert es sehr viel länger, ist das Thema des Clusters womöglich zu allgemein formuliert. Dann sollte die Gruppe ein neues Cluster mit einem eingeengten Themenfeld und einer präziser formulierten Problemstellung anlegen.

Nennen die Teilnehmer nach einer gewissen Zeit keine substanziell neuen Begriffe mehr oder einige Teilnehmer steuern ausschließlich irrelevantes Material bei, kann der Moderator im Einverständnis mit den Teilnehmern zur zweiten Phase, der *Anordnungsphase*, übergehen. In dieser Phase ordnet die Gruppe die gesammelten Begriffe auf die für das Cluster charakteristische Weise. Dazu kann der Schriftführer den Oberbegriff des Themas in der Mitte des Clusters notieren, wobei das Cluster jedoch nicht zwingend einen solchen zentralen Begriff benötigt. Danach bilden die Teilnehmer Gruppen von Begriffen, die sich thematisch ähneln. Währenddessen machen die Teilnehmer auch auf Verbindungen aufmerksam, die innerhalb derselben Gruppe oder auch über verschiedene Gruppen hinweg zwischen den Begriffen bestehen können. Der Schriftführer zeichnet diese Verbindungen ein und beschriftet sie gegebenenfalls.

Das nachfolgende Foto zeigt exemplarisch ein Cluster ohne Verbindungen zum Thema.

Falls sich die Teilnehmer nicht einigen können, ob und an welcher Stelle des Clusters ein Begriff oder eine Verbindung platziert werden soll, hat der Moderator mehrere Möglichkeiten: Er kann etwa eine Diskussion einleiten und versuchen, mit den Teilnehmern eine →Konsensfindung (S. 40) zu erreichen. So verhindert er, dass eine Vielzahl irrelevanter Begriffe Verwirrung stiftet. Oder er kann den strittigen Begriff in Klammern bzw. die strittige Verbindung als gestrichelte Linie an der Stelle einzeichnen, die der einzelne Teilnehmer vorgeschlagen hat. Dann versucht er erst im Anschluss an die Methode, die Konsensfindung zu erreichen, wenn die Teilnehmer keine weiteren Veränderungen am Cluster vorschlagen. Auf diese Weise könnte zuvor noch beim Erstellen des Clusters deutlich werden, ob der strittige Begriff in dessen

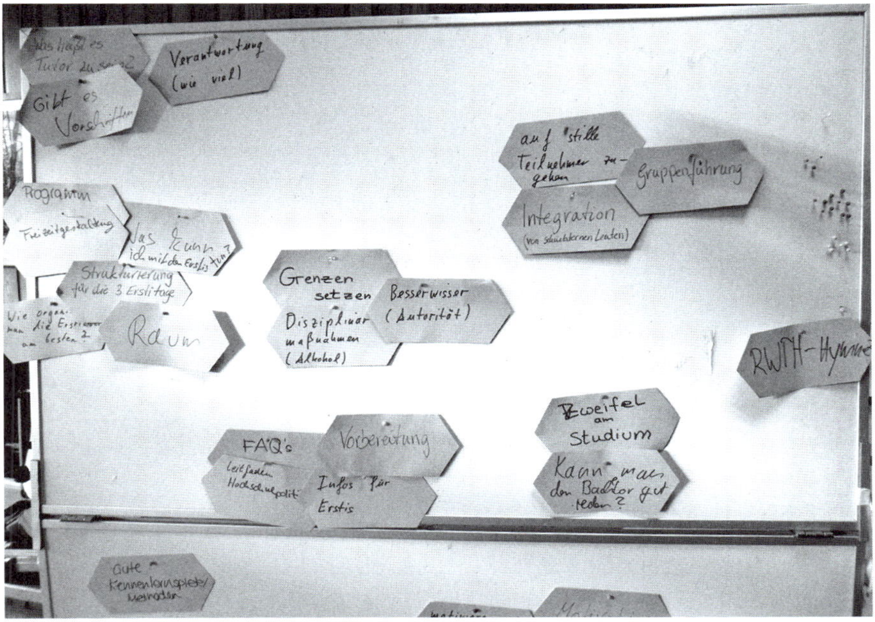

Abbildung 6-3: Ein Cluster, das über die Fragestellung »Welche Aspekte muss ein Tutor einer Gruppe Erstsemesterstudenten vor seinem Tutorium ansprechen?« ausgearbeitet wurde.

Struktur hineinpasst. Wenn aber nur einige wenige Teilnehmer über ein Detail in der Anordnung der Begriffe diskutieren und dabei keinen Konsens finden, sollte der Moderator die Konsensfindung spätestens nach ein bis zwei Minuten auf das Ende der Methode verschieben. Insgesamt sollte die Anordnungsphase bei einem eng umschriebenen Thema höchstens zehn Minuten dauern.

Während der Anordnungsphase unterstützt das Visualisieren der gesammelten Begriffe und ihrer Verbindungen die Teilnehmer dabei, die Struktur und die Zusammenhänge des Themas zu erfassen. Dies kann neue gedankliche Impulse freisetzen. Daher sollte der Leiter die Teilnehmer ausdrückliche ermutigen, auch noch beim Anordnen der Begriffe spontane Einfälle zu nennen, die das Cluster ergänzen können.

Tipp

Eine Pinn- oder Magnetwand erleichtert das Ordnen. Der Schriftführer schreibt die Ideen können dann beim Sammeln auf Karteikarten und befestigt sie an der Pinn- oder Magnetwand. Beim Ordnen muss er die Karten dann nur noch umhängen.

Vor- und Nachteile

+ Das Ordnen der Begriffe verschafft der Gruppe einen guten Überblick und kann die Kreativität anregen, ohne dass der hohe Arbeits- und Zeitaufwand eines →Mindmaps (S. 140) nötig wäre.
– Das fertige Cluster ist weniger stark strukturiert als etwa ein →Mindmap (S. 140) und eignet sich daher weniger für eine mögliche anschließende Konzepterarbeitung, wie sie in Kapitel 7.3 beschrieben wird.

6.5.2 Mindmap

	< 10	10 – 20	**20 – 40**	40 – 60	> 60	
	< 5	5 – 10	10 – 20	20 – 30	> 30	
	X	X	**X**	X	X	
	X	X	X	X	**X**	
	X	X	X	X	**X**	

Kurzinfo

- Moderation
- Sitzgelegenheiten
- Pinnwand

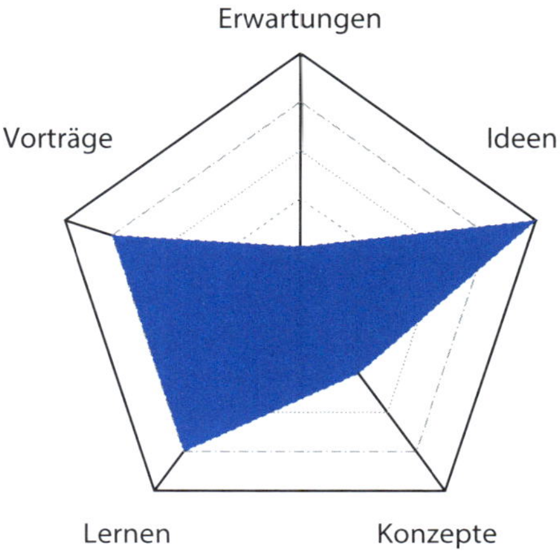

Ziel

Mit der Mindmap sammelt und strukturiert die Gruppe Gedanken und Ideen zu einer eng umschriebenen Problemstellung. Das Strukturieren kann weitere gedankliche Impulse wecken und neue Ideen hervorbringen.

Kurzbeschreibung

Der Moderator notiert den zentralen Begriff der Problemstellung in der Mitte des Visualisierungsmediums. Davon ausgehend zeichnet er nach außen laufende Äste. Die Enden dieser Äste beschriftet er mit Oberbegriffen zu einzelnen Themenaspekten, die die Teilnehmer nennen. Jeder Oberbegriff ist zugleich der zentrale Begriff für weitere von den Teilnehmern genannte Unterbegriffe, welche sich wiederum auf vom Oberbegriff ausgehenden Ästen befinden.

Ausführliche Beschreibung

Zu Beginn setzen sich die Teilnehmer so, dass sie das spätere Visualisierungsmedium im Blick haben. Darauf hat der Moderator den zentralen Begriff der zu bearbeitenden Problemstellung in der Mitte notiert und mit einem Kreis umrandet.

Die Teilnehmer nennen nun spontan Begriffe, die für das Thema relevant sind. Die genannten Begriffe lassen sich nun auf verschiedene Weisen anordnen: Entweder bilden sie Unterthemen des zentralen Begriffs, wodurch sie zugleich potenzielle Oberthemen für weitere Unterbegriffe darstellen würden. Oder sie bilden Unterbegriffe eines bereits genannten Oberbegriffs. Während die Mindmap entsteht, nennen die Teilnehmer außerdem mögliche Querverbindungen zwischen den Begriffen.

Im Prinzip könnte die Gruppe auch für die Begriffe auf der zweiten Gliederungsebene weitere Unterbegriffe anlegen. Davon sollte jedoch abgesehen werden, da die Mindmap ansonsten schnell zu unübersichtlich wird. Sollte sich dies dennoch einmal als zwingend nötig erweisen, könnte es ein Zeichen dafür sein, dass der Moderator die zugrunde liegende Problemstellung nicht eng genug umrissen hat.

Falls sich die Teilnehmer nicht auf einen bestimmten Begriff oder eine Verbindung einigen können, hat der Moderator zwei Möglichkeiten: Erstens kann er mit den Teilnehmern eine →Konsensfindung (S. 40) durchführen. So verhindert er, dass eine mögliche Vielzahl irrelevanter Vorschläge Verwirrung stiftet. Zweitens kann er den strittigen Begriff in Klammern aufschreiben bzw. die strittige Verbindung als gestrichelte Linie einzeichnen. Dann erfolgt die Konsensfindung im Anschluss an die Methode, wenn die Teilnehmer keine substanziell neuen Begriffe für die Mindmap mehr einbringen. In diesem Fall kann eventuell schon die weitere Entwicklung der Mindmap verdeutlichen, ob der strittige Begriff in die Struktur der Mindmap passt. In jedem Fall sollte der Moderator die Konsensfindung spätestens nach ein bis zwei Minuten aufs Ende der Methode verschieben, wenn nur wenige Teilnehmer über ein Detail diskutieren, ohne sich einigen zu können.

Mindmaps lassen sich auf verschiedene Weisen strukturieren:

1.) Strukturierte Mindmap:
Zunächst sucht die Gruppe ausschließlich Unterthemen zum zentralen Begriff. Diese Unterthemen ordnet der Moderator kreisförmig um den zentralen Begriff herum an. Erst, wenn die Teilnehmer keine weiteren Unterthemen mehr nennen, wird jedes Unterthema selbst zu einem Oberbegriff, zu dem die Gruppe neue Unterbegriffe sucht. Wieder ordnet der Moderator die neuen Untergriffe kreisförmig um den jeweiligen Oberbegriff an. Dabei konzentriert sich die Gruppe so lange auf einen Oberbegriff, bis den Teilnehmern dazu keine neuen Begriffe mehr einfallen. Anschließend sammeln die Teilnehmer Unterbegriffe zum nächsten Oberbegriff. Dabei dürfen sie jederzeit Querverbindungen zwischen zwei Begriffen eintragen.

Am Ende dieser Variante steht eine sehr strukturierte und übersichtliche Mindmap, doch sie hemmt den kreativen Ideenfindungsprozess.

2.) Freie Mindmap:
Die Teilnehmer können jederzeit Querverbindungen, Oberbegriffe und Unterbegriffe zu bereits bestehenden Oberbegriffen vorschlagen und in die Mindmap eintragen lassen.

Bei dieser Variante steht vor allem der kreative Ideenfindungsprozess im Mittelpunkt.

3.) Mindmap mit nachträglicher Ordnung der Oberbegriffe
Einen Kompromiss zwischen der strukturierten und der freien Variante stellt die nachträgliche Ordnung der Oberbegriffe dar. Dabei sammelt die Gruppe zuerst die Oberbegriffe und legt in der anschließenden moderierten Diskussion fest, wie diese Begriffe angeordnet werden sollten, damit die Mindmap die später hinzukommenden Unterbegriffe und Querverbindungen optimal aufnehmen kann.

Eine bessere Orientierung darüber, wie eine fertige Mindmap aussehen könnte, liefert das folgende Beispiel auf Seite 143.

Bringen die Teilnehmer nach einer gewissen Zeit keine substanziell neuen oder ausschließlich irrelevante Vorschläge ein, kann der Moderator im Einverständnis mit ihnen die Methode beenden. Wenn die Problemstellung eng umschrieben ist, sollte das Erstellen der Mindmap nicht länger als eine halbe Stunde dauern. Falls es doch sehr viel länger dauert, wurde die Problemstellung möglicherweise zu allgemein formuliert. Dann kann eine neue Mindmap mit einem eingeengten Themenfeld und einem präziser formulierten Problem sinnvoll sein.

Abbildung 6-4: Eine mögliche Mindmap.

Tipp

- Lässt sich spontan keine passende Struktur finden, eignen sich oft folgende Oberbegriffe, um ein Thema zu strukturieren: Zweck, Einsatzgebiet, Probleme, Lösungen, Beispiele etc. Ebenfalls hilfreich kann es sein, die Antworten auf die sogenannten W-Fragen als Oberbegriffe der Mindmap zu wählen: Was? Wer? Wann? Wo? Warum? Wie?.
- Bei vielen Ästen wird es schnell schwierig zu erkennen, welche Begriffe zu welchem Ast gehören. Um den entgegen zu wirken, können verschiedene Äste mit deren Begriffen in verschiedenen Farben gezeichnet werden.

Vor- und Nachteile

\+ Die Mindmap bietet einen sehr guten Überblick über alle Themenaspekte.
\+ Die Mindmap lässt sich vielfältig einsetzen, z. B. als Lernhilfe.
– Die starke Strukturierung kann bei der Suche nach neuen Ideen hinderlich sein.
– Im Vergleich zum →Brainstorming (S. 133) und zum →Cluster (S. 137) ist die Methode sehr zeitaufwendig.
– Es kann schwierig sein, passende Oberbegriffe zu finden.

6.6 Ideen durch Imagination

»Man muss die Phantasie mit wenig anregen, damit sie viel daraus macht.«

HELLMUTH KARASEK, DEUTSCHER JOURNALIST UND LITERATURKRITIKER

6.6.1 Denkhüte

	< 10	10 – 20	**20 – 40**	**40 – 60**	> 60	
	< 5	**5**	10 – 20	20 – 30	> 30	
	x	x	**x**	x	x	
	x	x	x	**x**	x	
	x	x	**x**	x	x	

Kurzinfo

- Moderation, Zeitnahme, Ergebnissicherung
- Sitz- und Schreibgelegenheiten
- Schreibmaterialien
- Denkhüte (o. Ä.) in weißer, roter, schwarzer, gelber, grüner und blauer Farbe

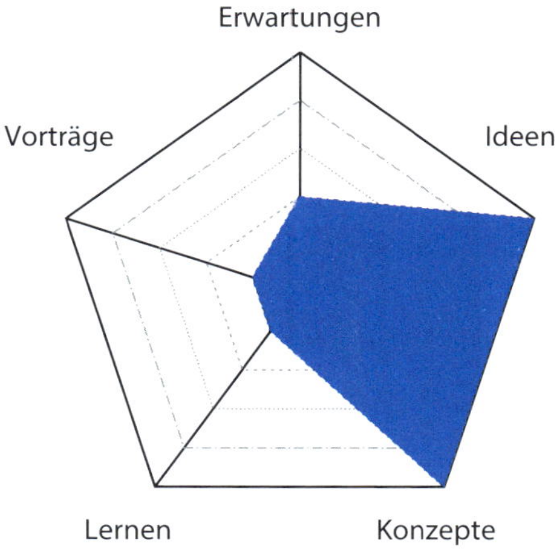

Ziel

Die Methode eignet sich vor allem dann, wenn es Anzeichen gibt, dass eine Frage oder ein Problem einseitig bewertet wurde. Sie ermöglicht einen Perspektivwechsel und fördert damit die Fähigkeit, sich in andere Denkweisen hineinzuversetzen, sie zu tolerieren und in die Urteilsfindung einzubeziehen.

Darüber hinaus kann sie aber auch zu Klarheit in der Argumentation führen und als Vorbereitung auf Entscheidungen dienen.

Kurzbeschreibung

Jeder der fünf Teilnehmer nimmt in einer Diskussion über eine vorgegebene Problemstellung eine Rolle ein, in der er nur aus einer bestimmten Denkweise heraus argumentiert. Für jede dieser Denkweisen steht symbolisch ein Hut in einer bestimmten Farbe, den der jeweilige Diskussionsteilnehmer während der Diskussion trägt.

Ausführliche Beschreibung

Die Methode gliedert sich in vier Phasen. In der *ersten Phase* bittet der Moderator genau fünf Teilnehmer, gemeinsam mit ihm an einer Diskussion über das zu lösende Problem teilzunehmen; die restlichen Teilnehmer werden zu Beobachtern der nachfolgenden Diskussion. Jeder Diskussionsteilnehmer folgt in seiner Argumentation ausschließlich einer bestimmten Denkweise. Um diese Denkweise für den Rest der Gruppe zu visualisieren, trägt jeder einen Hut, dessen Farbe seine Denkweise symbolisiert, einen sogenannten Denkhut.

Falls abzusehen ist, dass die Teilnehmer keine Hüte aufsetzen wollen, können z. B. auch verschiedenfarbige Armbänder benutzt werden.

Zur Veranschaulichung hängt der Moderator verschiedenfarbige Plakate auf, auf denen die zu den Hutfarben gehörenden Denkweisen vermerkt sind. Dabei stehen die Farben für die folgenden Denk- und Argumentationsweisen:

Tabelle 6-5: Erläuterungen zu den Denkhüten (in leicht abgewandelter Form übernommen von: http://www.bpb.de/lernen/unterrichten/methodik-didaktik/62269/methodenkoffer-detailansicht?mid= 331 – mit freundlicher Genehmigung des Urhebers: www.kinderpolitik.de © Deutsches Kinderhilfswerk e. V.)

Hutfarbe	Bedeutung
weiß	Die Farbe Weiß steht für Sachlichkeit und Neutralität. Hier werden keine Interpretationen geliefert oder Meinungen geäußert. In dieser Rolle wird ausschließlich Bezug auf Fakten, Zahlen und Daten genommen. Mögliche Einleitungen für Äußerungen: »Die Statistik sagt …« »Die Tatsachen sehen wie folgt aus …«.

Hutfarbe	Bedeutung
rot	Die Farbe Rot symbolisiert die Seite der Gefühle. Die Äußerungen sind erfüllt von Emotionen, Intuitionen, positiven und negativen Ahnungen, Ängsten und Begeisterung. Mögliche Einleitungen für Äußerungen: »Mein Gefühl sagt mir, …« »Ich kann mir nicht helfen, aber ich empfinde es so, dass …«
schwarz	Die dem schwarzen Hut entsprechende Denkweise konzentriert sich auf Gefahren, Risiken, Schwierigkeiten, Unmöglichkeiten und negative Beurteilungen. Die Argumente, die in die Diskussion eingebracht werden, sind aber nicht emotional, sondern rational begründet. Mögliche Einleitungen für Äußerungen: »Langfristig wird es zu dem Problem kommen, dass …« »Schwierigkeiten wird es geben, wenn …«
gelb	Gelb signalisiert Strahlen, Sonne und Helligkeit. Ohne in Euphorie zu verfallen, wird alles grundsätzlich als positiv und konstruktiv bewertet (»durch die rosarote Brille gesehen«). Der Wert und der Nutzen einer Sache stehen im Vordergrund. Daraus können auch Visionen und Träume werden, die andere motivieren und in die Zukunft mitreißen. Mögliche Einleitungen für Äußerungen: »Wenn wir uns hier alle anstrengen, dann …«, »Wir haben hier die einmalige Chance, …«
grün	Der grüne Hut symbolisiert Kreativität. Der Diskussionsteilnehmer soll versuchen, auch diejenigen Möglichkeiten zu bedenken, die sonst sehr schnell als »nicht durchsetzbar«, »zu teuer« oder »unmöglich« verworfen würden. Mögliche Einleitungen für Äußerungen: »Wäre es nicht möglich, die Idee mit … zu verknüpfen?« »Was wäre, wenn wir … versuchen würden?«
blau	Blau steht für Kälte, Distanz und Kontrolle. Der Diskussionsteilnehmer mit dem blauen Hut beobachtet, überwacht und kontrolliert die anderen Gesprächsteilnehmer und achtet darauf, dass sie ihre Rollen weder übertrieben spielen noch ausschließlich ihre persönliche Meinung vertreten. In der Diskussion hat er die Funktion des Moderators. Mögliche Einleitungen für Äußerungen: »An deiner Stelle würde ich meinen Standpunkt überprüfen, denn …« »Haben wir bis jetzt hinsichtlich … wirklich alles bedacht?« Der blaue Hut ist schwierig zu handhaben und kann daher dem Leiter zugeteilt werden.

Vor allem in Gruppen, die mit der Methode nicht vertraut sind, empfiehlt es sich, dass der Leiter selbst mit dem blauen Hut an der Diskussion teilnimmt. Die verbleibenden Hüte erhalten die Teilnehmer nach dem Zufallsprinzip, z. B. durch Lose. Dadurch wird verhindert, dass jemand eine Rolle wählt, die scheinbar zu seiner eigenen Denkweise passt, und deshalb aus seiner persönlichen Perspektive argumentiert statt zu versuchen, sich in eine andere Perspektive hineinzudenken.

In der *zweiten Phase* erklärt der Leiter allen Diskussionsteilnehmern und Beobachtern, welche Denkweisen mit welchen Farben verbunden sind. Er gibt den Diskussionsteilnehmern etwa zehn Minuten Zeit, sich auf ihre Rolle vorzubereiten und vorab Argumente zu sammeln. Außerdem legt der Leiter die Reihenfolge fest, in der die Diskussionsteilnehmer ihre Gedanken einbringen. Besonders, wenn die Teilnehmer noch nicht mit der Methode vertraut sind, ist eine feste Reihenfolge wichtig, damit jeder Sichtweise die gleiche Beachtung geschenkt wird. Der Teilnehmer mit dem blauen Hut eröffnet stets die Diskussion, indem er das zugrunde liegende Problem definiert und erklärt, welches Ziel die Gruppe erreichen will. Die Reihenfolge der nachfolgenden Teilnehmer hängt dann von dem Problem ab, das die Gruppe diskutiert: Wenn die Teilnehmer bereits starke Emotionen mit dem Thema verbinden, kann z. B. der Teilnehmer mit dem roten Hut an die Einleitung anknüpfen, um diese Emotionen gleich zu Beginn anzusprechen. Wenn die Gruppe hingegen keine starken Emotionen mit dem Thema verbindet, oder wenn etwa schon der Vorgesetzte vor Beginn der Methode seine Emotionen mitgeteilt hat, sollte der Teilnehmer mit dem roten Hut erst zum Schluss an die Reihe kommen. Falls die Gruppe mithilfe der Methode einen bestimmten Sachverhalt beurteilen will, sollte der Teilnehmer mit dem gelben Hut möglichst bald nach der Einleitung zu Wort kommen, denn wenn die Gruppe nicht gleich zu Beginn genügend Vorteile findet, lohnt es sich ohnehin nicht, die Diskussion fortzusetzen.

In der *dritten Phase* findet nun die eigentliche Diskussion statt, in welcher die Diskussionsteilnehmer in der festgelegten Reihenfolge die Argumente vorbringen, die der Denkweisen ihrer Rollen entspringen. Die Beobachter machen sich währenddessen Notizen zu den Lösungsvorschlägen oder Problemen. In dieser Phase entfaltet sich eine der Stärken der Methode: Dank der festgelegten Rollen und Denkweisen fällt es der Gruppe leichter, verschiedene Argumente gegeneinander abzuwägen. Außerdem ermöglichen die Denkhüte eine offenere Diskussion, weil die Diskussionsteilnehmer wissen, dass Kritik von und an anderen an die jeweilige Rolle gerichtet und nicht persönlich zu verstehen ist.

Nachdem jeder sein Argument vorgetragen hat, fasst der Teilnehmer mit dem blauen Hut die Argumente zusammen und hebt hervor, was die Gruppe mit Blick auf das Ziel erreicht hat und auf welche Schwierigkeiten sie gestoßen ist. Diese Schwierigkeiten kann die Gruppe in einer weiteren Runde mit allen Diskussionsteilnehmern besprechen. Die Diskussionsrunden wiederholen sich so lange, bis die Gruppe nicht mehr zu neuen Erkenntnissen gelangt.

In der *vierten Phase* vergleichen Beobachter und Diskussionsteilnehmer ihre Eindrücke und Erkenntnisse und erstellen aus den Einsichten und Impulsen, die sie in der Diskussion gewonnen haben, eine Agenda. Dabei nimmt der Leiter die Rolle des Moderators ein.

Variante

- Alle Diskussionsteilnehmer geben nach einer Diskussionsrunde ihren Hut an den jeweils linken Nachbarn weiter. Dabei rotiert auch der blaue Hut. Für diese Variante müssen die Teilnehmer schon über Erfahrung im Umgang mit Kreativtechniken verfügen.
- Auch in Einzelarbeit lässt sich die Methode nutzen, um einen Aspekt aus verschiedenen Winkeln zu betrachten. Wer dies als Einzelperson tun möchte, wechselt einfach nach jedem Argument die Argumentationsweise, und zwar in der Reihenfolge, in der sie die obige Tabelle vorstellt. Um zum Anschluss alle Argumente aus den verschiedenen Denkweisen vergleichen zu können, werden die Argumente dabei notiert.

Vor- und Nachteile

+ Die Rollen sind in dieser Methode enger umrissen und konzentrieren sich stärker auf einen einzigen Bereich als die Rollen der →Walt-Disney-Methode (S. 151). Daher ist die Methode etwas leichter erlernbar.

– Im Gegensatz zur →Walt-Disney-Methode (S. 151) müssen hier sechs statt drei Rollen besetzt werden, wodurch die Denkhüte-Methode schwieriger zu organisieren und durchzuführen ist.

6.6.2 Vernissage (Bildergalerie)

	< 10	10 – 20	**20 – 40**	**40 – 60**	> 60	
	3 – 5	5 – 10	10 – 20	20 – 30	> 30	
	x	x	**x**	x	x	
	x	x	x	x	**x**	
	x	**x**	x	x	x	

Kurzinfo

- Moderation, Zeitnahme, Ergebnissicherung
- Sitzgelegenheiten
- Flipchart und Flipchartstifte in verschiedenen Farben pro Teilnehmer
- zusätzliches Visualisierungsmedium

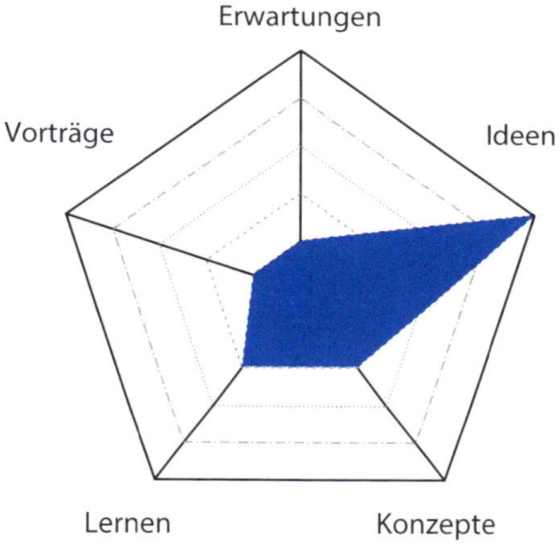

Ziel

Die Methode eignet sich dazu, Lösungen für Aufgaben zu finden, denen ein fassbares, konkretes Problem zugrunde liegt oder an deren Ende visuelle Ergebnisse stellen sollen (etwa ein Logo oder Piktogramm). Dadurch, dass die Teilnehmer ihre Ideen in einem Bild darstellen müssen, werden sie dazu angehalten, sich die jeweilige Lösung konkret vorzustellen. So testen sie bereits während der Ideenfindung, wie gut sich eine neuartige Idee in die Praxis umsetzen lässt.

Kurzbeschreibung

Jeder Teilnehmer zeichnet für sich allein ein Bild, das die Lösung oder einzelne Lösungsaspekte für die vorgegebene Aufgabe darstellt. Anschließend stellen sich die Teilnehmer ihre Bilder gegenseitig vor, indem jeder den anderen seine Zeichnung und dessen Bedeutung erklärt. Während der Vorstellungsrunde hält der Moderator die spontanen Ideen der Zuhörer für alle sichtbar auf einem Visualisierungsmedium fest.

Ausführliche Beschreibung

Der Moderator stellt zu Beginn die Aufgabenstellung vor. Deren Ergebnis sollte entweder visuelle Elemente beinhalten, also z. B. ein Logo, ein Piktogramm, den Aufbau oder das Erscheinungsbild eines Gegenstandes o. Ä., oder es sollte eine praxisbezogene Lösung sein, und nicht etwa ein abstraktes Konzept. Dies ist wichtig, weil sich abstrakte oder sehr allgemeine Konzepte sich nur sehr schlecht in einem Bild visualisieren lassen. Beispiele für praxisbezogene Aufgaben mit visuellen Elementen wären etwa die Gestaltung eines Gartens, der Aufbau einer Wasserrutsche oder der Entwurf eines Verpackungsdesigns.

Nachdem der Moderator die Aufgabe vorgestellt hat, zeichnet jeder Teilnehmer für sich ein Bild auf seinen Flipchartbogen, das eine mögliche Lösung oder einzelne

Lösungsaspekte skizziert. Weil dies in Einzelarbeit geschieht, sollten die Flipcharts so im Raum verteilt sein, dass jeder nur seine eigene Zeichnung sehen kann. Da sich die Teilnehmer in der anschließenden Arbeitsphase gegenseitig ihre Bilder vorstellen, sollte die Gruppe aus nicht mehr als fünf Teilnehmern bestehen.

Für das Zeichnen gibt der Moderator eine grobe Zeitvorgabe, die ihm der Aufgabenstellung angemessen erscheint. Häufig reichen ca. zehn Minuten. Aufgrund der geringen Teilnehmeranzahl sollte der Moderator diese Zeitangabe aber nur als groben Richtwert verstehen und die Teilnehmer so lange an ihren Bildern arbeiten lassen, bis sie ihre Ideen vollständig visualisiert haben. Die Teilnehmer sollten auch deshalb so viel Zeit wie nötig erhalten, weil sie möglicherweise wenig Vertrauen in ihre Fähigkeit haben, Ideen zeichnerisch darzustellen.

Die meisten Menschen besitzen mehr als genug Talent für die einfachen Skizzen, die am Ende dieser Methode stehen sollen. Dennoch sind viele zunächst mit ihren Zeichnungen unzufrieden. Der Moderator kann dem entgegenwirken, indem er zu Beginn betont, dass die wirklichkeitsgetreue Darstellung nicht für den Erfolg der Methode entscheidend ist. Er weist darauf hin, dass die Teilnehmer in der anschließenden Präsentationsrunde Gelegenheit haben werden, diejenigen Aspekte mündlich zu erklären, die sich zeichnerisch schwierig darstellen lassen. In jedem Fall ist es essenziell, dass die Bilder konkrete Gegenstände oder Prozesse darstellen; abstrakte Schemata oder Textelemente wie Tabellen eignen sich weniger für die Weiterarbeit.

In der Präsentationsrunde, der »Vernissage«, erklären die Zeichner den anderen Teilnehmern die einzelnen Elemente ihrer Bilder und erläutern, welchen Bezug sie zur Aufgabe haben. Die Zuhörer bringen spontan Ideen und Impulse ein, zu denen sie die Bilder anregen. Dabei dürfen sie gegebenenfalls auch den Redner unterbrechen. Die spontanen Ideen notiert der Moderator für alle sichtbar auf einem Visualisierungsmedium. Wenn die Ideen den Redner seinerseits zu neuen Einfällen anregen, kann er sich an der entstehenden Diskussion beteiligen. An dieser Stelle spielt der Moderator eine zentrale Rolle, weil er den Gedankenaustausch als Diskussionsleiter strukturieren muss.

Tipp

Da die Zuhörer bei der Präsentation der verschiedenen Bilder möglicherweise ähnliche Ideen einbringen, empfiehlt es sich, alle gesammelten Ideen im Anschluss an die Diskussionsrunde gemeinsam mit den Teilnehmern zu →clustern (S. 137).

Für das Gelingen der Methode ist es extrem wichtig, dass die Teilnehmer ihre Bilder in Einzelarbeit zeichnen: Würden mehrere Teilnehmer gemeinsam an einem Bild arbeiten, müssten sie bereits während des Gestaltungsprozesses gemeinsam festlegen, welche ihrer Ideen im Bild Platz finden und auf welche sie bei der bildlichen Darstellung verzichten müssen. Die so entstandenen Bilder stellen immer

Kompromisse dar, wodurch sich die Ideenvielfalt schon beim Zeichnen reduziert. Dann regen die Bilder möglicherweise auch in der Präsentationsrunde zu weniger Ideen an.

Vor- und Nachteile

+ Verglichen mit anderen Ideenfindungsmethoden gibt die Methode auch Teilnehmern, die in Einzelarbeit besonders kreativ sind, die Möglichkeit, ihr Talent auszuschöpfen. Zugleich macht sich die Methode durch die Präsentationsrunde gruppendynamische Effekte zunutze.
– Der Moderator hat bei dieser Methode eine Schlüsselfunktion und muss daher über ein hohes Maß an Erfahrung verfügen.
– Die Methode birgt ein relativ hohes Misserfolgsrisiko, denn im Voraus lässt sich nicht immer einschätzen, ob sich für die Lösung der Aufgabe bildliche Assoziationen anbieten. Diese Überlegung trifft aber allgemein auf Ideenfindungsmethoden zu: Jeder (methodische oder nicht-methodische) Lösungsansatz, der neuartige und kreative Ideen hervorbringt, birgt das Risiko, dass die praktische Anwendung scheitert. Bei der Vernissage ist dieses Risiko lediglich deutlicher als bei anderen Methoden.

6.6.3 Walt-Disney-Methode (Schneller Brüter, Denkstühle)

»It's kind of fun to do the impossible.«

WALTER »WALT« DISNEY, AMERIKANISCHER FILMPRODUZENT

	< 10	10 – 20	**20 – 40**	**40 – 60**	> 60	
	**3**	5 – 10	10 – 20	20 – 30	> 30	
	x	x	**x**	x	x	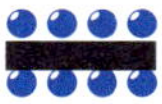
	x	x	x	x	**x**	
	x	x	**x**	x	x	

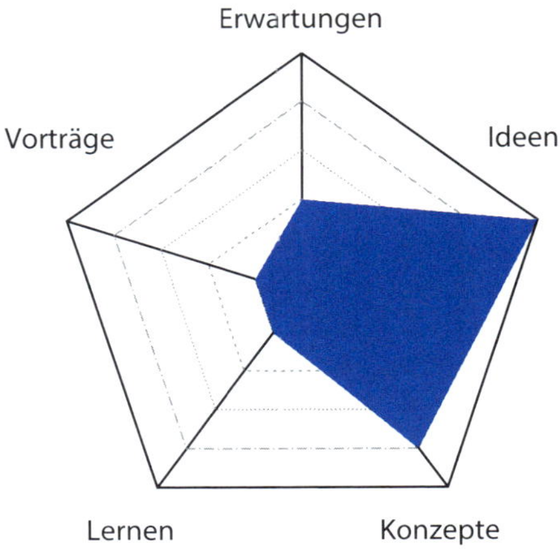

Kurzinfo

- Ergebnissicherung, Moderation optional
- 1 Arbeitsraum und 1 Warteraum oder 2 Seminarräume
- 3 Sitz- und Schreibgelegenheiten im Arbeitsraum, 2 Sitz- und Schreibgelegenheiten im Warteraum
- Schreibmaterialien pro Teilnehmer

Ziel

Die Walt-Disney-Methode hilft dabei, Ideenmangel und gedankliche Sackgassen zu überbrücken. Insbesondere führt sie zu Ideen und Möglichkeiten, die in einer gewöhnlichen Diskussion sofort als »unrealistisch« oder »zu teuer« verworfen würden, noch bevor die Gruppe sie weiter durchdenken kann.

Kurzbeschreibung

Je ein Teilnehmer nimmt die Rolle des Visionärs, des Realisten und des Kritikers ein. Der Visionär sucht nach neuen Ideen und stellt sie dann dem Realisten vor. Dieser wandelt die Ideen derart ab, dass sie sich tatsächlich umsetzen lassen, und lässt sie dann vom Kritiker hinterfragen. Die ausgearbeiteten Lösungsvorschläge werden wieder dem Visionär übergeben, der sie weiterdenkt. Sobald eine Lösung gefunden wurde, die alle drei Rollen zufriedenstellt, ist das Ziel der Walt-Disney-Methode erreicht.

Ausführliche Beschreibung

Die Gruppe bestimmt drei Teilnehmer, von denen einer die Rolle des Visionärs einnimmt, einer die Rolle des Realisten und einer die Rolle des Kritikers.

Der Visionär arbeitet alleine in einem Arbeitsraum, während Realist und Kritiker in einem Warteraum warten. Die Aufgabe des Visionärs besteht darin, so viele Lösungsideen wie möglich hervorzubringen, unabhängig von Kosten oder Durchführbarkeit. Dazu kann er z. B. unterstützend die Methoden →Provokationstechnik (S. 160) oder →Reizwortanalyse (S. 163) anwenden. Sobald ihm keine neuen Ideen mehr einfallen, bittet er den Realisten zu sich in den Arbeitsraum und stellt ihm seine Ideen vor. Dieser beurteilt, was nötig wäre, um die Ideen des Visionärs zu verwirklichen, oder er wandelt sie derart ab, dass sie sich tatsächlich umsetzen lassen (siehe Auflistung der Fragen am Ende der Methode). Wichtig ist in dieser Phase, dass der Realist die Ideen des Visionärs stets vor dem Kritiker hört, damit er eine Chance bekommt, ihr Potenzial zu entfalten.

Erst nach der Beurteilung des Realisten darf der Kritiker in den Arbeitsraum und die Vorschläge beurteilen. Er stellt *konstruktive* Fragen (siehe dazu auch →konstruktive Kritik, S. 31), das heißt, seine Fragen prüfen das vorläufige Ergebnis und weisen gegebenenfalls bereits auf Verbesserungen hin (siehe die Liste mit Fragen am Ende der Methode). Währenddessen wartet der Visionär im Warteraum. Die Reihenfolge, in der Realist, Kritiker und Visionär miteinander sprechen, soll verhindern, dass der Kritiker sofort alle Ideen des Visionärs verwirft. Daher darf der Kritiker an diesem Punkt auf keinen Fall direkt mit dem Visionär sprechen, sondern immer nur über den Realisten als eine Art Mittelsmann. Erst danach tauschen sich Kritiker und Visionär im Arbeitsraum aus, während der Realist im Warteraum wartet. Der Kritiker erklärt dem Visionär seine Bedenken und die gemeinsam mit dem Realisten erarbeiteten Lösungen.

Jetzt beginnt der Prozess von vorn: Der Visionär entwickelt die Lösungen des Kritikers weiter und übergibt sie dann wieder dem Realisten, der sie abwandelt und wieder dem Kritiker präsentiert. Sobald der Kritiker keine Fragen mehr hat, der Realist vom Gelingen des Projekts überzeugt ist und der Visionär immer noch an die Innovativität der Ideen glaubt, ist der Prozess abgeschlossen.

Beispiele für Schlüsselfragen:

Realist:

»Was wird für die Umsetzung benötigt (Material, Menschen, Wissen, Techniken etc.)?«
»Welche Grundlagen sind schon vorhanden?«
»Kann der Ansatz getestet werden?«

Kritiker:

»Was könnte verbessert werden?«
»Was sind die Chancen und Risiken?«
»Was wurde übersehen?«

Tipp

Optional kann ein Moderator die Methode begleiten, der darauf achtet, dass sich die Teilnehmer auf diejenigen Aufgaben beschränken, die mit ihrer Rolle verknüpft sind. Vor allem ungeübte Teilnehmer schießen manchmal über das Ziel ihrer Rolle hinaus, was die Durchführung erschwert.

Variante

Auch eine Einzelperson kann die Methode nutzen, indem sie abwechselnd die drei verschiedenen Rollen einnimmt. Dieser Variante verdankt die Methode sogar ihren Namen: Walt Disney wurde nachgesagt, sie oftmals allein angewendet zu haben. Um den Rollenwechsel zusätzlich zu erleichtern, können verschiedene Stühle oder Räume für jede Rolle verwendet werden.

Vor- und Nachteile

+ Die Methode teilt die Stärken der Techniken der freien Assoziation, da die Teilnehmer Ideen sowohl hervorbringen als auch weiterentwickeln, die sie sonst sofort innerlich verwerfen würden. Über die Techniken der freien Assoziation hinaus entsteht mit ihrer Hilfe ein fertiges Konzept, das sich in die Realität umsetzen lässt.
– Vor allem der Teilnehmer, der die Rolle des Visionärs einnimmt, sollte bereits über Erfahrung im Umgang mit Kreativtechniken verfügen.

6.7 Ideen durch Konfrontation

»Der Widerspruch ist es, der uns produktiv macht.«

JOHANN WOLFGANG VON GOETHE, DEUTSCHER DICHTER

6.7.1 Assoziations-ABC

	< 10	10 – 20	**20 – 40**	40 – 60	> 60	
	< 5	5 – 10	10 – 20	20 – 30	> 30	
	X	X	**X**	X	X	
	X	X	X	X	**X**	
	X	X	**X**	X	X	

Kurzinfo

- Zeitnahme
- Sitz- und Schreibgelegenheiten
- Visualisierungsmedium
- Schreibmaterialien
- 1 ABC-Bogen pro Teilnehmer

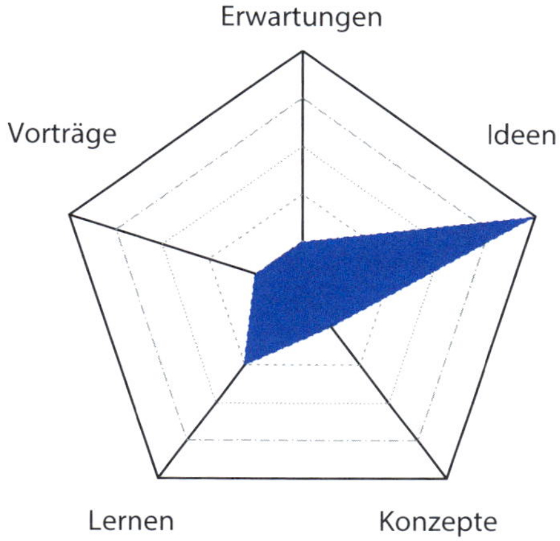

Ziel

Das Assoziations-ABC eignet sich dazu, in sehr kurzer Zeit eine Vielzahl von Assoziationen aus verschiedenen Bereichen und Kategorien zu sammeln.

Kurzbeschreibung

Die Teilnehmer erhalten einen Bogen, auf dem sich in jeder Zeile ein Buchstabe des Alphabets befindet. Sie füllen den Bogen aus, indem sie zu jedem Buchstaben in alphabetischer Reihenfolge ein zum Thema passendes Wort mit dem entsprechenden Anfangsbuchstaben notieren.

Ausführliche Beschreibung

Der Leiter teilt an jeden Teilnehmer einen ABC-Bogen aus, der auf jeder Zeile einen Buchstaben des Alphabets enthält. Danach fordert der Leiter die Teilnehmer auf, innerhalb von maximal drei Minuten ihren ersten Einfall zu jedem Buchstaben zu notieren. Die geringe Zeitspanne soll die Teilnehmer dazu bewegen, ihre ersten Assoziationen zu notieren, ohne sie innerlich zu bewerten oder verwerfen zu können.

Beim Ausfüllen gehen die Teilnehmer vorerst nach alphabetischer Reihenfolge vor und überspringen Buchstaben, zu denen ihnen nichts einfällt. Wenn ihnen während des Ausfüllens weitere Assoziationen einfallen – sowohl zu Buchstaben, zu denen sie bereits einen Begriff notiert haben, als auch zu Buchstaben, die erst später bearbeitet werden sollen –, können sie von der vorgegebenen Reihenfolge abweichen auch diese Assoziationen notieren. Danach kehren sie zur vorgegebenen Reihenfolge zurück.

Nachdem die Zeit abgelaufen ist, hält der Schriftführer die gesammelten Assoziationen auf dem Visualisierungsmedium fest. Dabei ordnet er die Buchstaben auf dem Visualisierungsmedium wie auf den ABC-Bögen in der Reihenfolge des Alphabets an.

Weiterarbeit

Optional kann die Gruppe die gesammelten Assoziationen in einem →Cluster-(S. 137) oder einer →Mindmap (S. 140) anordnen.

Vor- und Nachteile

+ Durch die geringere Bedenkzeit sind die notierten Ideen ungefilterter als etwa bei einem →Brainstorming (S. 133).
– Teilnehmern, die wenig Erfahrung mit Kreativitätsmethoden haben, kann es schwerfallen, sich auf das spontane Aufschreiben des erstbesten Gedankens einzulassen.

6.7.2 Graffiti (Onkel-Otto-Zettel)

	< 10	10 – 20	**20 – 40**	40 – 60	> 60	
	< 5	**5 – 10**	**10 – 20**	20 – 30	> 30	
	x	**X**	x	x	x	
	x	x	**X**	x	x	
	x	x	**X**	x	x	

Kurzinfo

- Moderation optional
- Sitzgelegenheiten
- Befestigungsfläche für mehrere Flipchartblätter
- Flipchartblock

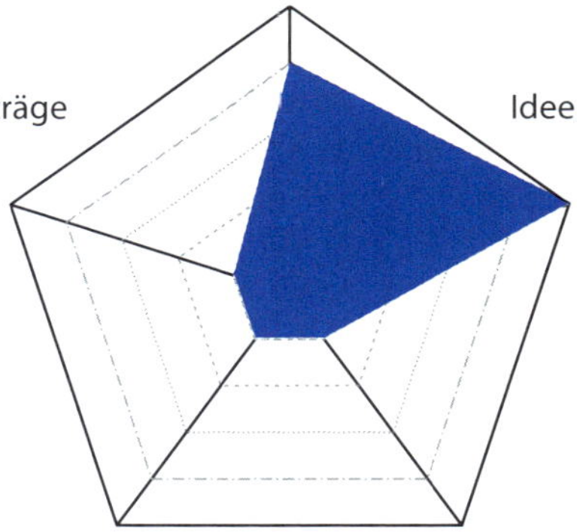

Ziel

Die Graffiti-Methode produziert Lösungsansätze für Probleme, die sich in mehrere Aspekte aufteilen lassen und denen eine eng umschriebene Problemstellung zugrunde liegt.

Kurzbeschreibung

Der Leiter oder Moderator formuliert zu jedem Themenaspekt, zu dem Lösungen erarbeitet werden sollen, einen Satzanfang und schreibt ihn auf ein Plakat. Die Teilnehmer vervollständigen die Plakate in Einzelarbeit und tragen abschließend alle vervollständigten Sätze zusammen.

Ausführliche Beschreibung

Zu Beginn erarbeitet die Gruppe die Aspekte des zu lösenden Problems. Dazu kann sie beispielsweise die Methode →Blitzlicht (S. 84) anwenden oder eine moderierte Diskussion durchführen.

Danach formuliert der Leiter oder Moderator zu jedem Themenaspekt des Problems einen Satzanfang, den er auf ein einzelnes Plakat schreibt. Die Plakate hängt er an verschiedenen Stellen im Raum auf. Jeder Teilnehmer erhält nun einen Stift und beginnt damit, ein beliebiges Plakat zu vervollständigen, wobei jeder Teilnehmer beliebig viele Sätze pro Satzanfang hinzufügen darf. Sobald ein Teilnehmer mit seinem Plakat fertig ist, geht er zum Plakat rechts daneben und vervollständigt den Satzanfang dieses Plakats. Wenn ein Teilnehmer einmal bei allen Plakaten gewesen ist, beginnt er erneut bei dem Plakat mit dem ersten von ihm ergänzten Satzanfang, liest die Sätze, die die anderen in der Zwischenzeit hinzugefügt haben, ergänzt das Plakat gegebenenfalls um weitere Sätze. Die Methode wird beendet, wenn niemandem mehr weitere Sätze einfallen.

Tipp

- Damit sich die Sätze bei der Auswertung leichter den einzelnen Teilnehmern zuordnen lassen, kann der Leiter oder Moderator verschiedenfarbige Stifte an die Teilnehmer verteilen.
- Falls der Raum nicht genügend Platz für alle Plakate bietet, können die Teilnehmer die Plakate an kreisförmig angeordneten Tischen beschriften und nach einer vorgegebenen Zeit im Uhrzeigersinn an ihre Nachbarn weitergeben.

Vor- und Nachteile

+ Die Satzanfänge helfen vor allem Teilnehmern, die wenig Erfahrung mit Kreativitätsmethoden besitzen, indem sie das Thema eingrenzen und als Gedankenstützen dienen.
– Der Erfolg der Methode hängt sehr stark von der Wahl geeigneter Satzanfänge ab.

6.7.3 Kopfstandtechnik

	< 10	10 – 20	**20 – 40**	40 – 60	> 60	
	< 5	**5 – 10**	**10 – 20**	20 – 30	> 30	
	X	X	**X**	X	X	
	X	**X**	X	X	X	
	X	**X**	X	X	X	

Kurzinfo

- Moderation, Ergebnissicherung
- Sitz- und Schreibgelegenheiten
- Visualisierungsmedium

Ziel

Mithilfe der Kopfstandtechnik findet die Gruppe Lösungsansätze, bei denen grobe Fehler ausgeschlossen sind. Außerdem hilft sie den Teilnehmern, sich in die Lage der Personen zu versetzen, die von dem Lösungsansatz betroffenen wären.

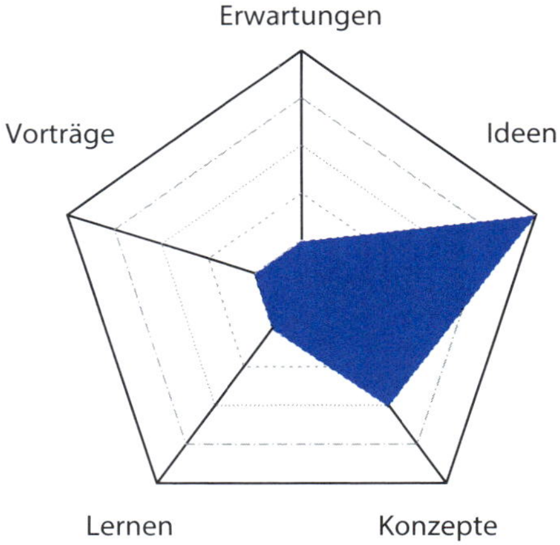

Kurzbeschreibung

Die Gruppe erarbeitet die Lösung eines Problems, indem sie die Fragestellung des Problems in ihr Gegenteil verkehrt. Für diese ins Gegenteil verkehrte Fragestellung sucht sie Lösungen, auf deren Grundlage sie schließlich zur Lösung des Ursprungsproblems gelangt.

Ausführliche Beschreibung

Eine vorgegebene Problemstellung, etwa »Wie können wir die Vorlesung interessanter gestalten?«, wird in ihr Gegenteil verkehrt, also sprichwörtlich »auf den Kopf gestellt«. Die ins Gegenteil verkehrte Problemstellung würde in diesem Fall also lauten: »Wie können wir die Vorlesung langweiliger gestalten?« Auf dieser Grundlage suchen die Teilnehmer nun nach Lösungsideen. Dazu eignet sich etwa ein →Brainstorming (S. 133) oder eine andere Technik der freien Assoziation aus Kapitel 6.4.

Das Umkehren der Problemstellung hat den Vorteil, dass es die Teilnehmer dazu anregt, sich in diejenigen Personen hineinzuversetzen, die von den negativen Folgen der umgekehrten »Lösung« betroffen wären. So entdecken sie eher negative Aspekte, die ihnen sonst entgangen wären, und können diese im endgültigen Lösungsansatz vermeiden. Für das obige Beispiel hieße das für die Teilnehmer, sich eine langweilige Vorlesung aus Studentensicht vorzustellen und dank dieses veränderten Blickwinkels langweilige Elemente zu erkennen, die ihnen sonst entgangen wären. Ein weiterer Vorteil der Methode besteht darin, dass die Teilnehmer Gedankengänge weiterverfolgen, die sie sonst sofort innerlich verworfen hätten. Auch hieraus können neue Ideen entstehen.

Nachdem die Gruppe alle Lösungsvorschläge für das ins Gegenteil verkehrte Problem gesammelt hat, erarbeitet die Gruppe in einer vom Moderator geleiteten Diskussion einen Lösungsansatz für das eigentliche Problem. Dieser Ansatz vermeidet nun alles, was die »auf den Kopf gestellten« Lösungen vorschlagen.

Vor- und Nachteile

+ Die Methode eignet sich auch für eher unerfahrene Teilnehmer als Einstieg in die Anwendung von Konfrontationstechniken.
– Die erarbeiteten Lösungen vermeiden zwar mit sehr großer Wahrscheinlichkeit grobe Fehler, allerdings um den Preis, dass ihr Innovationspotenzial geringer ist als bei den anderen Konfrontationstechniken.

6.7.4 Provokationstechnik

	< 10	10 – 20	**20 – 40**	40 – 60	> 60	
	< 5	**5 – 10**	10 – 20	20 – 30	> 30	
	X	X	**X**	X	X	
	X	X	X	**X**	X	
	X	X	**X**	X	X	

Kurzinfo

- Zeitnahme, Ergebnissicherung
- Sitz- und Schreibgelegenheiten
- Visualisierungsmedium
- Schreibmaterialien

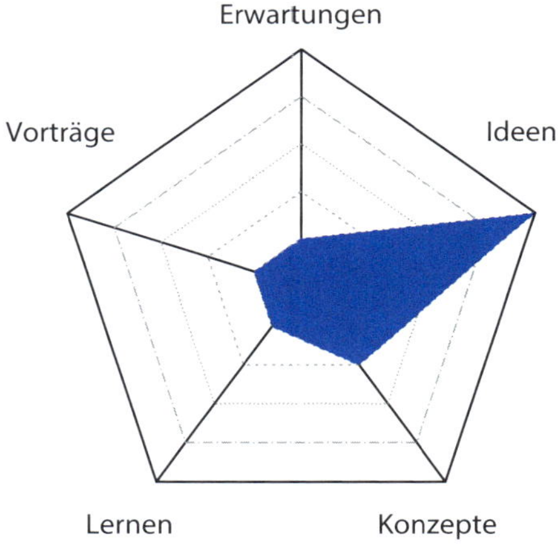

Ziel

Die Provokationstechnik unterstützt die Suche nach innovativen Ideen für neue Projekte. Die genauen Zielgebiete der entstehenden Ideen sind nicht vorhersehbar; die Methode eignet sich also vor allem dann, wenn die Grundidee zu einem neuen Projekt noch nicht feststeht.

Kurzbeschreibung

Nach festgelegten Regeln erzeugen die Teilnehmer abwegige, provozierende und der Erfahrung widersprechende Aussagen. Diese Aussagen denken sie auf das Thema bezogen weiter. Auf diese Weise regt die Methode neue Impulse und Ideen an, die die Gruppe für gewöhnlich als zu unrealistisch oder abwegig eingeschätzt und verworfen hätte.

Ausführliche Beschreibung

Mit der Provokationstechnik versucht die Gruppe, durch abwegige oder provozierende Aussagen, die der Erfahrung oder Gewohnheit widersprechen, bewusst kreative Impulse zu wecken und so Möglichkeiten in Betracht zu ziehen, die sie sonst nicht bedacht hätte.

Dazu denken sich die Teilnehmer zunächst ca. zehn Minuten lang in Einzelarbeit provozierende Aussagen, sogenannte Provokationen, aus. Sie nutzen dabei die folgenden Ansätze:

Annahmen aufheben: Heben Sie gezielt Annahmen auf, die Sie mit Bezug auf die Aufgabenstellung haben.
Idealfall: Beschreiben Sie den Zustand, der im Idealfall eintreten würde.
Umkehrung: Stellen Sie einen Sachverhalt oder eine Beziehung auf den Kopf.
Übertreibung: Übertreiben Sie einen Sachverhalt.
Zufall: Ergänzen Sie die ursprüngliche Aussage um einen zufälligen Begriff.
Verfälschung: Verändern Sie eine qualitative Eigenschaft des Ausgangsproblems.

Beim Erzeugen der Provokationen steht die spätere Idee noch nicht im Mittelpunkt. Die Teilnehmer erzeugen die Provokationen gemäß der hier vorgestellten Ansätze, *ohne bereits auf mögliche Ideen zu achten,* die daraus hervorgehen könnten.

Bei der Entwicklung neuer Software könnten z. B. die folgenden Provokationen entstehen:

Annahmen aufheben: »PO Die Software braucht keinen Computer.«
Idealfall: »PO Die entwickelte Software ist fehlerfrei.«
Umkehrung: »PO Nicht der Mensch steuert die Software, die Software steuert den Menschen.«
Übertreibung: »PO Die Software bleibt für immer auf dem neusten Stand.«
Verfälschung: »PO Die Software soll keine Neuentwicklung darstellen.«

Alle Provokationen werden mit einem vorangestellten »PO« gekennzeichnet. Dies soll verhindern, dass die Teilnehmer die Provokationen unbewusst wie normale Aussagen behandeln und innerlich bewerten oder kritisieren.

Die Gruppe sammelt die Provokationen und hält sie auf dem Visualisierungsmedium fest. Davon ausgehend versucht jeder Teilnehmer, das in jeder gesammelten Provokation beschriebene Szenario weiterzudenken. Beispielsweise könnte die Provokation »PO Die Software braucht keinen Computer.« zu der Frage führen, auf welchen anderen Geräten sich noch Software installieren lässt. Diese Frage könnte wiederum die Idee anregen, Software für Handys zu entwickeln. Die anderen oben aufgelisteten Provokationen könnten zu folgenden Ideen führen:

»PO Die entwickelte Software *ist fehlerfrei.«* – Könnte zur Idee führen, seitens des Herstellers auf Support zu verzichten. Software ließe sich so verbilligt anbieten (vgl.

die Firma Sun, die ihr Star Office in einer kostenlosen Variante namens Open Office zur Verfügung gestellt hat).

»PO Nicht der Mensch steuert die Software, die Software steuert den Menschen.« – Könnte zur Idee einer intelligenten Hilfe führen, die unerfahrene Benutzer anleitet (vgl. den Helfer bei Word rechts unten im Bildschirm).

»PO Die Software bleibt für immer auf dem neusten Stand.« – Könnte zur Entwicklung von Software führen, die sich ständig patchen oder updaten lässt.

»PO Die Software soll keine Neuentwicklung darstellen.« – Könnte dazu führen, dass die Firma alte Programme überarbeitet und als neue Versionen auf den Markt bringt, statt eine kostenaufwendigere Entwicklung neuer Konzepte in die Wege zu leiten.

Für das Entwickeln der Ideen aus den Provokationen sollte die Gruppe etwa zwei Minuten pro Provokation einplanen. Nicht alle Provokationen müssen zwangsläufig zu praxistauglichen Ideen führen. Daher sollten die Teilnehmer nicht zu lange über mögliche Ideen zu einer Provokation nachdenken, wenn sie merken, dass daraus keine kreativen Impulse entstehen. In diesem Fall investieren sie die vorhandene Zeit besser in die Bearbeitung anderer Provokationen oder sie denken sich neue Provokationen aus, falls dafür noch Zeit bleibt. Zum Abschluss sammelt die Gruppe schließlich alle Ideen.

Variante

Bei mehr als sechs Teilnehmern kommen zu viele Provokationen zusammen, als dass jeder Teilnehmer sie alle weiterentwickeln könnte. In diesem Fall entwickelt jeder nur seine eigenen Provokationen und die Provokationen z. B. seiner Sitznachbarn weiter.

Vor- und Nachteile

+ Die gesammelten Ideen stellen mit hoher Wahrscheinlichkeit Innovationen dar, die es in dieser Form noch nicht gibt.
– Es kann sehr lange dauern, bis diese Methode praxistaugliche Ideen hervorbringt.

6.7.5 Reizwortanalyse (Superposition)

Zufallstechnik, Bisoziation, Reizbildtechnik

	< 10	10 – 20	**20 – 40**	40 – 60	> 60	
	< 5	**5 – 10**	10 – 20	20 – 30	> 30	
	x	x	**x**	x	x	
	x	x	x	x	**x**	
	x	x	x	**x**	x	

Kurzinfo

- Zeitnahme, Ergebnissicherung, Moderation optional
- Sitz- und Schreibgelegenheiten
- Visualisierungsmedium
- Schreibmaterialien

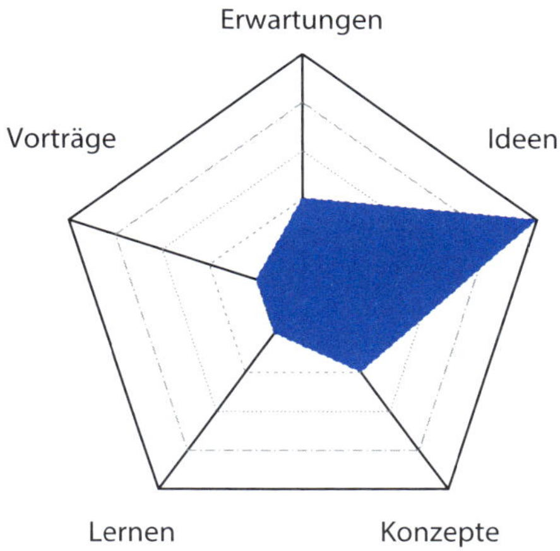

Ziel

Die Reizwortanalyse eignet sich vor allem, wenn zu einem Problem kreative, unerwartete oder weit von gewöhnlichen Lösungsideen abweichende Lösungsvorschläge gesucht werden.

Kurzbeschreibung

Aus einer Liste von maximal fünf Schlüsselbegriffen oder sogenannten Reizwörtern, welche die Gruppe entweder zufällig ermittelt oder welche der Leiter bestimmt, suchen die Teilnehmer Assoziationen zu einem bestimmten Problem, aus denen sie Lösungsvorschläge entwickeln.

Ausführliche Beschreibung

Als Erstes formuliert der Leiter das zu lösende Problem in eine Fragestellung um und gewährleistet so, dass alle Teilnehmer das Problem gleich interpretieren. Danach nennt der Leiter entweder die zuvor ausgewählten Reizwörter oder sammelt die Reizwörter gemeinsam mit den Teilnehmern auf dem Visualisierungsmedium. Dabei melden sich die Teilnehmer spontan, um ihre Vorschläge einzubringen. Die einmal vorgeschlagenen Reizwörter dürfen auf keinen Fall bewertet oder gar verworfen werden.

Wenn alle Reizwörter bekannt sind, versuchen die Teilnehmer in Einzelarbeit, für jedes Wort einen Bezug oder eine Assoziation zur Fragstellung herzustellen. Dazu ist es oft hilfreich, Eigenschaften zum Reizwort zu sammeln und dann gezielt diejenigen Eigenschaften zu identifizieren, die sowohl auf das Reizwort zutreffen als auch auf die Fragestellung. Auch die Eigenschaften überlegen sich die Teilnehmer in Einzelarbeit, tragen sie dann jedoch auf dem Visualisierungsmedium zusammen, bevor jeder für sich in einem nächsten Schritt nach Bezügen sucht. Auf diese Weise können die von den anderen Teilnehmern gesammelten Eigenschaften weitere Impulse geben. Für das Finden der Bezüge zwischen Reizwörtern und Fragestellung sollte der Leiter bei fünf Reizwörtern ca. 15 bis 20 Minuten einplanen.

Da die Verknüpfung von scheinbar unzusammenhängenden Begriffen vielen Teilnehmern zu Beginn Schwierigkeiten bereiten, kann der Leiter die Reizwortanalyse am folgenden Beispiel illustrieren:
Fragestellung: »Wie lässt sich die Aufmerksamkeit von Studierenden auch während langer Vorlesungen erhöhen?«
Reizwort: Feuerwerksrakete

Mögliche Eigenschaften, die zum Reizwort passen:
1. Klang der Explosion
2. Druck der Explosion
3. sprüht Funken
4. viele Farben
5. chemische Zusammensetzung des Inhalts
6. Explosion ist sehr hell

Mögliche Bezüge zur Fragestellung:
1. Signaltöne beim Wechsel von einer PowerPoint-Folie zur nächsten könnten die Aufmerksamkeit der Studenten steigern.
2. Studenten unter Druck setzen: Aufmerksamkeit der Studierenden durch kleine Aufgaben zum Lernstoff während der Vorlesung aufrechterhalten.
3. Studenten angesprüht werden oder beworfen werden, damit sie aufmerksam bleiben.

4. Farbliche hervorgehobene Schlüsselwörter könnten die Vorlesung leichter verständlich machen.
5. Chemische Analyse der Luft im Hörsaal: Verbrauchte Luft kann müde machen ⇒ Lüften, wenn die Luftqualität zu schlecht ist.
6. Auf die Beleuchtung des Hörsaals achten. Zu schwache Beleuchtung kann müde machen.

Vor allem der dritte Punkt des Beispiels zeigt, dass nicht immer alle Ideen praktikabel sind, die der Reizwortanalyse entspringen. Trotzdem sollten die Teilnehmer scheinbar abwegige Ideen während der Analyse nicht verwerfen (siehe dazu die →Osborn-Regeln, S. 110).

Zum Abschluss werden die erarbeiteten Ideen für alle sichtbar auf dem Visualisierungsmedium zusammengetragen. Eine anschließende moderierte Diskussion, in der die Gruppe die wichtigsten Assoziationen herausfiltert, ist optional.

Variante »Zufallstechnik«, »Bisoziation«, »Reizbildtechnik«

Die Methode ist eine Variante der *Zufallstechnik*. Dabei dienen Bilder oder Wörter aus zufällig ausgewählten Quellen als Anregung zum Lösen von Ideenfindungsaufgaben. Neben der Reizwortanalyse, für welche die Gruppe ein beliebiges Wort als Zufallsquelle nutzt, gibt es noch die Katalogtechnik und die Lexikontechnik, bei denen die Gruppe Assoziationen zwischen der Fragestellung und den Bildern eines Warenkatalogs oder Texten eines Lexikons sucht.

Dienen beliebige Bilder als Zufallsquelle, wird die Methode auch manchmal *Bisoziation* oder *Reizbildtechnik* genannt.

Vor- und Nachteile

+ Die Teilnehmer sind gezwungen, »um die Ecke zu denken«.
– Für ungeübte Teilnehmer kann es schwierig sein, genügend Assoziationen vom Reizwort abzuleiten.

6.7.6 Semantische Intuition

	< 10	10 – 20	20 – 40	40 – 60	> 60	
	< 5	5 – 10	10 – 20	20 – 30	> 30	
	X	X	X	X	X	
	X	X	X	X	X	
	X	X	X	X	X	

Kurzinfo

- Moderation, Ergebnissicherung
- Sitzgelegenheiten
- Visualisierungsmedium
- Schreibmaterialien optional

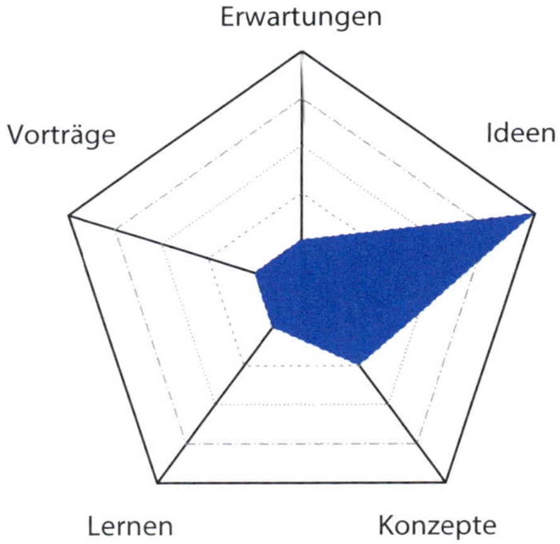

Ziel

Die Methode eignet sich dazu, zu einem vorgegebenen Themenfeld schnell neue Ideen oder Produkte zu entwickeln. Diese kombinieren die Eigenschaften zweier Ideen oder Produkte, die bereits existieren, oder sie erweitern bereits bestehende Ideen oder Produkte.

Kurzbeschreibung

Die Teilnehmer kombinieren zwei beliebige Begriffe aus demselben Themenfeld und überlegen sich daraufhin mögliche Anwendungen ihrer Neuschöpfung. Die Gruppe kann die Begriffe spontan während der Methode sammeln, aber sie kann die Methode auch nutzen, um die in einem →Brainstorming (S. 133) oder beim →Freien Schreiben (S. 135) gesammelten Ideen weiterzuverarbeiten.

Ausführliche Beschreibung

Die Methode gliedert sich in zwei Phasen, die *Sammlungs-* und die *Kombinationsphase*. In der *Sammlungsphase* bestimmt die Gruppe zuerst einen Schriftführer, der die Begriffe aus der Sammlungsphase auf dem Visualisierungsmedium festhält. Diese Rolle kann auch der Moderator einnehmen. Er bittet die Teilnehmer, Begriffe zu nennen, die einen Bezug zum Thema der Methode haben. In dieser Phase muss der Moderator darauf achten, dass sich die genannten Begriffe nicht zu weit vom vorgegebenen Themenfeld entfernen, da sie sonst wenig zur Lösung beitragen. Für das Themenfeld »Büromaterial«, wären beispielsweise »Stuhl«, »Locher«, »Ordner« oder »Schere« passende Begriffe. Die Beiträge der Teilnehmer können aber auch ausschließlich aus Vor- oder Nachsilben bestehen. Auf das Beispiel »Büromaterial« bezogen wären solche Beiträge etwa die Vorsilben »Schreib-« oder »Korrektur-«. Da die Anzahl der möglichen Kombinationen sehr schnell mit der Anzahl der Begriffe zunimmt, sollte die Gruppe nicht mehr als 20 Begriffe sammeln.

Sind alle Begriffe gesammelt, beginnt die *Kombinationsphase*. In dieser Phase bilden die Teilnehmer spontan Wortkombinationen, welche der Moderator auf einem zweiten Visualisierungsmedium festhält (z. B. auf einem weiteren Flipchartbogen). Indem er die Wortkombinationen nicht direkt neben die Begriffe aus der Sammlungsphase schreibt, erleichtert er es den Teilnehmern, sich kreative Vorschläge auszudenken. Andernfalls könnten sie zu Vorschlägen neigen, die sich nur unwesentlich von den bereits genannten Wortkombinationen unterscheiden.

Außerdem überlegen sich die Teilnehmer während dieser Phase bereits mögliche Praxisanwendungen für ihre Neuschöpfungen. Aus der Kombination »Schreibordner« könnte etwa die Idee für einen Ordner mit einer Stifthalterung im Innern werden. Die scheinbar unsinnige Kombination »Locherordner« hätte beispielsweise die Geburtsstunde der flachen Kunststofflocher markieren können, die sich auch in Ordnern abheften lassen.

Da die Gruppe die Kombination gleichzeitig nennt und auf ihre Praxistauglichkeit hin analysiert, empfiehlt es sich, dass die Teilnehmer eigene Schreibmaterialien zur Verfügung haben, um sich spontane Einfälle notieren und zu einem späteren Zeitpunkt der Diskussion einbringen zu können.

Variante

Die Gruppe kann auch Begriffe sammeln, die keinen direkten Bezug zum Thema haben. In diesem Fall dient die Methode jedoch eher als eine →Imaginationstechnik (S. 144).

Vor- und Nachteile

+ Die Methode ist eine vergleichsweise einfach zu erlernende Konfrontationstechnik.
+ Die Gruppe bringt innerhalb kurzer Zeit eine Vielzahl von neuen Ideen hervor.
– Da sich die Begriffssuche auf einen vorgegebenen Bereich beschränkt, ist das Innovationspotenzial geringer als bei den meisten anderen Ideenfindungsmethoden.

6.8 Ideen mit Großgruppen

6.8.1 Fishbowl (Aquarium)

	< 10	**10 – 20**	**20 – 40**	**40 – 60**	> 60	
	< 5	5 – 10	10 – 20	**20 – 30**	**> 30**	
	X	X	X	**X**	X	
	X	X	**X**	X	X	
	X	X	X	**X**	X	

Kurzinfo

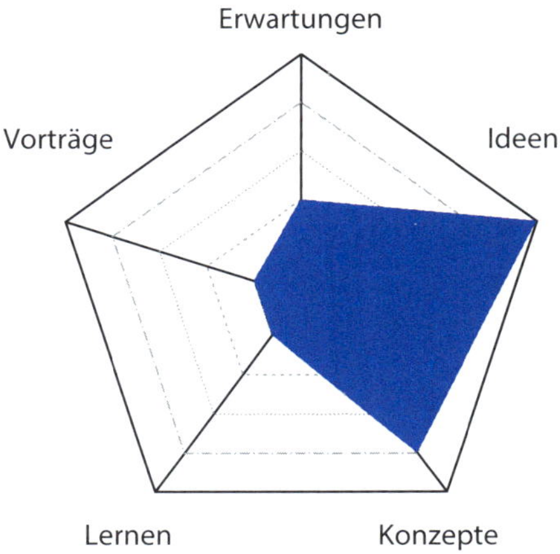

- Moderation, Ergebnissicherung
- verschiebbare Sitz- und Schreibgelegenheiten
- Schreibmaterialien

Ziel

Die Methode »*Fishbowl*« schwächt die persönliche Einflussnahme einzelner Teilnehmer in Diskussionen ab. Den Nachteilen großer Diskussionsrunden wirkt sie entgegen, indem sie überproportionale Redeanteile bestimmter Teilnehmer verhindert und stattdessen zurückhaltende Teilnehmer zu Wort kommen lässt. Außerdem kann die Methode unproduktive Anfeindungen reduzierten.

Kurzbeschreibung

Die Teilnehmer sitzen in zwei Kreisen. Im kleineren Innenkreis findet die Diskussion statt, während die Teilnehmer im größeren Außenkreis die Diskussion im Innenkreis beobachten und analysieren. Jeder darf zwischen den Kreisen wechseln.

Ausführliche Beschreibung

Im Raum sind ein innerer und ein äußerer Stuhlkreis aufgebaut. Der innere Stuhlkreis besteht aus maximal 5, der äußere aus maximal 20 Stühlen. Die Teilnehmer entscheiden zu Beginn, in welchem Stuhlkreis sie sitzen. Dabei müssen nicht alle Stühle im Innen- oder Außenkreis besetzt sein.

Der Moderator fordert die Gruppe nun auf, über ein vorgegebenes Problem zu diskutieren und innerhalb einer festgelegten Zeitspanne von etwa 30 Minuten zu einem Konsens zu gelangen. Die Teilnehmer im Innenkreis diskutieren über das Problem, während die Teilnehmer im Außenkreis die Diskussion beobachten und sich gegebenenfalls Notizen machen. Sie dürfen keine Seitengespräche führen und sich auch nicht zu Wort melden.

Allerdings dürfen sich die Teilnehmer im Außenkreis jederzeit auf leere Stühle im Innenkreis setzen. Im Gegenzug setzt sich jeder, der im Innenkreis all seine Gedanken in die Diskussion eingebracht hat, in den Außenkreis. Sitzt jemand länger als fünf Minuten im Innenkreis, kann ihn ein Teilnehmer aus dem Außenkreis zum Platztausch auffordern. Der Aufgeforderte darf dann in einer abschließenden Wortmeldung seinen letzten Gedanken zu Ende ausführen, bevor er seinen Sitzplatz mit dem Teilnehmer aus dem Außenkreis tauscht.

Zum Abschluss der Diskussion führt der Moderator zusammen mit allen Teilnehmern eine →Konsensfindung (S. 40) durch.

Weiterarbeit

Optional können sich anschließend alle Teilnehmer gegenseitig ihre Beobachtungen in einem →Blitzlicht (S. 84) vorstellen.

Variante

Zu Beginn bestimmt die Gruppe fünf Teilnehmer, die sich in den Innenkreis setzen. Alle verharren während der gesamten Diskussion auf ihren Plätzen und niemand wechselt die Rollen. Bei dieser Variante der *Fishbowl* kommt es nicht auf den Gruppenkonsens an, sondern auf die Ergebnisse der Teilnehmer im Außenkreis. Sie bewerten die Diskussionsergebnisse der Teilnehmer im Innenkreis und deren Lösungsfindungsweg. Ihre Bewertungen stellen sie in einem →Blitzlicht (S. 84) vor und analysieren sie gemeinsam mit den Teilnehmern aus dem Innenkreis.

Vor- und Nachteile

+ Jeder hat die Möglichkeit, die Beobachterrolle einzunehmen und so gruppendynamische Prozesse innerhalb der Diskussion zu erfassen, die sonst nur schwer zu erkennen sind.
– Nicht alle Teilnehmer können jederzeit einen Beitrag zur Diskussion beisteuern.
– Verglichen mit dem →*World-Café* (S. 170) ermutigt die *Fishbowl* stille Teilnehmer weniger dazu, ihre Ideen in die Diskussion einzubringen.

6.8.2 World-Café *Knowledge-Café, Open Space*

	< 10	10 – 20	20 – 40	40 – 60	> 60	
	< 5	5 – 10	10 – 20	20 – 30	> 30	
	x	x	x	x	x	
	x	x	x	x	x	
	x	x	x	x	x	

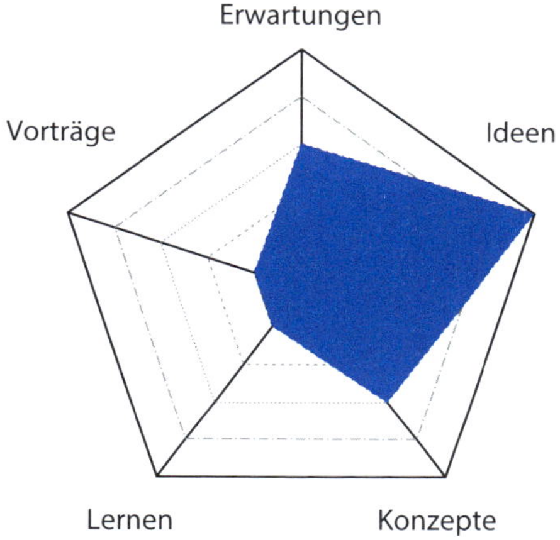

Kurzinfo

- Moderation an jedem Tisch
- mehrere Tische mit Packpapier als Tischdecke und 4 bis 8 Sitzgelegenheiten pro Tisch
- 4 bis 8 Stifte pro Tisch

Ziel

Die Methode eignet sich dazu, ein umfangreiches Thema, das sich gut in verschiedene Teilaspekte aufteilen lässt, mit einer Vielzahl von Teilnehmern zu bearbeiten. Wenn bereits im Vorfeld eine bestimmte Lösung favorisiert wird oder wahrscheinlich erscheint, eignet sich diese explorative Methode hingegen nicht.

Kurzbeschreibung

Die Moderatoren unterteilen das zu bearbeitende Thema in verschiedene Teilaspekte. Anschließend bereiten sie mehrere Tische vor, an denen die Teilnehmer jeweils einen Teilaspekt bearbeiten. Zu diesem Zweck teilt sich die Gruppe gleichmäßig auf die verschiedenen Tische auf, wo die Moderatoren die Diskussionen nun als feste »Gastgeber« leiten. Nach einer vorgegebenen Zeit wechseln alle Kleingruppen den Tisch und bearbeiten einen anderen Themenaspekt. Zum Abschluss präsentieren die Gastgeber die Ergebnisse vor allen anderen Teilnehmern.

Ausführliche Beschreibung

Die Methode gliedert sich in drei Phasen. In der *ersten Phase teilen die Moderatoren das Thema der Sitzung in Teilaspekte auf*, die sich separat gut bearbeiten lassen. Zu diesem Zweck können sie im Vorfeld z. B. eine Mindmap (S. 140) zum Thema anfertigen. Die Anzahl der Teilaspekte sollten sie wählen, dass jeder Aspekt in den späteren Diskussionsrunden von vier bis acht Teilnehmern bearbeitet werden kann.

In der *zweiten Phase* finden die *Diskussionsrunden mit den Teilnehmern* statt. Dazu teilen die Moderatoren jedem Teilaspekt einen Tisch zu und verteilen die Teilnehmer gleichmäßig auf die Tische, wofür sich die Aufteilungsübungen aus Kapitel 5.3 anbieten. Auch die Moderatoren verteilen sich auf die Tische, um dort als sogenannte »Gastgeber« die Diskussionen zu leiten. Für die Ergebnissicherung ist jeder Tisch mit einer Tischdecke aus Packpapier ausgelegt und es liegen darauf ausreichend Stifte für die Teilnehmer bereit. Die Ergebnisse werden also auf der Tischdecke und nicht etwa auf einem Flipchart protokolliert, damit jeder Teilnehmer die Möglichkeit hat, selbst spontane Einfälle zu notieren. Die Gastgeber achten darauf, dass die Diskussionen und die protokollierten Ideen nicht zu weit vom Thema abschweifen, dämpfen sogenannte »Vielredner« freundlich aber bestimmt und ermutigen stillere Teilnehmer zu Wortmeldungen.

Nach 10 bis 15 Minuten wechseln die Teilnehmer den Diskussionstisch. Dabei sollten die Gastgeber darauf achten, dass die Teilnehmer nicht immer in denselben Gruppen bleiben. Beim Wechsel von Tisch zu Tisch sollten also gleichzeitig auch die Gruppen durchgemischt werden. So wird verhindert, dass sich immer dieselben Teilnehmer überproportional stark oder schwach an der Diskussion beteiligen. Die Gastgeber hingegen bleiben an ihren Tischen und heißen die neuen Teilnehmer willkommen, indem sie ihnen ein bis zwei Minuten lang die wichtigsten bereits erarbeiteten Resultate präsentieren und sie bitten, an die bereits erdachten Ideen anzuknüpfen.

Nachdem jeder Teilnehmer einmal an jedem Tisch war, geht die Methode in die *dritte und letzte Phase*, in welcher die *Gastgeber die Ergebnisse ihrer Tische* vor der gesamten Gruppe *präsentieren*. Dazu heften sie ihre Tischdecken an Pinnwände, erläutern die Ergebnisse und gehen auf Nachfragen und Ergänzungen seitens der Teilnehmer ein.

Variante

Auch Teilnehmer aus der Gruppe können die Rollen der Gastgeber einnehmen. In diesem Fall stellt der Leiter die Themenaspekte zu Beginn vor und bittet Freiwillige, die den jeweiligen Aspekt moderieren wollen, am entsprechenden Tisch Platz zu nehmen und während der gesamten Dauer ihre Rolle beizubehalten. Damit diese Variante funktioniert, müssen sich jedoch nicht nur genügend Freiwillige finden, sondern sie sollten auch schon Erfahrungen mit dem Moderieren von Gruppenarbeit gesammelt haben.

Variante »*Knowledge-Café*«

Die Methode kann auch dazu dienen, neue Inhalte zu lernen oder zu wiederholen. Dazu müssen sich die Inhalte, die die Gruppe lernen oder wiederholen möchte, gut in einzelne Themenaspekte aufteilen lassen. Bei dieser Variante empfiehlt es sich, auf das Durchmischen der Gruppen beim Wechsel von einem Tisch zum nächsten zu verzichten. Für den Lernprozess kann es nämlich vorteilhaft sein, wenn die Teilnehmer die Stärken und Schwächen der anderen kennenlernen. So können sie sich gegenseitig besser unterstützen und ihr Wissen ergänzen.

Variante »*Open Space*«

Leichte Abwandlungen des *World-Cafés* sind unter vielen verschiedenen Namen bekannt. Die Variante »*Open Space*« etwa kann sich über mehrere Tage erstrecken. Dabei gibt es keine Vorgaben, wie lange die Teilnehmer an einem einzelnen Tisch verweilen oder zu welchen Tischen sie wechseln müssen. Stattdessen gilt das *Gesetz der zwei Füße*. Dies bedeutet, dass die Teilnehmer einen Teilaspekt bearbeiten, solange sie wollen. Sie können jederzeit zu jedem anderen Tisch wechseln. Außerdem sind sie nicht verpflichtet, sich für die gesamte Dauer der Methode am Ideenfindungsprozess zu beteiligen. Es ist durchaus denkbar, dass sich verschiedene Teilnehmer über mehrere Tage hinweg immer wieder dazu entschließen, an der Methode mitzuwirken oder zu pausieren.

Damit bei derart langen Zeiträumen immer ein Gastgeber an jedem Tisch sitzt, nehmen die Teilnehmer bei der *Open-Space*-Methode grundsätzlich selbst die Rolle des Gastgebers ein. Auch müssen sie die bisherigen Ergebnisse ausführlich genug dokumentieren, sodass alle Teilnehmer sie jederzeit erfassen können, auch wenn sich gerade kein Teilnehmer am Tisch befindet, der die Ergebnisse erarbeitet hat. Um das Dokumentieren zu erleichtern, sollten sich hinter jedem Tisch Pinnwände befinden, an die die Teilnehmer vollgeschriebene Tischdecken anheften können.

Die Rolle des Gastgebers ist dann weniger formal als bei der *World-Café*-Methode. Auch für die Gastgeber gilt das Gesetz der zwei Füße. Sie können als normale Teilnehmer an andere Tische wechseln, wenn sie das Gefühl haben, sich dort besser in die Ideenfindungsprozesse einbringen zu können. Diese Variante der *World-Café*-Methode eignet sich jedoch nur für Teilnehmer, die sich bereits sehr gut mit Gruppenarbeit auskennen.

Anmerkung

Die Begriffe »*World-Café*« und »*Open Space*« werden in der Literatur teilweise in einem anderen Zusammenhang verwendet: Sie bezeichnen dann ein Verfahren, mit dem sich ganze Tagungen und Kongresse organisieren lassen. Wer Interesse an diesen Anwendungen hat, findet unter www.open-space-moderation.de weitere Beschreibungen und Erläuterungen.

Vor- und Nachteile

+ Im Gegensatz zur →*Fishbowl* (S. 168) bezieht das *World-Café* durch die stärkere individuelle Moderation und die festere Methodenstruktur auch stillere Teilnehmer ein.
– Damit die Methode gelingt, müssen unbedingt viele Moderatoren teilnehmen, die sich schon gut mit Gruppenarbeitsmethoden auskennen.

– Besonders, wenn sich das Thema schwer in Teilaspekte gliedern lässt, besteht die Gefahr, dass manche Themenaspekte von Beginn an nicht beachtet und im Verlauf der Methode nicht bearbeitet werden.

7 Konzepte erarbeiten

»Kreativität heißt, aus dem Chaos Ordnung zu schaffen.«

GEORG STEFAN TROLLER, ÖSTERREICHISCHER JOURNALIST

Die Methoden aus Kapitel 6 eignen sich vor allem dazu, kreative Impulse zu wecken und somit eine Vielzahl von Ideen zu erzeugen. Für kleinere Probleme des Arbeitsalltags reichen häufig schon diese Impulse und Ideen allein, doch für die Erarbeitung umfassender Lösungsansätze müssen sie noch verknüpft und zu Gesamtkonzepten ausformuliert werden. Deshalb konzentriert sich das folgende Kapitel auf Methoden, die kreative Impulse für komplexe Projekte nutzbar machen. Mit ihrer Hilfe erstellen Gruppen detaillierte, praxistaugliche Konzepte.

7.1 Übersicht

Um vor allem ungeübten Teilnehmern das Ausarbeiten von Konzepten zu erleichtern, helfen die Leitfragen aus Kapitel 7.1.1 dabei, gedankliche Blockaden zu überwinden und aus den gesammelten Ideen erste Konzeptansätze zu entwickeln. Das Schema in Kapitel 7.1.2 veranschaulicht darüber hinaus ganz allgemein, wie aus Lösungsideen Konzeptansätze werden. Die anschließenden Unterkapitel führen dann Schritt für Schritt durch die Entwicklung von Konzepten:

Kapitel 7.2 stellt einleitend Analysen vor, die dazu dienen, aus einer Vielzahl von Ideen diejenigen Ansätze zu extrahieren, die für das Entwickeln von Konzepten am vielversprechendsten sind.

Daran anknüpfend zeigen die Methoden aus *Kapitel 7.3*, wie Gruppen die gesammelten und möglicherweise schon gewichteten und bewerteten *Ideen zu einem fertigen Konzept zusammenfügen* können. Diese Methoden empfehlen sich besonders dann, wenn die gewünschten Eigenschaften der Konzepte bereits bekannt sind.

Mit den Methoden aus *Kapitel 7.4* hingegen lassen sich Konzepte erstellen, ohne dass vorher Ideen gesammelt wurden. Solche Methoden finden vor allem dann Anwendung, wenn die Gruppe noch keine konkrete Vorstellung vom späteren Konzept hat.

Nicht immer lässt sich klar abgrenzen, ob nun die Methoden aus Kapitel 6 oder die Methoden aus Kapitel 7.3 oder 7.4 auf einen bestimmten Anlass zugeschnitten sind. Viele Methoden zur Konzepterarbeitung eignen sich ebenfalls für die Ideenfindung, und umgekehrt können Gruppen bereits mit zahlreichen Methoden aus Kapitel 6

Konzepte erarbeiten. Mehr als in allen anderen Kapiteln liefert die hier vorgenommene Einteilung daher lediglich Anhaltspunkte, welche Methode sich für welchen Zweck besser eignet. Wie immer zeigen die Netzdiagramme zu Beginn der Methodenkapitel und die farbigen Punkte im Inhaltsverzeichnis Alternativen auf.

Kapitel 7.5 befasst sich schließlich damit, wie Gruppen Verbesserungsmöglichkeiten bei bestehenden Konzepten erkennen und wie sie anschließend Verbesserungen vornehmen können.

7.1.1 Leitfragen

Ziel

Häufig fällt es Teilnehmern leichter, aus kreativen Ideen ein Konzept zu entwickeln, wenn sie bereits eine erste Vorstellung von einzelnen Aspekten des Konzepts besitzen. Zum einen stellen erste ausgearbeitete Aspekte einen Ausgangspunkt für weitere Änderungen und Ergänzungen dar, zum anderen überwinden die Teilnehmer eher ihre Angewohnheit, Konzeptideen innerlich zu kritisieren, wenn sie erst einmal den ersten Aspekt ausgearbeitet haben.

Die unten stehenden Leitfragen unterstützen daher vor allem Teilnehmer, die in Kreativtechniken ungeübt sind, beim Überwinden dieser ersten Blockaden. Sie helfen aber auch beim Überwinden anderer Denkblockaden, wenn der kreative Prozess einmal ins Stocken gerät. Für sich allein stellen die Fragen jedoch noch keine vollständige Methode zum Entwickeln von Leitfragen dar. Sie geben lediglich eine erste Hilfestellung.

Ausführliche Beschreibung

Jeder Teilnehmer wählt aus den Ideen, die die Gruppe mithilfe von Kapitel 6.2 gesammelt hat, maximal sechs aus und schreibt sie in die linke Spalte einer dreispaltigen Tabelle. In der mittleren Spalte formulieren die Teilnehmer in Einzelarbeit Fragen, die einen Bezug zwischen den Ideen aus der linken Spalte und dem Ziel herstellen, das mit dem geplanten Konzept erreicht werden soll. In die rechte Spalte schreiben sie Antworten auf diese Fragen, welche sie ebenfalls in Einzelarbeit finden.

Die Fragen können es den Teilnehmern erleichtern, das geplante Konzept mit den zuvor gefundenen Ideen zu verbinden, da Fragen viel stärker als einzelne Begriffe als Aufforderungen verstanden werden, selbst aktiv zu werden. Deshalb sollten die Teilnehmer die Fragen in der ersten Person formulieren.

Beispiel

Die Gruppe hat mithilfe von Kapitel 6.2 Ideen gesammelt, wie sie ein Restaurant verändern könnte, um es für die Gäste interessanter zu gestalten. Ein Ergebnis lautete, dass sich ein Konzept entwickeln ließe, das die Bereiche »Gesundheit« und »Fitness« mit dem Restaurant verknüpft. Ein Teilnehmer wählt aus den gesammelten Assoziationen die Begriffe »Training«, »Muskelaufbau«, »Kalorien«, »Trennkost« und »Bewegung« aus. Die entsprechende Tabelle mit den Leitfragen könnte folgendermaßen aussehen:

Tabelle 7-1: Beispiele für Leitfragen (nach einer Idee aus *Meyer* 2009)

Begriff	Frage	Antwort
Training	Wie können wir unsere Gäste bei ihrem Training unterstützen? Wie können unsere Gäste beim Essen trainieren?	»Fitness-Gerichte« anbieten, die sich in den Trainingsplan einbinden lassen.
Muskelaufbau	Wie können wir unseren Gästen Muskelaufbau anbieten? Wie können wir unsere Gäste beim Muskelaufbau unterstützen?	Klassifizierung von proteinhaltigen Gerichten, die sich besonders gut zum Muskelaufbau eignen. Verkauf von Speisen, die explizit zum Muskelaufbau entwickelt wurden.
Kalorien zählen	Wie können wir unseren Gästen das Kalorienzählen abnehmen?	Kalorienmenge hinter Gerichten in der Speisekarte notieren.
Trennkost	Wie können unsere Gäste ihre Trennkostdiät bei uns fortführen?	Gerichte anbieten, die Trennkost unterstützen. Gäste darauf aufmerksam machen, dass Komponenten der Gerichte auf der Speisekarte auf Wunsch variiert werden können.
Bewegung	Wie können sich unsere Gäste beim Essen bewegen?	Bestuhlung im Außenbereich minimieren und freien Platz nutzen, um eine kleine Parkanlage zu schaffen. Gerichte als Buffet anbieten, zu dem die Gäste gehen müssen.

7.1.2 Konzept-Extraktion

Ziel

Mithilfe der Konzept-Extraktion bestimmt die Gruppe, welche Konzeptansätze sie aus den gesammelten Ideen ableitet.

Ausführliche Beschreibung

Zu Beginn sammeln alle Teilnehmer gemeinsam Lösungsideen zur vorgegebenen Problemstellung und teilen sie anschließend in verschiedene Kategorien auf. Zum Sammeln der Ideen eignen sich etwa die Methoden aus Kapitel 6.2. Eine mögliche Problemstellung könnte z. B. sein, dass ein mit Wasser gefülltes Glas geleert werden muss, ohne dass es angefasst, bewegt oder zerstört wird. Hier einige Beispiele für Lösungsideen nach http://www.interviewonline.ch/artikel/vergessen-sie-brainstorming!.html.

- das Wasser mit einem Löffel oder einem Strohhalm trinken
- eine Pflanze ins Wasser stellen und warten, bis diese das Wasser aufgesogen haben
- das Wasser herauspusten
- das Wasser mit Gegenständen verdrängen
- das Wasser zum Kochen bringen und verdunsten lassen
- Sobald die Gruppe alle Ideen zusammengetragen hat, sortiert sie diese nach Kategorien. Für das Beispiel bieten sich folgende Kategorien an:
- aufsaugen
- verdrängen
- verdunsten
- Die ersten beiden Ideen lassen sich der Kategorie »aufsaugen«, die nächsten beiden der Kategorie »verdrängen« und die letzte der Kategorie »verdunsten« zuordnen. Diese drei Kategorien bilden die Konzeptansätze, die die Gruppe mit den Methoden aus Kapitel 7.4 weiter ausarbeiten kann.

7.2 Ideenbewertung und Ideenanalyse

7.2.1 Vorbemerkungen

Voraussetzung für die Durchführung der Analysen

Alle in diesem Kapitel vorgestellten Analysen beruhen auf quantitativen Verfahren. Bei quantitativen Verfahren erhält das Resultat, das bewertet werden soll, einen Zahlenwert, indem die einzelnen Kriterien oder die Alternativen zum Resultat zuerst gewichtet und diese Gewichte nach einem vorgegebenen Verfahren zusammengerechnet werden. Damit die Teilnehmer fundiert gewichten und bewerten können, sollten Gruppen solche Analysen nur durchführen, wenn sie alle zu beurteilenden Alternativen oder Kriterien ausreichend gut kennen.

Konsensfindung oder quantitativ Entscheiden?

Auf viele Menschen wirken quantitative Maße überzeugender und objektiver als qualitative Angaben. Genau wie die qualitativen Maße resultieren die quantitativen Maße in den folgenden Methoden allerdings aus subjektiven Einschätzungen und Erwartungen und selten aus objektiven Randparametern wie etwa Kosten, Ressourcen usw. Daher sollten Gruppen quantitative Entscheidungsfindungsmethoden nicht pauschal qualitativen Methoden vorziehen. Insbesondere dürfen quantitative Bewertungsmethoden keinesfalls einer Konsensfindung vorgezogen werden!

Die in diesem Kapitel vorgestellten Analysen stellen daher eine Alternative zur →Konsensfindung (S. 40) dar, falls sich einmal wirklich kein Konsens finden lässt. Dies kann daran liegen, dass das strittige Problem nicht von den Interessen der Teilnehmer, sondern von rein quantitativ erfassbaren Größen wie Kosten oder Zeitaufwand abhängt. Dann kann das mit den Analysen dieses Kapitel ermittelte quantitative Maß dabei helfen, einen objektiven Bewertungsmaßstab zu finden, den alle Teilnehmer akzeptieren. Diejenigen Teilnehmer, für deren Vorschlag sich die Gruppe nicht entschieden hat, können die Entscheidung der Gruppe dann eher nachzuvollziehen und mittragen. *Grundsätzlich sollten Gruppenleiter eine Konsensfindung jedoch immer den Analysen aus diesem Kapitel vorziehen*, da ein Konsens die Interessen aller Teilnehmer berücksichtigt.

Akzeptanz und Endgültigkeit der gefundenen Entscheidung

Nachdem eine Entscheidung über die Auswahl möglicher Lösungen gefällt wurde, gilt folgende Regel:

> Um das Vertrauen in die Methoden nicht zu zerstören, darf die Entscheidung nachträglich nicht mehr geändert werden.

Daher muss zu Beginn deutlich sein, dass der Entscheidungsfindungsprozess verbindlich ist.

Likert-Skala

Ein nützliches Werkzeug, das den Teilnehmern eine differenzierte Bewertung eines Kriteriums ermöglicht, ist die Likert-Skala. Es handelt sich dabei um eine ordinale Skala, mit der Teilnehmer ein Feedback zu einem bestimmten Aspekt geben können.

Tabelle 7-2: Beispiel einer Likert-Skala mit ungerader Anzahl an Abstufungen (oben) und einer mit gerader Anzahl an Abstufungen (unten)

Der Dozent kann den Vorlesungsstoff verständlich erklären:

++ *trifft zu*	+ *trifft eher zu*	O *trifft weder zu noch nicht zu*	- *trifft eher nicht zu*	— *trifft nicht zu*
☐	☐	☐	☐	☐

Die in der Vorlesung eingesetzten Hilfsmittel helfen mir, den Vorlesungsstoff zu verstehen:

+++ *trifft voll und ganz zu*	++ *trifft zu*	+ *trifft eher zu*	- *trifft eher nicht zu*	— *trifft nicht zu*	— - *trifft überhaupt nicht zu*
☐	☐	☐	☐	☐	☐

Die einzelnen Abstufungen der Skala lassen sich mit Aussagen (etwa »trifft eher zu«), Symbolen (etwa »+«, »-«, »O«, »++« usw.) oder mit einer Zahlenskala (etwa Schulnoten von 1 bis 6 oder einer Skala mit positiven und negativen Zahlen wie etwa von -2 bis 2) beschriften.

Die Skala kann sowohl eine gerade als auch eine ungerade Anzahl an Abstufungen enthalten. Bei einer ungeraden Anzahl gibt es eine mittlere Abstufung, die die Teilnehmer ankreuzen können, wenn sie der Fragestellung neutral gegenüberstehen. Manchmal ist es jedoch wünschenswert, dass sich die Teilnehmer für ein positives oder negatives Feedback entscheiden müssen. Dann ist eine gerade Anzahl an Abstufungen sinnvoll. Ob eine ungerade oder gerade Anzahl gewählt wird, sollte daher abhängig von der Fragestellung und dem gewünschten Teilnehmerfeedback entschieden werden.

7.2.2 Delphi-Methode (Orakel von Delphi)

	< 10	10 – 20	**20 – 40**	40 – 60	> 60	
	< 5	5 – 10	**10 – 20**	20 – 30	> 30	
	X	X	X	X	X	
	X	X	X	X	X	
	X	X	X	X	X	

Kurzinfo

- Magnet- oder Pinnwand mit Karten
- Stimmzettel pro Teilnehmer und Runde

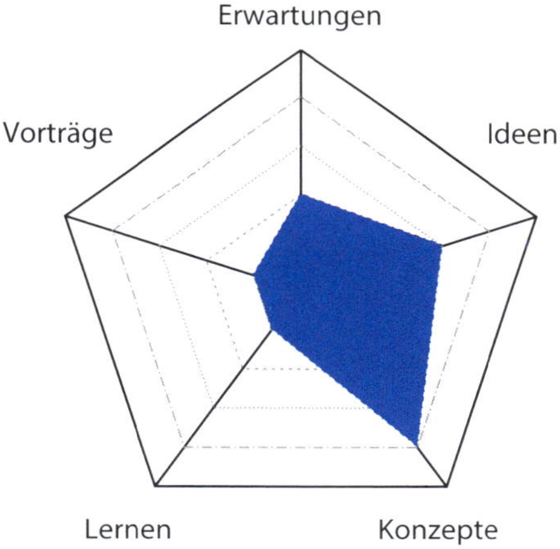

Ziel

Die Delphi-Methode eignet sich für Entscheidungsfindungs- und Konzeptentwicklungsprozesse, an denen sehr viele Experten mitwirken. Sie lässt sich auch anwenden, wenn die Experten räumlich voneinander getrennt sind, und sie beugt der Gefahr vor, dass die Experten möglicherweise versuchen, eine Lösung zu erwirken, die ausschließlich für sie selbst vorteilhaft ist. Um dies zu erreichen, bleiben die Experten anonym und interagieren nicht direkt miteinander. Daher lässt sie sich auch per Brief oder E-Mail realisieren.

Allerdings liefert die Methode keinen Konsens (S. 40) sondern einen Kompromiss aus allen eingehenden Vorschlägen. Die Teilnehmer akzeptieren diesen Kompromiss aber in der Regel erheblich bereitwilliger als einen, der mithilfe eines klassischen Abstimmungsprozesses erreicht wurde. Dies liegt daran, dass der Abstimmungsprozess transparent verläuft und es aufgrund der mangelnden Kommunikation zwischen den Teilnehmern kaum zu Gruppendominanzen oder Machtkämpfen kommt.

Kurzbeschreibung

Zu Beginn sammeln die Teilnehmer Ideen zu einer vorgegebenen Frage- oder Problemstellung. Diese Ideen werden dann geclustert und die Teilnehmer können in einer ersten Runde über die Ideencluster abstimmen. Aus den Clustern mit den meisten Stimmen wählen sie eine vorher festgelegte Anzahl zur Weiterarbeit aus. Die ausgewählten Cluster bewerten sie in einer zweiten oder optionalen dritten Runde hinsichtlich einer präzisierten Fragestellung erneut.

Ausführliche Beschreibung

Der Name der Methode leitet sich vom Orakel von Delphi ab, welches laut der griechischen Mythologie Vorhersagen zu vorgebrachten Fragen treffen konnte. Die Methode ähnelt dem Delphischen Orakel insofern, als dass sie direkt mit einer vorgegebenen Frage startet und, anders als die anderen Methoden dieses Kapitels, auf das gemeinsame Sammeln von Ideen oder Vorschlägen verzichtet. Der Grund dafür ist, dass die Methode möglichst ohne Teilnehmerinteraktion angewandt werden soll.

Die Teilnehmer beginnen daher in Einzelarbeit mit der Ideensuche. Dazu erhalten sie Karten, die sich an das Visualisierungsmedium (z. B. eine Pinn- oder Magnetwand) heften lassen. Darauf notieren sie jede ihrer Ideen, wobei sie pro Idee eine Karte verwenden, und übergeben die Karten anonym an den Leiter. Er clustert die Ideen und sortiert dabei doppelte Beiträge aus, indem er sich ähnelnde Ideen in Gruppen anordnet (siehe auch die Methode →Cluster, S. 137). Währenddessen dürfen die Teilnehmer nicht miteinander diskutieren. Falls sich der Leiter unsicher ist, wie er bestimmte Ideen einordnen soll, kann er kurz mit den Teilnehmern besprechen, in welches Cluster die jeweilige Idee am ehesten passt. Dabei sollte sich das Gespräch jedoch ausschließlich auf die Einordnung beziehen und nicht in eine inhaltliche Diskussion umschwingen.

Dass keine Diskussionen über den Inhalt einzelner Ideen stattfinden, ist ein Grundprinzip der Delphi-Methode, das während der gesamten Methode zum Einsatz kommt. Da die Methode konzipiert wurde, um gemeinsam mit einer Vielzahl von Experten zu einer Entscheidung zu gelangen, ist damit zu rechnen, dass unter den Experten verschiedene Ansichten herrschen, die miteinander in Konflikt stehen. Eine Diskussion könnte besonders bei großen Gruppen dazu führen, dass politische Prozesse wie Absprachen, Gruppenbildungen und Machtkämpfe die Oberhand gewinnen, während inhaltliche und sachliche Argumente untergehen. Damit diese nachteiligen Entwicklungen ausbleiben, finden während der gesamten Methode keine Diskussion und kein sonstiger unmittelbarer Austausch zwischen den Teilnehmern statt.

Wenn die Ideen geclustert sind, beginnt die *erste Runde* der Delphi-Methode: Die Gruppe ermittelt, welche Cluster sich nach Ansicht der Teilnehmer für die Weiterarbeit eignen. Die restlichen Cluster verwirft sie. Diese Runde dient also dazu, Ideen auszusortieren, die nicht zielführend sind. Die Teilnehmer stimmen dazu anonym mit mehreren Stimmen gleichen Stimmgewichts für die Cluster ab. Die Anzahl der Stimmen pro Teilnehmer entspricht der Anzahl der Cluster, die weiterbearbeitet werden sollen, jedoch kann jeder Teilnehmer höchstens eine Stimme pro Cluster abgeben. Stimmt die Gruppe also über 15 Cluster ab, von denen der Leiter sechs für die Weiterarbeit auswählen möchte, so hat jeder Teilnehmer sechs Stimmen, die er gleichmäßig verteilen muss. Der Leiter zählt die anonym abgegebenen Stimmen aus und wählt die Cluster mit den meisten Stimmen zur Weiterarbeit aus.

Anschließend beginnt die *zweite Runde*, indem erneut eine anonyme Abstimmung stattfindet, welche diesmal jedoch differenziertere Bewertungen erlaubt als die Abstimmung in der ersten Runde. Jeder Teilnehmer wählt aus den verbliebenen Clustern eine bestimmte Anzahl aus und ordnet die gewählten Cluster nach der Bedeutung, die er ihnen zuschreibt. Es hat sich bewährt, zwischen einem Drittel und der Hälfte der verbliebenen Cluster auszuwählen. Die Abstimmung erfolgt erneut anonym. Der Leiter wertet die Stimmen aus, indem er die Cluster entsprechend der gewählten Reihenfolgen gewichtet. Das Cluster auf dem letzten Platz erhält die Wertigkeit 1, das nächste Cluster die Wertigkeit 2 usw. Schließlich bildet der Leiter für jedes Cluster die Summe aus den Wertigkeiten aller Gewichte und ordnet die Cluster entsprechend der Gesamtsummen. Dann wählt er die festgelegte Anzahl an Clustern aus. Wenn die gewünschte Anzahl an Clustern noch nicht erreicht ist, kann für die verbleibenden Cluster eine *optionale dritte Runde* angesetzt werden, die genau wie die zweite Runde abläuft. Die endgültig ausgewählten Cluster enthalten dann diejenigen Ideen, die die Gruppe für die aussichtsreichsten hält.

Anmerkung

Die Delphi-Methode setzt im Gegensatz zu den anderen Methoden dieses Kapitels auf ein qualitatives anstelle eines quantitativen Verfahren. Dennoch sind ihre Ergebnisse absolut verbindlich. Hier sollte der Leiter die Verbindlichkeit besonders betonen, und nach Abschluss der Analyse darauf achten, dass die Entscheidung nicht mehr geändert wird.

Variante »Durchführung per E-Mail oder Brief«

Weil Diskussionen bei dieser Methode vermieden werden sollen, lässt sie sich auch per E-Mail oder mit Briefen realisieren. Dazu gibt der Leiter vor jeder Runde eine Deadline vor, bis zu der die Teilnehmer ihre Vorschläge, Stimmen oder Priorisierungen an den Leiter geschickt haben. Da E-Mails und Briefe häufig nicht sofort bearbeitet werden, sollte der Leiter für jede Runde mehrere Tage oder eine ganze Woche einplanen.

Allgemeine Vor- und Nachteile

+ Da die Methode weder quantitative Verfahren einsetzt noch Diskussionen erlaubt, lassen sich Fehleinschätzungen vor allem durch viele teilnehmende Experten vermeiden.
– Für das Gelingen ist es deshalb wesentlich, dass auch tatsächlich eine Vielzahl von Experten einbezogen wird (»Die Masse der Experten macht's!«).

Vor- und Nachteile der E-Mail- oder Brief-Variante

+ Die E-Mail- oder Brief-Variante ist vergleichsweise kostengünstig, da Teilnehmer nicht extra anreisen müssen und keine Verpflegung bereitgestellt werden muss.
– Der Leiter muss lange Antwortzeiten pro Abstimmungsrunde berücksichtigen, wodurch die Entscheidungsfindung mehrere Wochen dauern kann.

7.2.3 Listenpriorisierung (Bewertung der 6-5-3-Methode)

	**< 10**	10 – 20	20 – 40	40 – 60	> 60	
	**< 5**	**5 – 10**	10 – 20	20 – 30	> 30	
	**X**	X	X	X	X	
	**X**	X	X	X	X	
	X	X	X	X	**X**	

Kurzinfo

- Zeitnahme
- Sitz- und Schreibgelegenheiten
- Visualisierungsmedium
- Schreibmaterialien

Ziel

Die Listenpriorisierung bietet sich an, wenn aus einer Liste mit mehr als zehn Ideen eine vorher festgelegte Anzahl an Ideen für die Weiterarbeit ausgewählt werden muss.

Kurzbeschreibung

Die Ideen sind auf Listen mit mindestens zehn Einträgen notiert. Jeder Teilnehmer fügt auf jeder Liste drei Pluszeichen für Ideen hinzu, der er bearbeiten möchte, und drei Minuszeichen für Ideen, die nicht infrage kommen. Anschließend rechnet der Leiter alle notierten Plus- und Minuszeichen zusammen. Für die Weiterarbeit wählt er die festgelegte Anzahl an Ideen mit den meisten Punkten.

Ausführliche Beschreibung

Der Leiter erstellt für jeden Teilnehmer eine Liste, auf der jeweils gleich viele der gesammelten Ideen stehen. Jede Liste sollte mindestens zehn Ideen enthalten. Ist die Anzahl der Ideen pro Liste geringer, notiert der Leiter alle Ideen auf einer einzigen Liste. Falls die Gruppe die Ideen bereits auf Plakaten oder ähnlichen Medien gesammelt hat, wie etwa bei der →6-5-3-Methode (S. 130), sind keine zusätzlichen Listen nötig. Dann verwendet die Gruppe einfach die vorher erstellten Plakate. Da die Analyse besonders als Bewertung der 6-5-3-Methode bekannt ist, orientiert sich die folgende Beschreibung an dieser Methode, deren Plakate jeweils 18 Ideen enthalten.

Die Teilnehmer bilden mit ihren Tischen und Stühlen einen Kreis und jeder Teilnehmer erhält eine Liste. Zur Priorisierung fügt jeder insgesamt drei Pluszeichen für Aufgaben hinzu, die er weiterbearbeiten möchte, und drei Minuszeichen für Aufgaben, die für ihn nicht infrage kommen. Bei einer Liste mit ca. 18 Ideen sollte der Leiter dafür etwa drei Minuten einplanen. Anschließend rotieren die Listen im Uhrzeigersinn. Die neue Liste wird analog zur letzten beschriftet. Falls es nur eine einzige Liste gibt, rotiert allein diese und wird von den Teilnehmern der Reihe nach beschriftet. Die Teilnehmer sollten die Listen auf keinen Fall gemeinsam bearbeiten, damit sie sich nicht gegenseitig beeinflussen.

Bei Listen mit deutlich mehr oder weniger Ideen gibt der Leiter eine entsprechend angepasste Zeitvorgabe. Außerdem sollte er dann die Anzahl der Plus- und Minuszeichen überdenken. Als grober Richtwert gilt: Der Leiter teilt die Anzahl der Ideen pro Blatt durch sechs und rundet das Ergebnis. Bei 18 Ideen sind es entsprechend drei Plus- und drei Minuszeichen.

Nachdem jeder Teilnehmer alle Ideen priorisiert hat, rechnet der Leiter die Plus- und Minuszeichen zusammen. Dabei hat »+« den Wert + 1 und »–« den Wert – 1. Im Anschluss ordnet er die Ideen entsprechend ihres errechneten Werts. Nun kann er die vorher festgelegte Anzahl an Ideen für die Weiterarbeit auswählen.

Vor- und Nachteile

+ Die Analyse ist sehr schnell erklärt und erlernt, und sie lässt sich sehr schnell durchführen.
– Es besteht die Gefahr, dass die Teilnehmer nicht alle Alternativen gegeneinander abwiegen. Dafür eignen sich die →Matrixanalyse (S. 186) und die →Nutzwertanalyse (S. 190) besser.

7.2.4 Matrixanalyse *paarweiser Vergleich*

	< 10	**10 – 20**	20 – 40	40 – 60	> 60	
	**< 5**	**5 – 10**	10 – 20	20 – 30	> 30	
	x	**x**	x	x	x	
	x	**x**	x	x	x	
	x	x	x	x	**x**	

Kurzinfo

- Sitz- und Schreibgelegenheiten
- Flipchartblock optional
- Schreibmaterialien
- 1 unausgefüllte Vorlagentabelle mit Matrixschema optional

Ziel

Die Matrixanalyse hilft Gruppen bei der schnellen Priorisierung von weniger als zehn Alternativen und vermeidet lange Diskussionen. Die Alternativen müssen jedoch klar definiert und scharf voneinander abgegrenzt sein.

Kurzbeschreibung

Jeder Teilnehmer füllt für sich eine Tabelle aus, die für jede Alternative eine Zeile und eine Spalte enthält. Er vergleicht die Priorität der Alternativen mit einer Punktskala und schreibt den Wert in die jeweilige Zelle. Danach werden einzeln und in der Gruppe die Zeilensummen gebildet und eine Rangliste erstellt.

Ausführliche Beschreibung

Eine zuvor erstellte Tabelle enthält jeweils eine Zeile und jeweils eine Spalte pro zu bewertender Alternative. Die einzelnen Alternativen sind dabei in einer symmetrischen Matrix angeordnet, sodass sich die Tabelle entlang ihrer Hauptdiagonalen spiegeln lässt, wie die folgende schematische Tabelle zeigt:

Tabelle 7-3: Schematische Tabelle für die Matrixanalyse

	Alternative 1	**Alternative 2**	**Alternative 3**	**...**	**Zeilensumme**
Alternative 1					
Alternative 2			*		
Alternative 3		#			
...					

Zusätzlich enthält die Tabelle die Spalte »Zeilensumme«, in der die Teilnehmer später die Zeilensummen eintragen. Die Tabelle kann direkt auf Flipchartbögen erstellt und ausgefüllt werden. So lassen sich die Analysen später besser präsentieren.

Die Analyse gliedert sich nun in eine *Ausfüllphase* und eine *Analysephase*. In der *Ausfüllphase* erhält jeder Teilnehmer eine Kopie der leeren Tabelle und füllt sie für sich aus. In die Zellen schreiben die Teilnehmer Zahlen, die angeben, wie wichtig ihnen die Alternative der entsprechenden Zeile im Vergleich zur Alternative der Spalte ist. Eine »0« bedeutet, dass ihm beide Alternativen gleich wichtig sind. Erscheint ihm die Zeilenalternative wichtiger als die Spaltenalternative, wählt er eine Zahl zwischen 1 und 5. Erscheint ihm die Zeilenalternative dagegen weniger wichtig als die Spaltenalternative, wählt er eine Zahl zwischen –5 und –1. Die Zellen der Hauptdiagonalen bleiben leer, da sie zu ein und derselben Alternative gehören.

Die Teilnehmer füllen die Tabelle so aus, dass sie Zellen, bei denen die Zeilen- und die Spaltenalternative jeweils vertauscht wurden, den gleichen Betrag zuweisen, jedoch mit anderem Vorzeichen: Stünde also beispielsweise in der obigen Tabelle in der Zelle mit dem Symbol »#« der Wert 2, müsste in die mit dem Symbol »*« markierte Zelle der Wert –2 eingetragen werden. Die Tabelle lässt sich deshalb am einfachsten ausfüllen, wenn jeder Teilnehmer zuerst die Zellen rechts der Hauptdiagonale ausfüllt und danach diese Werte für die Zellen links der Hauptdiagonale mit umgekehrtem Vorzeichen überträgt.

Da die Anzahl der nötigen Vergleiche quadratisch mit der Anzahl der Alternativen steigt, sollte die Analyse nicht mehr als zehn Alternativen enthalten. Wie viel Zeit der Leiter für das Ausfüllen der Tabelle einplanen sollte, hängt von der Anzahl der Alternativen ab. Bei zehn Alternativen sollte es jedoch nicht länger als zehn Minuten dauern.

Sind alle Zellen ausgefüllt, notieren die Teilnehmer ihre Zeilensummen und erstellen auf dieser Grundlage eine Rangliste, die der eigenen Information dient.

In der abschließenden *Analysephase* addiert nun der Leiter die Zeilensummen aller Tabellen und erstellt aus den Gesamtzeilensummen eine Gruppenrangliste. Das Ergebnis spiegelt die Priorisierung der Alternativen durch die Gruppe wider.

Weiterarbeit

Die Analyse eignet sich über die Festlegung der Reihenfolge hinaus auch dazu, *Gewichtungsfaktoren für jede Alternative* zu ermitteln (dies lohnt sich, wenn die Gewichtungsfaktoren z. B. zur Weiterarbeit mit Analysen wie dem →House of Quality, S. 113, benötigt werden). Dazu führt die Gruppe die Matrixanalyse wie oben beschrieben durch. Danach wird zu jedem Eintrag 5 addiert und die Zeilensummen werden gebildet. Anschließend wird die höchste Zeilensumme ausgewählt und alle anderen Zeilensummen jeweils durch diese höchste Zeilensumme dividiert. Dieses Verfahren liefert Gewichte zwischen 0 und 1. Sollen diese Gewichte auf einer vorgegebenen Skala liegen, werden sie mit dem Skalenhöchstwert multipliziert. Um also beispielsweise Gewichte auf einer Skala von 1 bis 10 zu erhalten, wird der jeweilige Quotient aus Zeilensumme und maximaler Zeilensumme mit dem Faktor 10 multipliziert.

$$\text{Gewicht} = \frac{\text{Zeilensumme}}{\text{maximale Zeilensumme}} \cdot \text{Höchstwert der Gewichtungsskala}$$

Variante

Die Analyse eignet sich auch, um Aspekte oder Bauteile eines Konzepts oder Produkts zu bewerten. In diesem Fall muss die Gruppe vor der Analyse die Aspekte oder Bauteile ermitteln, z. B. durch ein →Brainstorming (S. 133).

Variante »paarweiser Vergleich«

Leicht abgewandelt lässt sich mit der Matrixanalyse ein *paarweiser Vergleich* ziehen. Dabei verwenden die Teilnehmer eine Skala, die von – 1 bis 1 läuft. Eine 1 bedeutet, dass dem Teilnehmer die Zeilenalternative wichtiger als die Spaltenalternative ist, bei einer 0 sind ihm beide gleich wichtig, und eine – 1 bedeutet, dass ihm die Zeilenalternative weniger wichtig ist als die Spaltenalternative.

Im Gegensatz zur Matrixanalyse sind beim paarweisen Vergleich also nur die Bewertungen »besser« (1), »schlechter« (– 1) oder »gleich gut« (0) möglich. Daher empfiehlt sich diese Analyse vor allem, wenn ein differenzierter Vergleich schwierig wäre, etwa weil nötige Informationen fehlen oder sich der Nutzen der einzelnen Kriterien nur schwer quantitativ bestimmen oder vergleichen lässt.

Vor- und Nachteile

+ Die Analyse kann eine Entscheidung zwischen vielen verschiedenen Alternativen erleichtern, da sie eine komplex wirkende Entscheidung zwischen vielen Alternativen auf viele leicht zu treffende Entscheidungen zwischen zwei Alternativen reduziert.
+ Die gefundene Entscheidung beruht auf der Analyse quantitativer Kriterien und wird deshalb in der Gruppe wahrscheinlich eine größere Akzeptanz erfahren als eine Entscheidung, die sich vor allem auf qualitative Verfahren stützt.
– Externe Faktoren wie etwa die Kosten oder die Realisierbarkeit der Alternativen könnten bei der Entscheidungsfindung ignoriert werden. Die →Nutzwertanalyse (S. 190) berücksichtigt diese Faktoren.

7.2.5 Nutzwertanalyse *Multifaktorenmethode*

	< 10	**10 – 20**	**20 – 40**	**40 – 60**	> 60	
	**< 5**	**5 – 10**	**10 – 20**	**20 – 30**	> 30	
	x	x	**x**	x	x	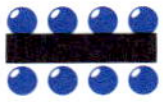
	x	**x**	x	x	x	
	x	x	x	x	**x**	

Kurzinfo

- Moderation optional
- Sitz- und Schreibgelegenheiten
- Schreibmaterialien
- 1 Vorlagentabelle pro Teilnehmer, Schablone zum Verdecken der Gewichtsspalte

Ziel

Die Nutzwertanalyse ist ein quantitatives Verfahren, das sich dafür eignet, eine Entscheidung zwischen mehreren ähnlichen Alternativen zu treffen, für die viele gleiche Kriterien gelten. Dies ist insbesondere auch dann möglich, wenn sich die Kriterien nicht oder nur sehr schwierig mit alltäglichen quantitativen Größen wie Kosten oder Zeitaufwand erfassen lassen.

Das Bewertungsprinzip der Nutzwertanalyse eignet sich außerdem dazu, zu entscheiden, ob die Gruppe bei einem bestehenden Modell verbleiben oder zu einem neuen Modell wechseln sollte (siehe Varianten).

Kurzbeschreibung

Bei der Nutzwertanalyse gewichten die Teilnehmer diejenigen Kriterien, die alle Alternativen gemeinsam haben, in Einzelarbeit auf einer Skala von 1 bis 5 und bewerten ihre Realisierung auf einer Skala von 1 bis 10. Das Produkt aus Gewicht und Bewertung wird dann als Nutzwert bezeichnet. Für jede Alternative wird nun die Summe aller Nutzwerte gebildet. Der Leiter addiert die Nutzwertsummen aller Teilnehmer und dividiert sie durch die Teilnehmerzahl. Der Wert, der sich so für jede

Alternative ergibt, wird als Gesamtnutzwert bezeichnet. Er stellt ein Maß für den geschätzten Nutzen der Alternative dar. Daher sollte die Alternative mit dem höchsten Gesamtnutzwert bevorzugt werden.

Ausführliche Beschreibung

Zur Vorbereitung erstellt der Leiter eine Vorlagentabelle, die dem nachfolgenden Schema folgt. Davon erhält jeder Teilnehmer ein Exemplar:

Tabelle 7-4: Vorlagentabelle für die Nutzwertanalyse

Kriterien	**Gewichte**	**Alternative 1**		**Alternative 2**		**usw. …**	
		Bewertung	**Nutzwert**	**Bewertung**	**Nutzwert**	…	…
Kriterium 1							
Kriterium 2							
usw.							
…							
Nutzwertsumme							

Optional können die Kriterien innerhalb der Tabelle nach Oberkriterien sortiert werden, damit die Tabelle übersichtlicher wird (siehe dazu unteres Beispiel).

Als Spaltenüberschriften in der ersten Zeile wählt der Leiter alle zur Auswahl stehenden Alternativen. Als Zeilenüberschriften dienen die Kriterien, hinsichtlich derer die Gruppe die Alternativen bewertet. Der Leiter kann die Kriterien schon vor der Analyse eintragen, oder er lässt die entsprechenden Zellen leer und erarbeitet die Kriterien gemeinsam mit den Teilnehmern in einer *optionalen Extraktionsphase* vor Beginn der eigentlichen Analyse. Das Ermitteln der Kriterien in der gemeinsamen Diskussion empfiehlt sich, weil es verhindert, dass der Leiter wichtige Kriterien übersieht. In dieser Diskussion kann entweder der Leiter oder einer der Teilnehmer die Rolle des Moderators einnehmen. Da die Extraktion der Kriterien mit einer →Konsensfindung (S. 40) endet, sollte der Leiter für die Diskussion zusätzliche zehn Minuten einplanen.

Die Nutzwertanalyse lohnt sich nur, wenn die Schnittmenge zwischen den Kriterien aller Alternativen sehr groß ist. Nur bei etwa gleich vielen ähnlichen Kriterien liefert sie reproduzierbare Ergebnisse. In jedem Fall sollten die Alternativen mindestens vier Fünftel ihrer Kriterien teilen.

Sind die Kriterien in die Tabelle eingetragen, füllt jeder Teilnehmer seine Vorlagentabelle in einer *Einzelarbeitsphase* aus. Dazu gewichten die Teilnehmer jedes Kriterium mit einem Wert zwischen 1 und 5, wobei 1 heißt, dass das Kriterium einen geringe Rolle für die endgültige Entscheidung spielt, während 5 heißt, dass das Kriterium eine große Rolle spielt. Die Einzelarbeit garantiert, dass jeder seine eigenen Anforderungen berücksichtigen kann.

Wenn sie mit der Gewichtung fertig sind, bewerten die Teilnehmer auf einer Skala von 0 bis 10, wie gut jedes Kriterium realisiert wurde. Hohe Zahlen repräsentieren eine gute Realisierung oder einen positiven Aspekt. Würden die Teilnehmer beispielsweise das Kriterium »Kosten« bewerten, stünden hohe Bewertungen für niedrige Kosten. Falls ein Kriterium nur auf eine Alternative zutrifft, tragen die Teilnehmer in der entsprechenden Zelle der Alternative ohne dieses Kriterium eine »0« ein.

Nachdem alle Kriterien gewichtet und bewertet wurden, bilden die Teilnehmer die jeweiligen Nutzwerte, also die Produkte aus Bewertung und Gewicht. Dies sind die Nutzwerte der Kriterien. Die Teilnehmer summieren sie und tragen sie in die Zeile »Nutzwertsumme« ein. Die Höhe der Nutzwertsumme spiegelt den geschätzten Nutzen der Alternative wider.

Damit die Teilnehmer nicht bereits bei der Bewertung die Nutzwertsumme abschätzen können, kann der Leiter eine *Schablone* austeilen, die die Gewichtsspalte beim Bewerten der Kriterien verdeckt. Auf diese Weise nehmen vorgefertigte Meinungen weniger Einfluss auf die Nutzwertsumme.

Im folgenden Beispiel soll neues Betriebssystem in einer Firma eingeführt werden, und die Gruppe soll zwischen zwei Systemen entscheiden. Die Nutzwertanalyse eines Teilnehmers könnte folgendermaßen aussehen:

Tabelle 7-5: Beispiel für die Nutzwertanalyse

Kriterien	**Gewichte**	**System A**		**System B**	
		Bewertung	**Nutzwert**	**Bewertung**	**Nutzwert**
Kompatibilität der Software mit …					
… *Textverarbeitung*	4	3	12	7	28
… *Datenanalyse*	3	8	24	9	27
… *Simulationen*	3	6	18	9	27
Geschwindigkeit	3	9	27	3	9
Bedienbarkeit	2	5	10	6	12
Kosten	2	10	20	3	6
Verwendungsdauer	3	8	24	8	24
Nutzwertsumme			**135**		**133**

In dem Beispiel wurde zur besseren Übersichtlichkeit das Oberkriterium »Kompatibilität der Software mit ...« eingeführt. In diesen Fall wird nicht das Oberkriterium selbst, sondern nur dessen Unterkriterien bewertet. Das Ergebnis dieser Nutzwertanalyse wäre, dass der Teilnehmer System A gegenüber System B bevorzugen sollte.

Nachdem alle Teilnehmer zu jeder Alternative Nutzwertsummen gebildet haben, addiert der Leiter in einer abschließenden *Gruppenbewertungsphase* für jede Alternative die Nutzwertsummen aller Teilnehmer und dividiert sie durch die Teilnehmerzahl. Die Gruppe kann sich dann für diejenige Alternative entscheiden, die den höchsten Gesamtnutzwert erreicht hat.

Tipp

- Die Bewertungsskala lässt sich auch mithilfe einer →Likert-Skala (S. 178) darstellen.
- Die Skala für die Gewichtung und Bewertung der Kriterien kann geändert werden, sollte jedoch maximal von 0 bis 10 reichen. Wenn die Skala zu viele Abstufungen enthält, sind Entscheidungen zugunsten einer Stufe nur noch schwer möglich.
- Die Gewichte können auch in Prozent angegeben werden. Dann muss die Summe aller Gewichte am Ende 100 % ergeben. Auf diese Weise lassen sich die Kriterien so gewichten, dass die Gewichte die Bedeutung der einzelnen Kriterien für die Gesamtalternative widerspiegeln. Dies kann vor allem hilfreich sein, wenn sich die Bedeutung der einzelnen Kriterien gut bewerten lässt.

Variante »Multifaktorenmethode«

Die Gruppe kann die Analyse auch nutzen, um zu ermitteln, ob der Wechsel von einem bestehenden Modell auf ein neues Modell sinnvoll ist. Diese Variante der Analyse ist auch als »Multifaktorenmethode« bekannt. Anstatt die Kriterien verschiedener Alternativen zu gewichten und zu bewerten, bestimmen die Teilnehmer dann die Gewichte und Bewertungen des bestehenden und des neuen Modells. Da sie zusätzlich den Aufwand einplanen müssen, den der Wechsel vom bestehenden zum neuen Modell mit sich bringt, sollten sie erst wechseln, wenn der Gesamtnutzwert des neuen Modells um etwa 20 % größer ist als der des bestehenden Modells.

Anmerkung

Ein Kriterium kann *nicht negativ bewertet* werden. Allerdings kommt es vor, dass z. B. das neue Modell neuartige Kriterien aufweist, die eine Verschlechterung gegenüber Kriterien des bestehenden Modells darstellen. Falls diese neuartigen Kriterien bestehende Kriterien ersetzen, liegt eine negative Bewertung zunächst nahe. Dass negative Bewertungen trotzdem nicht nötig sind, soll das folgende Beispiel verdeutlichen:

Die Firma Microsoft hat in ihrem Betriebssystem »Windows 8« den Startbutton entfernt und stattdessen eine neuartige Kacheloberfläche eingeführt. Im Vorgänger »Windows 7« war der Startbutton noch vorhanden. Bei einer Nutzwertanalyse der beiden Betriebssysteme kann die Kacheloberfläche nur in der Spalte »Windows 8« einen positiven Wert erhalten, genauso wie der Startbutton nur in der Spalte »Windows 7« einen positiven Wert erhalten kann. In den jeweils anderen Spalten müssen die Teilnehmer die Kriterien mit 0 bewerten. Empfinden die Teilnehmer die Kacheloberfläche nun beispielsweise als eine Verschlechterung gegenüber dem Startbutton, dann bewerten sie den Startbutton entsprechend höher als die Kacheloberfläche. Somit gewichten sie die Alternative »Windows 8« relativ zur Alternative »Windows 7« gesehen negativ, obwohl sie keine negativen Werte verteilen.

Vor- und Nachteile

+ Die Analyse liefert eine differenziertere Bewertung als die →Matrixanalyse (S. 186).
– Die Auswahl der Kriterien erfolgt nicht nach einem quantitativen Schema, weshalb die Teilnehmer bereits Erfahrung mit Gruppenarbeit haben sollten.
– Verglichen mit den anderen Analysen dieses Kapitels ist die Methode sehr zeitaufwendig.

7.3 Konzepte nach vorheriger Ideensuche

7.3.1 Morphologischer Kasten *Attribute-Listing*

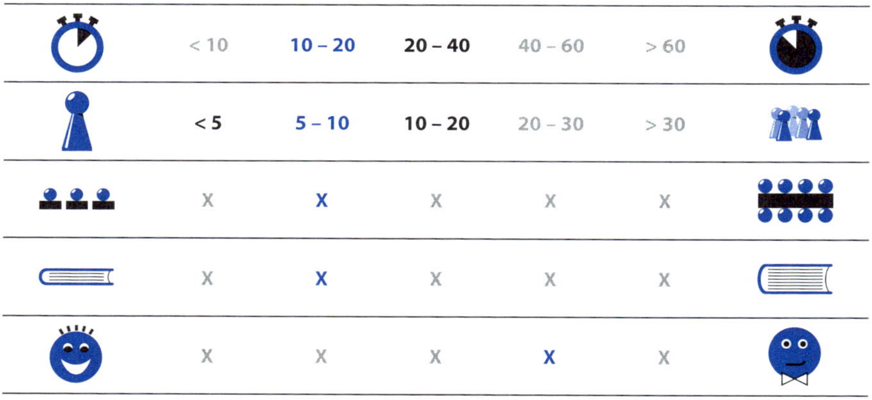

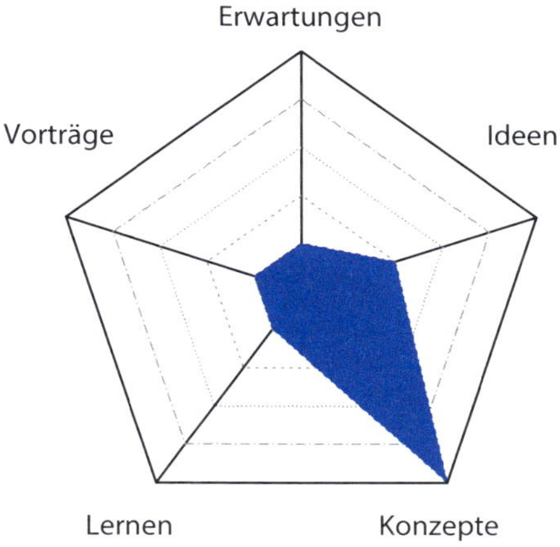

Kurzinfo

- Moderation
- Sitzgelegenheiten
- Visualisierungsmedium
- Schreibmaterialien

Ziel

Der morphologische Kasten ist eine Methode für die Entwicklung von Produkten, die derart konzipiert werden, dass zahlreiche verschiedene Merkmale miteinander kombiniert werden. Er verschafft den Teilnehmern ebenfalls einen Überblick über die unterschiedlichen Kombinationsmöglichkeiten. So findet die Gruppe schnell Kombinationen, die sich für die Lösung anbieten.

Zusätzlich kann die Variante »*Attribute-Listing*« dazu dienen, bereits bestehende Konzepte zu verbessern, die sich in verschiedene Merkmale untergliedern lassen.

Kurzbeschreibung

Die Gruppe sammelt alle Merkmale des angestrebten Konzepts und hält sie mit ihren möglichen Ausprägungen in einer Tabelle fest. Dann bilden die Teilnehmer Kombinationen aus je einer Ausprägung jedes Merkmals. Schließlich prüfen sie, ob sich bestimmte Kombinationen für die Lösung anbieten.

Ausführliche Beschreibung

Zu Beginn sammelt die Gruppe alle Merkmale (bzw. Attribute oder Parameter) in einer vom Moderator geleiteten Diskussion. Alternativ kann sie dazu auch ein →Brainstorming (S. 133) mit anschließender →Konzept-Extraktion (S. 178) durchführen.

Wenn alle Merkmale gefunden sind, erstellt der Moderator eine Tabelle, deren erste Spalte er mit den Merkmalen ausfüllt. Er legt dann die Tabelle für alle Teilnehmer sichtbar auf dem Visualisierungsmedium an. Besonders einfach lässt sich eine komplexe Tabelle wie beim morphologischen Kasten mithilfe von Textverarbeitungssoftware auf einem Computer erstellen und anschließend mit einem Beamer visualisieren. Dabei muss er darauf achten, dass sich die einzelnen Merkmale scharf voneinander abgrenzen und dass sie sich in die Praxis umsetzen lassen. Nun erarbeitet die Gruppe die Ausprägungen jedes Merkmals, welche der Moderator neben den

Merkmalen in die Tabelle einträgt. So entsteht eine Tabelle, die alle Merkmale des Konzepts sowie alle ihre möglichen Ausprägungen enthält.

Entwickelt die Gruppe z. B. eine neue Getränkeflasche, könnte die Tabelle folgendermaßen aussehen:

Tabelle 7-6: Beispiel für den morphologischen Kasten

Merkmal	Ausprägungen			
Größe	0,2 l	0,5 l	1 l	1,5 l
Material	Glas	PET	Hartkunststoff	
Farbe	durchsichtig	grün	braun	blau
Form	länglich	kugelrund	Steinieform	
Verschluss	Schraubverschluss	Kronkorken	Korken	Saugverschluss

Sobald die Tabelle fertig ausgefüllt ist, visualisiert sie der Moderator mit dem Visualisierungsmedium. Jeder Teilnehmer kombiniert nun in Einzelarbeit geeignet erscheinende Merkmalsausprägungen. Von den entstandenen Kombinationen stellen einige sicher gute Lösungen dar. Abschließend kann die Gruppe die verschiedenen Kombinationen noch vergleichen und bewerten, z. B. mit einer →Matrixanalyse (S. 186) oder in einer vom Gruppenleiter moderierten Diskussion mit →Konsensfindung (S. 40).

Tipp

Besonders provokative Kombinationen lassen sich erzeugen, indem jeder Teilnehmer die Ausprägungen nach dem Zufallsprinzip kombiniert. Dann könnten vollkommen neuartige und nützliche Kombinationen entstehen, die sonst niemand in Betracht gezogen hätte.

Variante Einzelarbeit

Auch in Einzelarbeit liefert die Methode nützliche Ergebnisse. Wer die Methode alleine nutzen möchte, erstellt die Tabelle, sammelt die zum Konzept passenden Merkmale mit ihren Ausprägungen und bildet dann mehrere Kombinationen. Anschließend führt er eine Matrixanalyse durch, um die entstandenen Lösungen zu bewerten.

Variante »*Attribute-Listing*«

Falls die Methode nicht zum Entwickeln eines komplett neuen Konzepts dienen soll, sondern dazu, ein bereits bestehendes Konzept zu verbessern, indem die Gruppe dessen Merkmalsausprägungen analysiert und anpasst, heißt sie *Attribute-Listing*.

Dazu untergliedert die Gruppe das Konzept im ersten Schritt in möglichst alle seine Merkmale. Im zweiten Schritt hält sie fest, welche Merkmalsausprägungen im aktuellen Konzept kombiniert sind. Schließlich sucht sie im dritten Schritt Alternativen zu den derzeitigen Ausprägungen.

Vor- und Nachteile

+ Die Methode ist schnell erlernt, nicht zeitaufwendig und einfach in ihrer Durchführung.
– Zwar lassen sich mit der Methode sehr schnell neuartige Kombinationen von Attributen ableiten, neue Attribute hingegen lassen sich damit nicht entwickeln. Beim Innovationspotenzial gibt es also noch Luft nach oben.

7.3.2 TILMAG-Methode

	< 10	**10 – 20**	**20 – 40**	**40 – 60**	> 60	
	< 5	**5 – 10**	**10 – 20**	20 – 30	> 30	
	X	**X**	X	X	X	
	X	X	X	**X**	X	
	X	X	X	**X**	X	

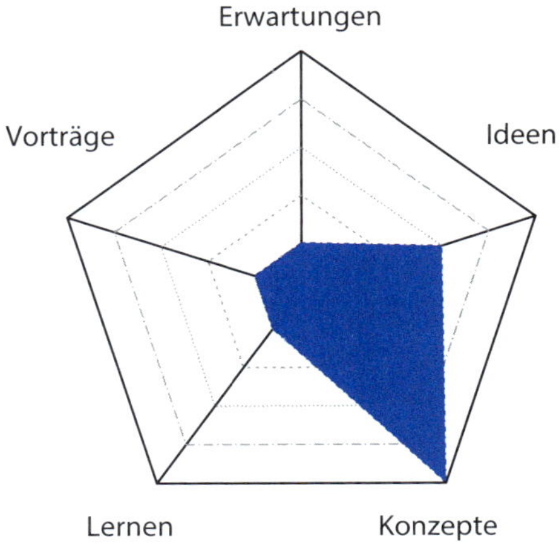

Kurzinfo

- Moderation
- Sitzgelegenheiten
- Visualisierungsmedium
- Schreibmaterialien

Ziel

Die TILMAG-Methode hilft beim Entwickeln eines Konzepts, dessen ideale Attribute bereits bekannt sind.

Kurzbeschreibung

Die Gruppe füllt eine Tabelle aus, deren Spalten- und Zeilenüberschriften die idealen Attribute des angestrebten Konzepts bilden. Diese Attribute werden miteinander kombiniert und die daraus entstandene Assoziation in der entsprechenden Tabellenzelle notiert. In einer zweiten Tabelle dienen dann die Assoziationen als Spalten- und Zeilenüberschriften, und die Gruppe notiert die Gemeinsamkeiten zwischen Spalten- und Zeilenüberschrift in der jeweiligen Zelle. Aus diesen Gemeinsamkeiten erarbeitet sie schließlich die angestrebten Konzepte.

Ausführliche Beschreibung

Zu Beginn sammelt die Gruppe möglichst viele Anforderungen, die das angestrebte Konzept erfüllen soll. Dazu können die Teilnehmer beispielsweise ein →Brainstorming (S. 133) durchführen und aus den gewonnenen Vorschlägen drei bis sechs Anforderungen auswählen, z. B. mithilfe der →Listenpriorisierung (S. 184).

Angenommen, die Gruppe soll ein neues Kofferradio entwickeln: Dann könnten sie etwa durch ein Brainstorming und eine Listenpriorisierung folgende Anforderungen zusammengestellt haben:

»Das Kofferradio soll *leicht* und *tragbar* sein, und es sollte ein *attraktives* Design aufweisen.«

Die idealen Attribute des Konzepts sind also »leicht«, »tragbar« und »attraktiv«. Sie werden, jeweils in derselben Reihenfolge, sowohl als Spalten- als auch als Zeilenüberschriften in eine Tabelle eingetragen. Von diesem Matrixschema leitet sich auch der Name der Methode ab: *T*ransformation *I*dealer *L*ösungselemente durch *M*atrizen der *A*ssoziations- und *G*emeinsamkeitenbildung.

Der Moderator visualisiert die fertige Tabelle für alle gut sichtbar, und die *erste Phase* der Methode, die *Assoziationsbildung*, beginnt. In dieser Phase sagen die Teilnehmer, welche Assoziationen die Kombination der Begriffspaare aus der Spalten- und Zeilenüberschrift bei ihnen hervorruft. Der Moderator notiert die Assoziationen in den Tabellenzellen, die zu den beiden entsprechenden Begriffen gehören. Da sich die so entstehende Tabelle an der Hauptdiagonalen spiegeln lässt, füllt er nur die Hälfte rechts oberhalb der Hauptdiagonalen aus, um Doppelnennungen zu vermeiden. Auch die Zellen der Hauptdiagonalen bleiben leer, denn sie gehören zu ein und demselben Begriff.

Für das Kofferradio-Beispiel wäre die folgende Tabelle denkbar:

Tabelle 7-7: Beispiel für die erste Phase der TILMAG-Methode (*Geschka et al.* 1980) mit eingezeichneter Hauptdiagonale

	leicht	**tragbar**	**attraktiv**
leicht		Luftballon	Sommerkleid
tragbar	–		Perlenkette
attraktiv	–	–	

Nachdem die Tabelle fertig ausgefüllt ist, folgt die *zweite Phase*: *Gemeinsamkeitenbildung*. Nun verwendet die Gruppe die gesammelten Assoziationen als Überschriften einer neuen Tabelle. Falls die Gruppe mehr als sechs Assoziationen gesammelt haben sollte, ist es sinnvoll, wenn sie mithilfe einer erneuten Listenpriorisierung maximal sechs Assoziationen auswählt. In die neue Tabelle tragen die Teilnehmer Gemeinsamkeiten zwischen den verschiedenen Assoziationen ein. Die zweite Tabelle könnte für das Beispiel etwa so aussehen:

Tabelle 7-8: Beispiel für die zweite Phase der TILMAG-Methode (***Geschka et al.*** 1980)

	Luftballon	**Sommerkleid**	**Perlenkette**
Luftballon		dünne Hülle (1)	kugelig, rund (2) hängen an Faden (3)
Sommerkleid	–		Sommerkleider können Perlmutteffekt haben (4) beide liegen auf der Haut (5)
Perlenkette	–	–	

Aus den Gemeinsamkeiten leitet die Gruppe schließlich in einer moderierten Diskussion mithilfe einer →Konsensfindung (S. 40) konkrete Konzeptvorschläge ab. Dies sind z. B. Vorschläge für das Kofferradiokonzept:

- aus (1): Gehäuse des Kofferradios aus dünnem aber stabilem Material
- aus (2): Radio in Kugelform, neues Design
- aus (3): Transport des Radios an einer Tragetasche
- aus (4): Außenfläche mit Metallic-Effekt
- aus (5): Kleinradio, das um den Hals getragen werden kann

Weiterarbeit

Um aus der Menge an Konzeptvorschlägen einen bestimmten Vorschlag auszuwählen, kann die Gruppe z. B. eine →Matrixanalyse (S. 186) durchführen.

Vor- und Nachteile

+ Die Konzeptvorschläge sind wahrscheinlich sehr innovativ.
+ Die gewünschten Attribute dienen als Orientierung bei der strukturierten Suche nach Vorschlägen.
– Trotz ihrer Vorteile ist die Methode vergleichsweise schwierig. Deshalb sollte sich der Moderator sehr gut darauf vorbereiten.

7.4 Konzepte ohne vorherige Ideensuche

7.4.1 Kollegiale Fallberatung

	< 10	10 – 20	20 – 40	40 – 60	**> 60**	
	< 5	**5 – 10**	10 – 20	20 – 30	> 30	
	X	X	X	X	**X**	
	X	X	X	**X**	X	
	X	X	X	X	**X**	

Kurzinfo

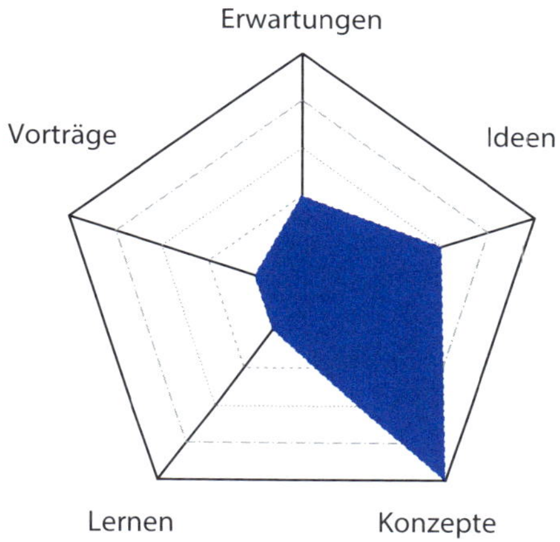

- Moderation, Zeitnahme, Ergebnissicherung
- Sitz- und Schreibgelegenheiten
- Visualisierungsmedium
- Schreibmaterialien

Ziel

Die kollegiale Fallberatung findet Anwendung, wenn Mitarbeiter oder Gruppenmitglieder mit konkreten beruflichen oder sozialen Problemen nicht mehr weiter wissen. Solche Probleme könnten Ideenmangel bei der Weiterentwicklung eines Projekts oder auch zwischenmenschliche Spannungen sein.

Indem sich der Ratsuchende Personen mit dem gleichen Wissensstand anvertraut, kann er sein Problem aus vielen neuen Blickwinkeln betrachten. Dadurch erhält er eine Vielzahl an Impulsen für neue Lösungsideen.

Kurzbeschreibung

Der Mitarbeiter oder das Gruppenmitglied wird zum Ratsuchenden, wenn er sich mit seinem Problem an Unbeteiligte (z. B. Kollegen) mit einem vergleichbaren Wissensstand wendet. Dabei helfen die folgenden Schritte dem Ratsuchenden und den Beratern, sich ganz auf das Problem zu konzentrieren:

- Der Ratsuchende schildert den beratenden Kollegen ausführlich sein Problem.
- Wenn nötig, stellen die Berater dem Ratsuchenden klärende Fragen, um Unklarheiten zu beseitigen.
- Danach versetzen sich die Berater in die Rolle des Ratsuchenden und diskutieren untereinander über mögliche Lösungen, während der Ratsuchende die Beobachterrolle einnimmt. Schließlich stellen sie ihre Vorschläge vor.
- Zum Schluss bewertet und gewichtet der Ratsuchende die Vorschläge.
- Während des gesamten Prozesses moderiert einer der Berater die Diskussionen.

Ausführliche Beschreibung

Bei der kollegialen Fallberatung können Kollegen, Freunde, Partner oder jede andere Gruppe, die das nötige Wissen und ausreichend Erfahrung zur Lösung des Problems mitbringt, zu Beratern des Ratsuchenden werden. Zur Vorbereitung bildet die Gruppe einen gemeinsamen Gruppentisch, an dem die spätere Diskussion stattfindet.

In der *ersten Phase (Darstellung)* schildert der Ratsuchende den Beratern sein Problem so ausführlich wie möglich. Außerdem erzählt er von seinen bisherigen Lösungsversuchen. Während des Vortrags dürfen die Berater noch *keine Fragen stellen* und *nichts kommentieren*. Da der Ratsuchende angehalten wird, sich bei der Darstellung auf das wesentliche Problem zu konzentrieren und da dieses Problem im Anschluss noch genauer erörtert wird, sollte diese erste Phase nicht länger als fünf Minuten dauern. Nachdem der Ratsuchende sein Problem dargelegt hat, bestimmen die Berater einen Moderator aus ihren Reihen.

In der *zweiten Phase (Präzision)* grenzen die Berater das Problem ein, indem sie durch Fragen ihrerseits Unklarheiten beseitigen. Nun nimmt der Ratsuchende die Beobachterrolle ein und redet nur, um die Fragen *kurz und präzise* zu beantworten. Er bewertet weder den Sinn der Fragen, noch lenkt der die Diskussion durch ausschweifende Antworten in eine Richtung. Der Moderator achtet währenddessen darauf, dass der Ratsuchende wirklich kurze und präzise Antworten gibt und dass die Berater in dieser Phase noch nicht über Lösungsvorschläge diskutieren. Die Präzisionsphase dauert etwa 15 Minuten und endet, wenn alle Unklarheiten beseitigt sind.

Während der folgenden *dritten Phase (Vertiefung)* diskutieren die Berater untereinander, erarbeiten aber noch *keine Lösungsvorschläge*. Sie versetzen sich zunächst einmal in die Lage des Ratsuchenden, schildern ihre ersten Einfälle und Gefühle, identifizieren Zusammenhänge und äußern Vermutungen über die Ursachen des Problems. Auch hier bleibt der Ratsuchende in der Beobachterrolle und notiert Details, die er relevant findet. Der Moderator gewährleistet, dass der Ratsuchende und die Berater noch keine Lösungsvorschläge erarbeiten. Es kommt nicht darauf an, dass die Berater die Sichtweise des Ratsuchenden wirklichkeitsgetreu erfassen. Wichtiger ist, dass sie ihre eigenen Erfahrungen oder Vermutungen auf das Problem projizieren und dem Ratsuchenden damit neue Sichtweisen ermöglichen.

Zum Abschluss der dritten Phase formuliert jeder Berater *einen* Satz der Form: *»Ich als Berater denke, das Problem kommt von …/hat die Ursache(n) …«* Der Ratsuchende kann dann kurz seine Meinung zu den erarbeiteten Vermutungen äußern und sie mithilfe seiner Notizen bewerten und gewichten. Die Vertiefungsphase sollte nicht länger als 20 Minuten dauern, damit die Diskussion nicht ins Stocken gerät und die Berater nicht bereits mit dem Erarbeiten von Lösungsideen beginnen.

Für die eigentliche *Lösungsfindung* ist die *vierte Phase* bestimmt: Nun entwickeln die Berater aus ihren Vermutungen konkrete Lösungsvorschläge. Ein →Brainstorming (S. 133) mit anschließender →Konzept-Extraktion (S. 178) kann dabei ihre Diskussion begleiten. Dabei versuchen sie nicht, einen Gruppenkonsens zu erreich, sondern *möglichst viele Lösungsideen* zu erzeugen. Auch diese Phase dauert etwa 20 Minuten. Damit ist sie lang genug, um den Beratern genügend Zeit zum Finden der Lösungsideen zu geben, aber kurz genug, um zu verhindern, dass sie sich auf einen Ansatz versteifen.

Solange in dieser Zeit genug Vorschläge entstehen, ist es zweitrangig, ob das begleitende Brainstorming zum Abschluss gekommen ist. Allerdings liegt es im Ermessen des Moderators einzuschätzen, ob die Diskussion schon festgefahren ist oder noch weitere fruchtbare Ergebnisse liefern könnte. Nachdem er die Phase für beendet erklärt hat, formuliert jeder Berater einen Lösungsvorschlag der Form: »Wenn ich mich in der Rolle des Ratsuchenden befinden würde, würde ich …«

In der *letzten Phase bewertet der Ratsuchende* die Lösungsideen. Falls die Gruppe genug Zeit hat, kann sie dafür auch eine der Methoden aus Kapitel 7.2 anwenden. Er erklärt und begründet, welche Idee er für die beste Lösung seines Problems hält.

Weiterarbeit

Im Anschluss an die Bewertung kann die Gruppe optional noch ein kurzes Feedback in Form eines →Blitzlichts (S. 84) einholen.

Zusammenfassung

Tabelle 7-9: Die Phasen der kollegialen Fallberatung

Phase/Dauer	Aufgaben des Ratsuchenden	Aufgaben der Berater	Aufgaben des Moderators
1. Darstellung (ca. 15 min)	Problem und Lösungsversuche erläutern	zuhören	Moderator wird im Anschluss an diese Phase bestimmt
2. Präzisierung (ca. 15–20 min)	zuhören und Fragen kurz und präzise beantworten	Problem erörtern, Unklarheiten beseitigen, Fragen sammeln und stellen	Ratsuchenden daran erinnern, nur kurz und präzise auf Fragen zu antworten
3. Vertiefung (ca. 20 min)	zuhören und beobachten am Ende der Phase kurzes Feedback zu Vermutungen der Berater	erste Diskussion, sich in die Lage des Ratsuchenden hineinversetzen, Vermutungen über Ursache des Problems äußern	darauf achten, dass Berater noch keine Lösungen erarbeiten
4. Lösungsfindung (ca. 20 min)	zuhören, erarbeitete Lösungen für sich evaluieren	auf den Vermutungen aufbauend möglichst viele Lösungsideen entwickeln; evtl. begleitendes Brainstorming	in die Diskussion eingreifen, wenn Berater nur noch in eine Richtung denken; Streit zwischen Ratsuchendem und Beratern verhindern
5. Bewertung (ca. 10 min)	Vorschläge bewerten	zuhören	–
6. Feedback (optional, ca. 20 min)	Alle beteiligten Personen evaluieren die Fallberatung in einem → Blitzlicht (S. 84), wobei am besten eine bis dahin außenstehende Person moderiert.		

Vor- und Nachteile

+ Die Methode liefert sehr detailliert ausgearbeitete Lösungsvorschläge.
– Die Methode gelingt nur, wenn die Berater über die nötige Erfahrung oder das nötige Expertenwissen verfügen.
– Die Methode ist sehr zeitaufwendig. Allerdings nimmt das Lösen komplexer Probleme immer viel Zeit in Anspruch. Daher liegt der Zeitaufwand weniger an der Methode als an der Komplexität der Probleme, die sie zu lösen hilft.

7.4.2 Sukzessive Integration von Lösungen (SIL-Methode)

	< 10	**10 – 20**	**20 – 40**	40 – 60	> 60	
	< 5	**5 – 10**	**10 – 20**	20 – 30	> 30	
	x	x	**x**	x	x	
	x	x	**x**	x	x	
	x	x	x	x	**x**	

Kurzinfo

- Moderation, Ergebnissicherung
- Sitz- und Schreibgelegenheiten
- Visualisierungsmedium
- Schreibmaterialien

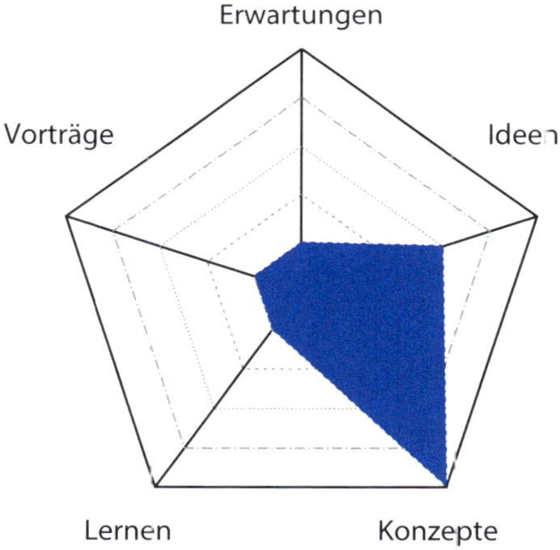

Ziel

Die SIL-Methode eignet sich für Probleme, bei deren Lösung nur sehr wenige konkurrierende Lösungsvorschläge zu erwarten sind. Daneben beugt sie der Gefahr vor, dass die Gruppe entscheidende Details übersieht, wenn die Lösung aus vielen verschiedenen Bestandteilen besteht.

Kurzbeschreibung

Zu einem vorgegebenen Problem erarbeiten die Teilnehmer in Einzelarbeit Lösungsvorschläge. Davon werden zunächst nur zwei Vorschläge präsentiert. Aus diesen beiden Ansätzen versucht die Gruppe ein Lösungskonzept zu entwickeln, das die Stärken beider Ansätze miteinander vereint. Nun integriert die Gruppe auf die gleiche Weise die restlichen Ansätze, bis alle Lösungsvorschläge berücksichtigt worden sind.

Ausführliche Beschreibung

Die SIL-Methode verknüpft nach und nach die verschiedenen Lösungsvorschläge der einzelnen Teilnehmer. Dazu erläutert der Moderator zu Beginn das Problem und formuliert es, falls nötig, gemeinsam mit der Gruppe in eine konkrete Problemstellung um. Anschließend fordert er die Teilnehmer auf, in Einzelarbeit Lösungen zu entwickeln. Falls sie schon im Umgang mit Kreativmethoden geübt sind, können sie dazu auf die Methoden aus Kapitel 6 zurückgreifen, wobei dies nicht zwingend erforderlich ist. Entscheidend ist, dass sie ihre Lösungsvorschläge alleine erarbeiten und nicht bereits in dieser Phase von fremden Ideen beeinflusst werden.

Haben alle ihre Lösungen schriftlich ausformuliert, präsentieren die ersten beiden Teilnehmer nacheinander ihre Lösungsvorschläge. Aus diesen beiden Ansätzen versucht die Gruppe in einer moderierten Diskussion, gemeinsam ein Konzept zu entwickeln, das die Stärken beider Ansätze vereint. Nun präsentiert der nächste Teilnehmer seinen Vorschlag, und erneut versucht die Gruppe, die Stärken dieses Vorschlags in das Konzept zu integrieren. Dies geht so lange weiter, alle ihre Lösungsvorschläge vorgestellt haben.

Tipp

Um den Ablauf zu beschleunigen, kann der Moderator zu Beginn die Reihenfolge bestimmen, in der die Teilnehmer ihre Lösungskonzepte präsentieren. Dabei helfen die Methoden aus Kapitel 5.4.

Zur besseren Übersicht kann der Moderator die Lösungsvorschläge während der Präsentationen an einem Visualisierungsmedium skizzieren.

Vor- und Nachteile

- \+ Die Methode lässt sich vergleichsweise schnell durchführen.
- – Auf den ersten Blick klingt das sukzessive Integrieren von Lösungen nach einer einfachen Aufgabe. Vor allem Teilnehmern ohne Erfahrung mit Kreativmethoden kann es aber schwerfallen.

7.4.3 Synektik

	< 10	10 – 20	20 – 40	40 – 60	**> 60**	
	< 5	5 – 10	**10 – 20**	20 – 30	> 30	
	X	X	X	**X**	X	
	X	X	X	X	**X**	
	X	X	X	X	**X**	

Kurzinfo

- Moderation, Zeitnahme, Ergebnissicherung
- Sitz- und Schreibgelegenheiten
- Visualisierungsmedium
- Schreibmaterialien

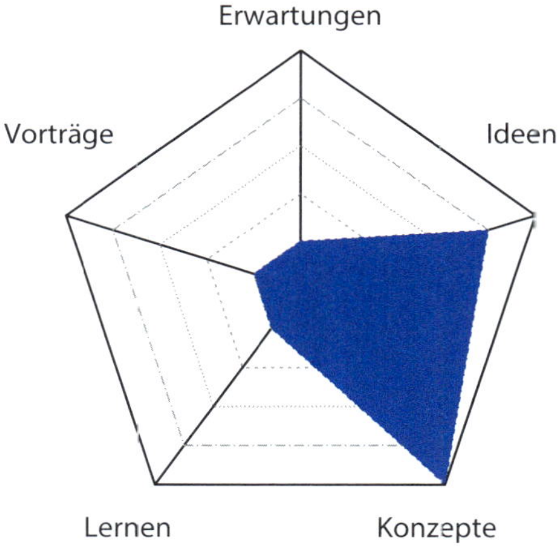

Ziel

Die Gruppe erarbeitet sehr innovative Lösungen für ein Problem mit eng umschriebener Aufgabenstellung.

Kurzbeschreibung

Bei der Synektik-Methode löst die Gruppe in zehn Schritten ein Problem, indem sie Analogien zu einem anderen Bereich (beispielsweise Natur oder Technik) bildet und auf das zu lösende Problem überträgt. Sie verfremdet also das Vertraute, um auf diese Weise Denkprozesse anzustoßen und kreative Lösungsansätze zu fördern.

Ausführliche Beschreibung

Die Synektik-Methode läuft in zehn Schritten ab, die das folgende Beispiel (nach *Hentze et al.* 1990) illustriert:

1. Schritt: Definition des Problems
(Dauer: ca. 10 min)
Der Moderator erklärt die Vorgehensweise, erläutert die Aufgabenstellung und beantwortet Verständnisfragen, bevor die Gruppe die nötigen Informationen sammelt.

Beispiel – Mögliche Aufgabenstellung:
»Wie können wir die Mitarbeiter dazu bringen, technische Anlagen nur mit Schutzhelm zu betreten?«

2. Schritt: Spontane Lösungsansätze durch Brainstorming
(Dauer: ca. 10 min)
In einem →Brainstorming (S. 133) sammeln die Teilnehmer spontane Lösungsideen. Auf diese Weise berücksichtigen sie gleich zu Beginn naheliegende Vorschläge, für die die weiteren Phasen gar nicht mehr nötig sind. In den folgenden Schritten können sie sich dann ganz auf die weniger naheliegenden Lösungen konzentrieren.

Beispiel – Mögliche Ergebnisse des Brainstormings:
- Warnschilder
- Androhung von Geldstrafen
- Kameraüberwachung

3. Schritt: Neuformulierung des Problems
(Dauer: ca. 5 min)
Falls im Laufe das Brainstorming deutlich wurde, dass die Teilnehmer die Aufgabenstellung unterschiedlich interpretieren, formuliert sie die Gruppe neu, damit alle die nachfolgenden Schritte mit dem gleichen Verständnis bearbeiten.

4. Schritt: Erste direkte Analogie
Verfremdung des Problems durch Assoziation mit anderen Bereichen
(Dauer: ca. 10 min)
Der Moderator gibt einen Bereich vor, der scheinbar nichts mit dem Problem zu tun hat (z. B. Natur). Aus diesem Bereich sollen die Teilnehmer in Einzelarbeit direkte Analogien zur Aufgabenstellung suchen. Dazu überlegen sie sich, wo in dem Bereich ähnliche Probleme auftreten und wie sie dort gelöst werden. Zum Schluss hält der Moderator alle gesammelten Analogien auf dem Visualisierungsmedium fest und die Gruppe entscheidet in einer →Konsensfindung (S. 40), welche Analogien sie im nächsten Schritt bearbeiten möchte.

Beispiel – Mögliche Frage aus dem Bereich Natur:
- »Wie wird in der Natur vor Gefahren gewarnt? Was wird in der Natur unternommen, um Gefahr zu vermeiden?«

Mögliche Antworten:
- Der Pavian macht eine Drohgebärde, um Feinde abzuschrecken.
- Das Murmeltier pfeift, um Artgenossen zu warnen.
- Vögel bauen Nester hoch in den Bäumen, um den Nachwuchs vor Feinden zu schützen, die nicht fliegen oder klettern können, und um zu verhindern, dass ihre Küken ohne Mutter das Nest verlassen. (ausgewählt)

5. Schritt: Persönliche Identifikation
Verfremdung des Problems durch persönliche Identifikation
(Dauer: ca. 10 min)
Die Teilnehmer versuchen, sich in die Situation hinzuversetzen, die die ausgewählte Analogie beschreibt. Die Frage »Wie fühle ich mich als ...?« kann dabei helfen. Die Teilnehmer notieren ihre fantasierten Erfahrungen und Eindrücke, um sie anschließend zu sammeln und auf dem Visualisierungsmedium festzuhalten. Schließlich wählen sie einen Begriff aus, den sie in den nachfolgenden Schritten weiter bearbeiten.

Beispiel –Eindrücke aus der Identifikation mit dem im Nest gefangenen Küken:
- »Wie fühle ich mich als Küken in meinem Nest, ohne es verlassen zu können?«
- »Warum macht die Mutter das mit mir?«
- »Jetzt gibt es kein Entkommen mehr!« (ausgewählt)

6. Schritt: Symbolische Analogien
(Dauer: ca. 10 min)
In diesem Schritt suchen die Teilnehmer mithilfe von Formen, Bildern oder Klängen, oder auch mithilfe von Paradoxien, nach ungewöhnlichen Vergleichen und Verallgemeinerungen. Oft hilft es, die symbolische Analogie als imaginären Buchtitel zu formulieren. Außerdem helfen Fragen wie: »Welches allgemeine Prinzip steckt hinter der Erfahrung?« Oder: »Welches Symbol stellt das Erfahrene dar?« Die Teilnehmer schreiben ihre Ideen auf, tragen sie zusammen und wählen einen der Vergleiche oder Verallgemeinerungen als Grundlage für die zweite direkte Analogie im nächsten Schritt.

Beispiel – Mögliche Verallgemeinerungen:
- »Ausweglose Flucht«
- »Gewaltsame Bestimmung«
- »Fürsorgliche Gefangenschaft« (ausgewählt)

7. Schritt: Zweite direkte Analogie
(Dauer: ca. 10 min)
Der Moderator gibt erneut einen Bereich vor (z. B. Technik), aber nicht denselben Bereich wie im vierten Schritt. Daraus suchen die Teilnehmer direkte Analogien zu

dem Thema, das sie im letzten Schritt ausgewählt haben. Dabei gehen sie genau wie im vierten Schritt vor.

Beispiel – Mögliche Frage aus dem Bereich Technik:
- »Wie wird die ›Fürsorgliche Gefangenschaft‹ in der Technik umgesetzt?«
- *Mögliche Antworten:*
- Hundeleine (ausgewählt)
- Sicherheitsgurt (ausgewählt)
- Verkehrsampel (ausgewählt)

8. Schritt: Analyse der direkten Analogien
(Dauer: ca. 5 min)
Die Gruppe fasst zusammen, wie die im letzten Schritt ausgewählten Analogien funktionieren und welche Merkmale sie besitzen. Die folgenden Fragen helfen dabei: »Durch welchen Mechanismus erfüllt der Gegenstand seinen Zweck?« Oder: »Welcher Aspekt des Gegenstands erfüllt das geforderte Kriterium?« Der Moderator diskutiert die Fragen gemeinsam mit allen Teilnehmern und hält die Antworten fest.

Beispiel – Mögliche Frage:
- »Durch welchen Mechanismus gewährleistet eine Hundeleine/ein Sicherheitsgurt/eine Verkehrsampel Sicherheit?«
- *Mögliche Antworten:*
- Hundeleine ← durch die feste Verbindung zwischen Herrchen und Hund
- Sicherheitsgurt ← dadurch, dass der Wagen erst startet, wenn der Gurt einrastet
- Verkehrsampel ← durch farbige Warnsignale

9. Schritt: Force-Fit-Übertragung auf das Problem
Erzwungene Übertragung auf das ursprüngliche Problem
(Dauer: ca. 15 min)
Dies ist der wichtigste Schritt der Methode. Die Gruppe überträgt die Ergebnisse aus dem sechsten und achten Schritt auf das Ausgangsproblem, indem sie die Frage beantwortet, was diese Ergebnisse mit Blick auf das Problem bedeuten. Weil die Teilnehmer die Ergebnisse völlig spontan übertragen müssen, spricht man bei diesem Schritt von »erzwungener« Übertragung (*Force Fit*).

Da dies der komplexeste Schritt ist, sollte ihn die Gruppe gemeinsam angehen und nicht in Einzelarbeit.

Beispiel:
- Hundeleine → Schutzhelm mit Kette am Arbeitsanzug befestigen
- Sicherheitsgurt → Sender im Helm, der die Tür zur Anlage öffnet
- Ampel → Signaltafel: grüner Kopf mit Helm, roter Kopf ohne Helm

10. Schritt: Formulierung der Lösungsansätze
(Dauer: ca. 15 min)
Die Gruppe wählt nun den vielversprechendsten Lösungsansatz aus. Dazu kann sie die Methoden aus Kapitel 7.2 nutzen. Anschließend erstellt sie eine Agenda, die festlegt, wie der Lösungsansatz realisiert wird und welche personellen und organisatorischen Schritte dafür nötig sind.

Vor- und Nachteile

+ Die Methode hat ein hohes Innovationspotenzial.
+ Dank der zahlreichen Schritte ist es unwahrscheinlich, dass die Gruppe grundlegende Aspekte des Problems übersieht.
– Die Methode ist sehr zeitaufwendig.
– Der Schwierigkeitsgrad der Methode ist hoch. Daher sollten Gruppen sie nur anwenden, wenn sich die Teilnehmer bereits mit Kreativmethoden auskennen, insbesondere mit →Brainstorming (S. 133). Außerdem sollte der Moderator große Erfahrung im Durchführen von →Konsensfindungen (S. 40) haben.
– Die Teilnehmer müssen ein Grundverständnis von Abläufen in Technik und Natur mitbringen.

7.5 Konzepte erweitern und bearbeiten

»Man braucht nicht immer denselben Standpunkt zu vertreten, denn niemand kann einen daran hindern, klüger zu werden.«

KONRAD ADENAUER, EHEMALIGER BUNDESKANZLER

7.5.1 Osborn-Methode

	< 10	10 – 20	**20 – 40**	**40 – 60**	> 60	
	< 5	**5 – 10**	10 – 20	20 – 30	> 30	
	X	**X**	X	X	X	
	X	X	**X**	X	X	
	X	X	X	**X**	X	

Kurzinfo

- Moderation optional, Ergebnissicherung
- Sitz- und Schreibgelegenheiten
- Visualisierungsmedium optional
- Schreibmaterialien

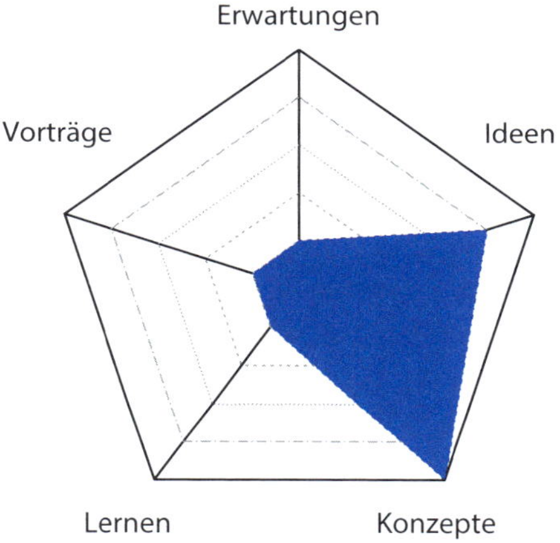

Ziel

Mit der Osborn-Methode entwickelt die Gruppe auf der Grundlage eines vorgegebenen Fragenkatalogs bestehende Ideen und Konzepte weiter und gewinnt neue Impulse.

Kurzbeschreibung

Die Teilnehmer beantworten den untenstehenden Fragenkatalog, tragen ihre Ideen zusammen und entwickeln sie weiter.

Ausführliche Beschreibung

In Vorbereitung auf die Methode kann der Leiter den unten stehenden Fragenkatalog modifizieren und auf das aktuelle Thema zuschneiden (siehe Beispiel). Davon profitieren besonders ungeübte Teilnehmer, weil sie die allgemeinen Fragen nicht erst auf das konkrete Problem übertragen müssen. Erfahrene Teilnehmer hingegen sollten den allgemeineren Fragenkatalog erhalten, da die themenspezifischen Fragen ihre Gedanken zu sehr in eine Richtung lenken und ihre Kreativität hemmen könnten.

Die Methode beginnt dann, indem jeder Teilnehmer neun Blätter vom Leiter erhält, auf denen sich jeweils eine Frage des Katalogs als Überschrift befindet. Dies stellt sicher, dass die Teilnehmer genügend Platz für ihre später gewonnenen Ideen haben. In Einzelarbeit gehen sie dann die Blätter der Reihe nach durch, wobei sie zu jeder Frage so viele Ideen wie möglich sammeln. Erst, wenn ihnen zu einer bestimmten Frage nichts mehr einfällt, machen sie mit dem nächsten Blatt weiter. Zum Abschluss sammelt die Gruppe die erarbeiteten Ideen. Optional kann sie die Ergebnisse noch in einer moderierten Diskussion kategorisieren und die geeignetste Idee auswählen.

Variante

Anstatt in einer moderierten Diskussion kann die Gruppe die Ideen auch mit den Analysen zur Ideenbewertung aus Kapitel 7.2 gewichten.

Fragenkatalog

a) *Andere Anwendungsmöglichkeit*: Welchen alternativen Verwendungszweck gibt es? Wofür kann ich … noch verwenden? Kann ich … auf andere Weise einsetzen? Gibt es weitere Zielgruppen?
b) *Ähnlichkeiten*: Auf welche anderen Ideen bezieht sich …? Gibt es bereits andere Probleme, zu denen Ideen existieren? Was kann nachgeahmt werden? Weist das Problem auf andere Ideen hin? Ist es etwas anderem ähnlich?
c) *Verändern*: Welche Inhalte/Eigenschaften sind veränderbar?
d) *Vergrößern*: Welche Inhalte/Eigenschaften sind erweiterbar?
e) *Verkleinern*: Welche Inhalte/Eigenschaften sind reduzierbar?
f) *Ersetzen*: Welche Inhalte/Eigenschaften sind ersetzbar?
g) *Umformen*: Ist die Reihenfolge/die Struktur veränderbar? Sind die Bestandteile veränderbar?
h) *Umkehren/Ins Gegenteil verkehren*: Lässt sich … ins Gegenteil verkehren? Wie kann man … verschlechtern?
i) *Kombinieren*: Lassen sich Ideen und/oder Personen miteinander kombinieren?

Beispiel

Das folgende Beispiel ist ein modifizierter Fragenkatalog zur Überarbeitung eines Buches:

a) *Andere Anwendungsmöglichkeit*: Kann der Leser das Buch anders einsetzen? Gibt es andere Zielgruppen?
b) *Ähnlichkeiten*: Auf welche anderen Ideen bezieht sich das Buch? Gibt es bereits andere Probleme, zu denen Ideen existieren? Was kann nachgeahmt werden? Weist das Problem auf andere Ideen hin? Ist es etwas anderem ähnlich?
c) *Verändern*: Welche Inhalte, Instrumente, Übungen etc. lassen sich umgestalten? Gibt es andere Möglichkeiten der Darstellung, Unterstützung, Struktur oder Schreibweise?
d) *Vergrößern*: Wie lässt sich das Buch größer, dicker, schwerer machen? Welche Kapitel können verlängert werden? Wie lässt sich etwas hinzufügen? Sind Wiederholungen möglich? Wie lässt sich die Seitenzahl erhöhen?
e) *Verkleinern*: Was kann weggelassen werden? Welche Kapitel können verkürzt werden? Wie lässt sich das Buch kleiner, kompakter, kürzer machen? Wie lässt sich die Seitenzahl verringern?
f) *Ersetzen*: Lassen sich die Kapitel, Übungen oder Instrumente untereinander neu gruppieren? Wie lässt sich die Reihenfolge ändern?
g) *Umformen*: Lassen sich die Kapitel, Übungen oder Instrumente restrukturieren?
h) *Umkehren/Ins Gegenteil verkehren*: Wie lässt sich das Buch verschlechtern?
i) *Kombinieren*: Ist eine Mischung mit anderen Inhalten möglich? Lassen sich unterschiedliche Bücher/Medien verbinden?

Vor- und Nachteile

+ Die Methode gibt für Änderungen einen weniger engen Rahmen vor als das →Systematic Innovative Thinking (S. 213). Sie spricht daher vor allem Teilnehmer an, die für innovative Ideen mehr Freiraum benötigen und weniger stark angeleitet werden müssen.
– Die Gefahr, dass die Methode ein zu risikoreiches oder nicht realisierbares Konzept hervorbringt, ist größer als beim →Systematic Innovative Thinking (S. 213).

7.5.2 Systematic Innovative Thinking (SIT-Methode)

	< 10	10 – 20	**20 – 40**	40 – 60	> 60	
	< 5	**5 – 10**	10 – 20	20 – 30	> 30	
	x	x	**x**	x	x	
	x	x	x	**x**	x	
	x	x	x	**x**	x	

Kurzinfo

- Moderation, Ergebnissicherung
- Sitz- und Schreibgelegenheiten
- Visualisierungsmedium
- Schreibmaterialien

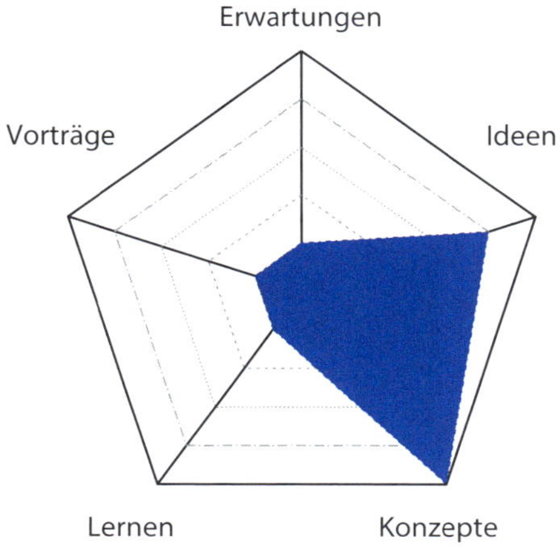

Ziel

Ausgehend von einem bestehenden Konzept (oder Produkt) entwickelt die Gruppe mithilfe systematischer Werkzeuge neue Konzepte, die sich mit den bereits vorhandenen personellen und materiellen Ressourcen sowie dem vorhandenen Fachwissen realisieren lassen. Die systematischen Werkzeuge erleichtern dabei das Auffinden neuer Ideen, vor allem wenn die Methode mit Teilnehmern durchgeführt wird, die in Innovationstechniken ungeübt sind.

Indem die Methode von einem bestehenden Konzept ausgeht, bringt sie naheliegende Lösungen hervor, die dennoch innovativ sind. So erspart sie sich die Suche nach risikoreicheren und kostspieligeren Neuentwicklungen in unbekannten neuen Anwendungsgebieten.

Kurzbeschreibung

Die Gruppe entwickelt neuartige und innovative Konzepte (oder Produkte), indem sie bereits in der Anwendung befindliche Konzepte mithilfe sieben sogenannter *Creativity Templates* abwandelt, welche als Kreativitätswerkzeuge dienen. Diese sieben Templates sind: *Displacement*, *Replacement*, *Multiplication*, *Division*, *Breaking Symmetry*, *Attribute Dependency* und *Environmental Control*. Ihre Anwendung auf das bestehende Konzept geht dabei den Weg des *größten* Widerstands. Wenn das neue Konzept entwickelt ist, bestimmt die Gruppe seine möglichen Anwendungsfelder nach dem Prinzip »Function Follows Form«. Die Anwendungsfelder werden also auf der Grundlage der neuartigen Form gewählt und nicht andersherum.

Ausführliche Beschreibung

Das Kernelement der Methode »Systematic Innovative Thinking« (SIT) bildet die Verwendung sogenannter *Creativity Templates* (deutsch: Kreativitäsvorlagen) als Kreativitätswerkzeuge. Jedes dieser Templates stellt ein anderes Handlungsmuster bereit, mit dem sich ein bereits existierendes Produkt oder Konzept abwandeln lässt. Es gibt sieben dieser Templates: *Displacement*, *Replacement*, *Multiplication*, *Division*, *Breaking Symmetry*, *Attribute Dependency* und *Environmental Control*. Die genaue Bedeutung der Begriffe und die Innovationen, die aus ihnen entstehen können, erklärt die Tabelle am Ende des Methodenkapitels. Was alle diese Templates teilen, ist der Grundgedanke der *Closed World*. Das heißt, dass sie erstens von bereits bestehenden Konzepten (oder Produkten) ausgehen und dass zweitens im Laufe ihrer Anwendung keine externen Erweiterungen für die Umsetzung notwendig werden, wie z. B. neue Fachkräfte oder neuartige Materialien. Die folgenden Abschnitte erläutern die Methode anhand eines Beispiels, das auch in der Tabelle vorkommt. In dem Beispiel wendet die Gruppe das Template *Displacement* auf einen Stuhl an:

Wenn die Gruppe das Template *Displacement* anwendet, entfernt sie die *wesentlichstee* Komponente des Ausgangsprodukts, sodass es seine ursprüngliche Funktion nicht mehr erfüllen kann.[2] Wie bei allen anderen Templates gilt auch hier das Prinzip,

2 Dass die Funktion mit dem Verlust der Komponente entfällt, mag auf den ersten Blick selbstverständlich erscheinen. Allerdings wird beim Template *Replacement* zwar die Komponente entfernt, ihre Funktion jedoch auf eine andere Komponente übertragen.

dass die Anwendung des Templates den *Weg des größten Widerstands* geht. Im Falle des Templates *Displacement* heißt das, dass die Gruppe nicht irgendeine, sondern die wichtigste Komponente entfernt. Bei einem Stuhl könnte dies das Entfernen der Stuhlbeine bedeuten. Dabei soll der Weg des größten Widerstands garantieren, dass die Gruppe zu einer Neuerung findet, die tatsächlich innovativ ist. Nur, wenn die Teilnehmer fundamentale Änderungen am Ausgangsprodukt vornehmen, sind sie gezwungen, völlig neue Ansätze zu erwägen. Ändern sie hingegen bloß eine unwesentliche Komponente – etwa die Farbe des Stuhls – könnte der Anreiz für Innovationen zu gering sein.

Die größte Hürde der Methode besteht im natürlichen inneren Widerstand, der viele Teilnehmer davon abhält, auf dieser Grundlage ein neues Produkt oder Konzept zu entwickeln. Die Vorstellung eines Stuhls ohne Beine kann die Teilnehmer beim Entwickeln eines neuen Konzepts zunächst hemmen, da er seiner ursprünglichen Funktion als Sitzgelegenheit, die sich unter Tische schieben lässt, beraubt scheint. Diesem inneren Widerstand wirkt das nächste Prinzip entgegen: *Function Follows Form*, Funktion folgt dem Design. Die Funktion des neuen Konzepts leitet sich also überhaupt erst aus der Formänderung ab. Im Beispiel besteht die Aufgabe der Teilnehmer deshalb darin, nicht von der Funktion als Sitzgelegenheit auszugehen, sondern sich ausgehend von der veränderten Form eine neue Funktion zu überlegen. Da die Sitzfläche eines Stuhls ohne Beine nicht auf der üblichen Höhe wäre, könnte man ihn vielleicht auf eine andere Fläche aufsetzen – etwa als Kindersitz, der sich auf einen gewöhnlichen Küchenstuhl aufsetzen lässt.

Das Beispiel verdeutlicht somit auch, dass sich die mit der SIT-Methode erarbeiteten Konzepte trotz ihres hohen Innovationspotenzials größtenteils mit den bereits vorhandenen personellen und materiellen Ressourcen sowie dem vorhandenen Fachwissen realisieren lassen. Allein die Zielgruppe kann sich deutlich verändern.

Übrigens ist die Anwendung des Prinzips *Function Follows Form* derjenige Teilschritt der Methode, der am meisten von gruppendynamischen Effekten profitiert. In der Gruppe können sich die Teilnehmer gegenseitig inspirieren, und während sich die Templates auch gut für die Einzelarbeit eignen, erfordert *Function Follows Form* neue Denkstrukturen und ein sehr hohes Maß an Kreativität. Daher empfiehlt es sich, dass ein Moderator diesen Teilschritt begleitet und Gestaltungsvorschläge auf einem Visualisierungsmedium skizziert. Das Template dagegen können die Teilnehmer auch selbstständig wählen. Falls sie jedoch beim Entwickeln des neuen Konzepts ins Stocken geraten, kann der Moderator ein anderes Template vorschlagen. Dass die Ideensuche mit einem anderen Template neu begonnen werden muss, sollte die Gruppe keinesfalls demotivieren, da sich die Erfolgsaussichten eines bestimmtes Templates im Voraus nur sehr schwer absehen lassen.

Tabelle mit *Creativity Templates*

Tabelle 7-10: *Creativity Templates* der SIT-Methode mit Beispielen (*van Logtestijn et al.* 2003).

Template und Symbol	Bedeutung	Beispiel mit Erklärung	Weitere Beispiele
Displacement (Entfernen) –	Eine wesentliche Komponente des Produkts oder Konzepts wird entfernt, und mit ihr die Funktion, die es erfüllt.	Tütensuppen: Aus der Suppe wurde Wasser als wesentliche Komponente entfernt. Die Funktion des Wassers als Lösungsmittel für die wasserlöslichen Zutaten wurde nicht ersetzt.	– Heimtrainer (Fahrrad ohne Räder) – Kindersitz als Aufsatz auf einen Stuh (Stuhl ohne Beine) – TV-Receiver (Fernseher ohne Bildschirm)
Replacement (Ersetzen) ±	Eine wesentliche Komponente des Produkts oder Konzepts wird entfernt; ihre Funktion wird jedoch von einer anderen Komponente übernommen.	Touchscreen: Die Computertastatur als wesentliche Komponente wurde entfernt. Ihre Funktion (= eine Bedienschnittstelle bereitstellen) wurde beibehalten und auf den Bildschirm übertragen.	– Geschwindigkeitsbegrenzung auf Fahrbahn statt auf Verkehrsschildern – Fußbodenheizung (Heizung durch Fußboden statt Heizkörper)
Multiplication (Vervielfachen) ×	Eine Komponente des Produkts oder Konzepts wird kopiert und mit leichten Veränderungen wieder in das ursprüngliche Produkt eingefügt.	Pfefferstreuer mit zwei verschieden großen Öffnungen (für das Würzen im Kochtopf und das Nachwürzen auf dem Teller)	– Uhr mit einer Anzeige für mehrere Zeitzonen – baugleiches fünftes Rad als Reserverad im Kofferraum
Division (Aufteilen) ÷	Das Produkt oder Konzept wird in seine einzelnen Komponenten zerlegt. Diese werden anschließend in einer anderen zeitlichen oder räumlichen Reihenfolge wieder zusammengefügt.	Problemorientiertes Lernen: Die traditionelle Reihenfolge beim Lernen wird umgekehrt – der Schüler wird erst mit einem konkreten Problem konfrontiert, bevor er die theoretischen Grundlagen erarbeitet.	– Supermarktkunden mit unterschiedlich vielen Artikeln an einer Kasse → Eröffnung einer eigenen Kasse für Kunden mit wenigen Artikeln (räumliche Umordnung)

Template und Symbol	Bedeutung	Beispiel mit Erklärung	Weitere Beispiele
Breaking Symmetry (Symmetriebruch) $\neq$	Die geometrische oder zeitliche Symmetrie eines Produkts oder Konzepts wird teilweise oder vollständig gebrochen.	Schere mit unterschiedlich großen Augen (geometrischer Symmetriebruch)	– weitere ergonomisch geformte Produkte (Computermaus, Spielecontroller) – Notreserverad am Auto (bricht die geometrische Symmetrie gleich großer Räder) – verkaufsoffene Sonntage/Einkaufsnächte (zeitlicher Symmetriebruch)
Attribute Dependency (Attributabhängigkeit) $\propto$	Eine bei der Anwendung des Produkts oder Konzepts beteiligte Komponente wird von einer weiteren Komponente abhängig gemacht.	Bügeleisen, das beim Erhitzen Farbe ändert (Abhängigkeit Temperatur–Farbe)	– sich selbst abschaltender Herd: Heizverhalten wird abhängig gemacht vom Gewicht auf der Herdplatte oder der Zeitdauer seit dem letzten Betätigen eines Knopfes
Environment Control (Umgebungskontrolle) $\subseteq$	Eine neue Verbindung zwischen dem Produkt oder Konzept und der Umgebung wird geschaffen. Dabei wird versucht, Umgebungseigenschaften einzusetzen, um den Verwendungszweck des Produkts oder Konzepts zu unterstützen.	Turbolader: Abgase des Motors werden genutzt, um Verbrennungsgas im Motor weiter zu komprimieren und damit die Leistung des Motors zu steigern	– Kraft-Wärme-Kopplung – Stents (Gefäßstützen), die mit biologischem Material beschichtet werden $\rightarrow$ der Körper geht eine Verbindung mit dem Material ein und festigt die Lage des Stents, statt ihn als Fremdkörper abzustoßen

Zusammenfassung

- Auswahl eines Templates: Die Templates folgen dem Prinzip der *Closed World*. Die resultierenden Innovationen lassen sich also mit den bereits vorhandenen personellen und materiellen Ressourcen sowie dem vorhandenen Fachwissen umsetzen.
- Bei der Anwendung des Templates wählen die Teilnehmer den *Weg des größten Widerstands*: Die wesentliche Komponente des Produkts oder Konzepts wird bearbeitet.
- Die Gruppe beharrt nicht auf der Funktion des Ausgangsprodukts oder -konzepts. Stattdessen entwickelt sie das neue Produkt oder Konzept nach dem Prinzip *Function Follows Form*: Sie ermittelt das Anwendungsgebiet ausgehend von der veränderten Form, nicht andersherum.

Tipp

Je besser die Teilnehmer das Prinzip *Function Follows Form* verinnerlicht haben, desto besser gelingt die Methode. Zu diesem Zweck sollte ihnen der Leiter zu Beginn die einzelnen Templates erklären und Beispiele für Innovationen vorstellen, die aus ihrer Anwendung hervorgehen können.

Vor- und Nachteile

+ Dank des sehr systematischen Vorgehens ist die Methode auch für Teilnehmer geeignet, die wenig Erfahrung mit Kreativtechniken haben.
+ Die erarbeiteten Innovationen lassen sich gut mit den bestehenden personellen und materiellen Ressourcen sowie dem vorhandenen Fachwissen der Teilnehmer verwirklichen.
– Der Erfolg der Methode hängt sehr stark davon ab, wie gut die Teilnehmer das Prinzip *Function Follows Form* verinnerlicht haben.

8 Lerntechniken

»Lernen ist wie Rudern gegen den Strom. Sobald man aufhört, treibt man zurück.«

CHINESISCHES SPRICHWORT

Heute prägen rasante technische wie auch methodische Entwicklungen unser Privatleben und halten ebenso dynamisch Einzug in den Arbeitsalltag. Fort- und Weiterbildungen haben daher im Vergleich zu früher immer mehr an Bedeutung gewonnen. Sie sind heute ein nicht mehr wegzudenkender Teil der Arbeitswelt. Dies gilt für den Bereich der Hochschule, an deren Mitarbeiter und Studierende sich dieses Buch primär wendet, genauso wie für viele andere Berufsgruppen. Das obige Zitat ist also im folgenden Kontext immer noch aktuell: Nur wer bereit ist, sich ständig mit neuen Entwicklungen vertraut zu machen, nur wer bereit ist, neue Denk- und Handlungsweisen zu erlernen und anzuwenden, kann sicherstellen, dass er in seinem Beruf nicht den Anschluss verliert.

Neuartige Ideen und Produkte sind immer weniger das Resultat überragender Einzelleistungen, sondern kommen vielfach durch die enge Zusammenarbeit zahlreicher verschiedener Experten zustande. Entsprechend spielen gruppenorientierte Lerntechniken eine kontinuierlich wachsende Rolle bei Fort- und Weiterbildungen sowie im studentischen Alltag. Aus diesem Grund präsentiert das folgende Kapitel Methoden, die dabei helfen, das Lernen in der Gruppe zu koordinieren und die Synergieeffekte aus den verschiedenen Denkweisen und Wissensständen der einzelnen Teilnehmer zu nutzen. Unter diesen Methoden finden sich außerdem viele Lerntechniken, die sich für ein weites Spektrum an Inhalten verschiedenster Abstraktion, Komplexität und Umfang eignen.

8.1 Übersicht

Die Methoden in Kapitel 8 geben Anregungen für das gemeinsame Lernen. Während *Kapitel 8.2* Wege vorstellt, bereits Erlerntes zu verinnerlichen, zu strukturieren oder zu vervollständigen, richtet *Kapitel 8.3* den Fokus auf das Aneignen neuer Sachverhalte. Viele der Methoden in Kapitel 8.3 eignen sich zudem für die Nachbereitung von Gelerntem. Darüber hinaus informieren die Netzdiagramme in den Methodenkapiteln wie immer über weitere Verwendungszwecke.

Alle vorgestellten Methoden machen sich die Vorteile von Gruppenarbeit ausdrücklich zunutze. Obwohl viele auch in Einzelarbeit sinnvoll sind, erzielen Gruppen mit ihnen deshalb einen noch größeren Lerngewinn. Beispielsweise kann zwar auch eine Einzelperson einen →*Advance Organizer* (S. 227) erstellen, profitiert dann aber nicht vom Wissen der Kollegen oder Kommilitonen, die Wissenslücken oder strukturelle Schwächen in der individuellen Ausarbeitung ergänzen können.

8.2 Zusammenfassen, Verinnerlichen und Vervollständigen

8.2.1 Rasender Reporter

	< 10	10 – 20	**20 – 40**	40 – 60	> 60	
	< 5	**5 – 10**	**10 – 20**	20 – 30	> 30	
	x	x	x	**x**	x	
	x	**x**	x	x	x	
	x	x	x	**x**	x	

Kurzinfo

- Zeitnahme, Moderation optional
- Sitz- und Schreibgelegenheiten
- Visualisierungsmedium
- Schreibmaterialien
- 1 Fragebogen pro Teilnehmer

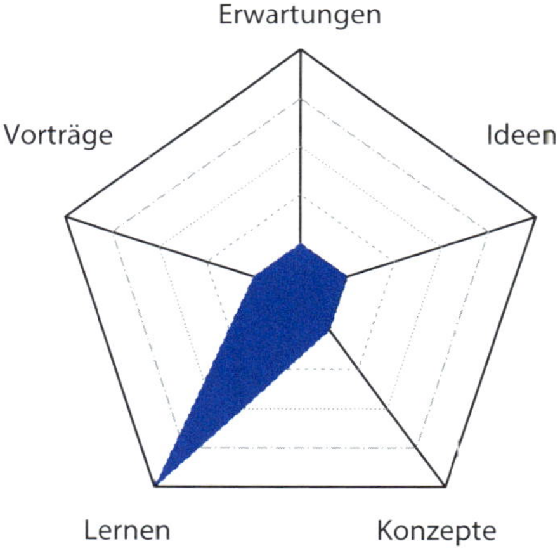

Ziel

Die Teilnehmer wiederholen den Stoff einer Lerneinheit im intensiven wechselseitigen Austausch über Fragen zum Thema. Dadurch können sie sich gegenseitig korrigieren und lernen neue Herangehens- und Denkweisen kennen, die ihnen das Verständnis des Stoffs erleichtern.

Kurzbeschreibung

Die Teilnehmer erhalten einen Fragebogen zu der Lerneinheit, die sie wiederholen möchten. Für jede Frage suchen sie sich jeweils einen anderen Partner, der sie ihnen beantwortet. Abschließend vergleichen alle ihre Antworten miteinander und korrigieren oder ergänzen sie.

Ausführliche Beschreibung

Der Leiter verteilt an jeden Teilnehmer ein DIN-A4-Blatt mit einem Fragebogen, der aus einer dreispaltigen Tabelle besteht. Die Tabelle enthält eine Spalte mit Fragen, eine Spalte für die Antworten und eine Spalte für die Namen der antwortenden Teilnehmer, die Fragen und ihre Anordnungen sind auf allen Blättern identisch. Jeder sucht sich nun für jede Frage einen anderen Partner, der sie beantwortet. Wenn sich ein Paar auf eine Antwort geeinigt hat, unterschreiben die Partner die Frage gegenseitig auf ihren Fragebögen und suchen jeder für die nächste Frage einen neuen Partner, mit dem sie noch keine Frage gemeinsam bearbeitet haben. Das gegenseitige Unterschreiben verhindert dabei, dass sich die Teilnehmer alle Fragen vom selben Partner beantworten lassen. Sie werden also zu »rasenden Reportern«. Zur Unterstützung der Teilnehmer geht der Leiter wie ebenfalls durch den Raum und beantwortet gegebenenfalls selbst Fragen.

Auch wenn jemand selbst die Antwort auf eine Frage weiß, sollte er trotzdem einen anderen Teilnehmer um die Antwort bitten. Auf diese Weise können sich die Teilnehmer nicht nur gegenseitig auf mögliche Fehler aufmerksam machen und Verständnisschwierigkeiten gemeinsam überwinden, sondern lernen ebenfalls neue Wege kennen, sich den Stoff zu erschließen.

Der Leiter sollte pro Frage ca. fünf Minuten einplanen, um den Teilnehmern genügend Zeit zum Diskutieren möglicher Antworten zu geben. Abhängig davon, ob ein reines Faktenwissen oder ein Verständnis komplexer Zusammenhänge auf den Fragebögen abgefragt wird, kann der Leiter diese Zeitvorgabe jedoch anpassen. Nach Ablauf der Zeit sammelt die Gruppe die Antworten. Dazu visualisiert der Leiter den Fragebogen unbeschriftet und für alle gut sichtbar auf dem Visualisierungsmedium. Er bittet die Teilnehmer, ihre Antworten zu nennen, und trägt sie in die Tabelle ein. Die Gruppe ergänzt oder berichtigt die genannten Antworten. Herrscht Uneinigkeit über eine Antwort, kann der Leiter eine →Konsensfindung (S. 40) durchführen oder die Frage selbst beantworten. Dieser abschließende Vergleich stellt sicher, dass am Ende alle die richtigen und vollständigen Antworten notiert haben.

Beispiel

Fragebogen zum Thema »Ausbildung eines Aktionspotenzials«

Tabelle 8-1: Beispielfragebogen für die Methode »Rasender Reporter« (»K« steht in der Tabelle für Kalium und »Na« für Natrium)

Frage	Antwort	Teilnehmer
Für welche beim Aktionspotenzial beteiligten Ionen ist die Zellmembran in Ruhe durchlässig, für welche nicht?	Beteiligt: Na und K Durchlässig: nur K	
Welche Kräfte wirken auf diese Ionen? Welche Ionenkonzentrationen entstehen inner- und außerhalb der Zelle?	Elektrische Kraft und osmotischer Druck entlang des Konzentrationsgradienten => K-Konzentration hoch im Inneren	
Welche Ladungszustände (pos. oder neg.) herrschen inner- und außerhalb der Zelle? Welches Ruhemembranpotenzial ergibt sich damit?	Intrazellulärraum negativ im Vergleich zu dazu positiven Außenraum geladen. Damit ergibt sich ein negatives Ruhemembranpotenzial.	
Wann und warum kann ein Aktionspotenzial ausgelöst werden?	Schwellenspannung wird überschritten, dadurch öffnen spannungsgesteuerte Natriumkanäle, und Na strömt in die Zelle	
Zeichne dazu den Potenzialverlauf an der Zellmembran und kennzeichne die einzelnen Phasen.	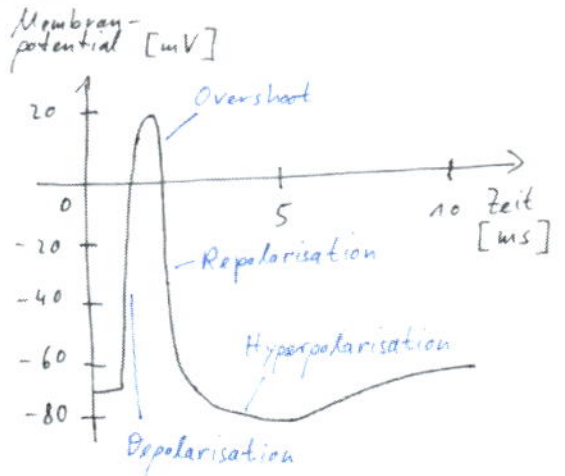	
Welche Phasen gibt es vor und während des Aktionspotenzials und in welche Leitfähigkeiten bestehen dabei für Na- und K-Ionen?	Ruhemembranpotenzial: Na: fast null K: größer null Depolarisation: Na: maximal K: langsam ansteigend Overshoot: wie Depolarisation Repolarisation: Na: absinkend auf null K: ansteigend Hyperpolarisation: Na: null K: hoch, danach abfallend	
Wie wird der Ionenfluss wieder rückgängig gemacht?	Na-K-Pumpe: 2 K rein, 3 Na raus	

Vor- und Nachteile

+ Indem sie in vielen Zweiergesprächen ihr Wissen austauschen, erhalten die Teilnehmer tiefe Einblicke in andere Denk- und Herangehensweisen.
– In den Zweiergesprächen können sich die Partner auf lückenhafte oder sogar fehlerhafte Antworten einigen.

8.2.2 Sortieraufgabe

	< 10	10 – 20	**20 – 40**	40 – 60	> 60	
	< 5	**5 – 10**	**10 – 20**	**20 – 30**	**> 30**	
	x	x	**x**	x	x	
	x	x	x	x	**x**	
	x	x	x	**x**	x	

Kurzinfo

- Zeitnahme
- Sitz- und Schreibgelegenheiten
- 1 Kartensatz pro Teilnehmer

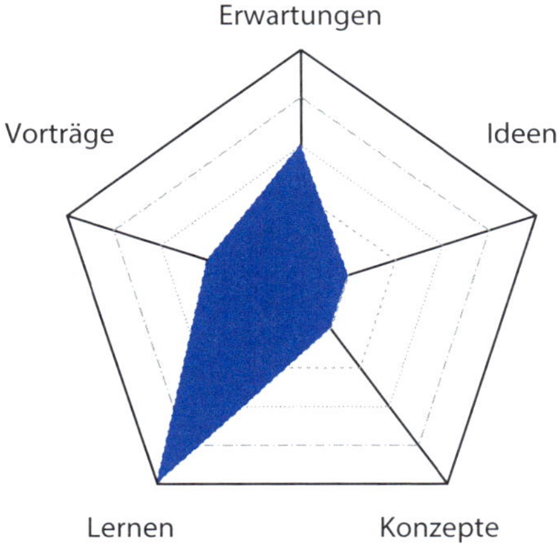

Ziel

Mithilfe der Sortieraufgabe rufen sich die Teilnehmer zum Abschluss eines Themas oder einer Lerneinheit ins Bewusstsein, welche Begriffe sie beherrschen und wo noch Wissenslücken bestehen. In Kleingruppen erarbeiten sie dann gemeinsam diejenigen Begriffe, die sie noch nicht beherrschen. Die Methode bietet sich vor allem an, wenn die Begriffe nicht allzu stark aufeinander aufbauen.

Kurzbeschreibung

Jeder Teilnehmer unterteilt einen vom Leiter vorbereiteten Kartensatz mit zentralen Begriffen zum Thema in einen Stapel mit Begriffen, die er beherrscht, und einen Stapel mit Begriffen, die er noch nicht beherrscht. Danach bilden sich Kleingruppen, in denen die Teilnehmer die Begriffe erarbeiten, die sie noch nicht beherrschen.

Ausführliche Beschreibung

Der Leiter bereitet für jeden Teilnehmer einen identischen Kartensatz vor, in dem auf jeder Karte ein Begriff zum Thema steht. Sobald er die Kartensätze ausgeteilt hat, unterteilt jeder seinen Satz in je zwei Stapel: Auf einen Stapel legt jeder Teilnehmer Karten mit Begriffen, die er beherrscht, auf den anderen kommen diejenigen Karten, deren Begriffe er noch nicht beherrscht.

Ein Kartensatz sollte maximal 20 Karten enthalten, damit die Teilnehmer die Karten innerhalb weniger Minuten sortieren können und damit die anschließende Gruppenarbeit nicht zu lange dauert.

Wenn alle Teilnehmer ihre Karten sortiert haben, bilden sich nach dem Zufallsprinzip Dreiergruppen, beispielsweise mit der Aufteilungsübung →Nummern zuweisen (S. 79). Es ist nicht nötig, dass sich Teilnehmer mit bekannten und unbekannten Begriffen gegenseitig ergänzen. Falls der Leiter dies dennoch wünscht, eignet sich die in der Methode →Zwei W (S. 242) vorgestellte farbliche Einteilung der Karten. Anders als jene Methode zielt die Sortieraufgabe aber nicht darauf ab, dass sich Teilnehmer mit ihrem Wissen und gegenseitig ergänzen. Hier geht es darum, Begriffe, die einem oder mehreren Mitgliedern der Kleingruppe unklar sind, gemeinsam in Gruppenarbeit zu erarbeiten. Dafür plant der Leiter 20 bis 25 Minuten ein.

Während der Arbeit in Dreiergruppen geht der Leiter durch den Raum und beantwortet gegebenenfalls Fragen der Teilnehmer. Optional kann er sie zum Abschluss bitten, jeden Begriff vor der Gruppe zu erklären, wobei er falsche oder unvollständige Antworten korrigiert oder ergänzt. So verhindert er, dass Dreiergruppen sich Begriffe, die sie falsch oder unvollständig erarbeitet haben, ebenso falsch oder unvollständig einprägen.

Vor- und Nachteile

+ Die Teilnehmer lernen nicht nur die Begriffe, sondern erhalten zusätzlich einen zusammenfassenden Überblick über den Umfang des Themas und können ihren bisherigen Kenntnisstand besser einordnen.
– Der Lernerfolg hängt sehr stark von der Wahl und Anzahl geeigneter Begriffe ab.

8.2.3 Struktur-Lege-Technik (Semantisches Netz)

	< 10	10 – 20	**20 – 40**	**40 – 60**	> 60	
	< 5	5 – 10	**10 – 20**	**20 – 30**	**> 30**	
	X	X	X	X	**X**	
	X	X	**X**	X	X	
	X	X	X	**X**	X	

Kurzinfo

- Moderation optional, Zeitnahme
- Sitz- und Schreibgelegenheiten
- 1 Plakat oder Flipchartbogen pro Kleingruppe
- Flipchart-Stifte in verschiedenen Farben
- 1 Kartensatz mit Reservekarten sowie Kleber pro Kleingruppe

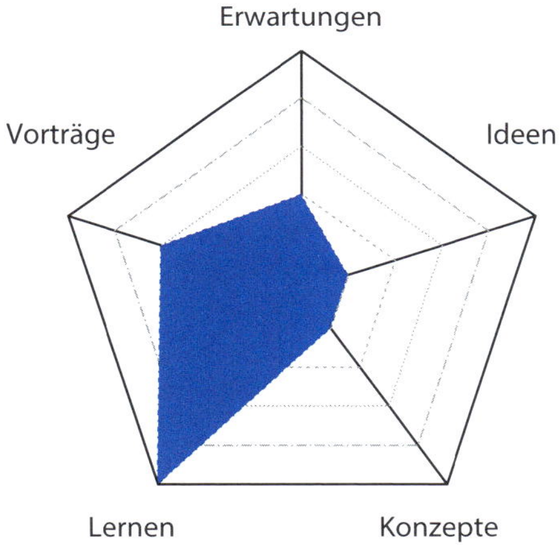

Ziel

Zum Abschluss einer Lerneinheit oder eines Themas kann die Struktur-Lege-Technik angewendet werden, um Zusammenhänge zu veranschaulichen und die Begriffe des jeweiligen Themas noch einmal abschließend zu wiederholen.

Kurzbeschreibung

Es bilden sich Kleingruppen, an die der Leiter je einen identischen Kartensatz verteilt. Die Kartensätze enthalten sowohl Karten mit Begriffen zum Thema als auch leere Karten. Die Kleingruppen ordnen ihre Begriffe nach einem selbst gewählten Schema und beschriften die leeren Karten mit Oberbegriffen, die sie in ihr Schema einfügen. Zum Schluss präsentieren sie sich gegenseitig ihre Ergebnisse.

Ausführliche Beschreibung

Zu Beginn unterteilt der Leiter die Gruppe in mehrere Kleingruppen zu maximal vier Teilnehmern. Dazu kann er die Aufteilungsübungen →Losverfahren (S. 78) oder →Nummern zuweisen (S. 79) verwenden.

Nun teilt er ein leeres Plakat und einen vorher präparierten Kartensatz an jede Kleingruppe aus. Die Kartensätze sind identisch und enthalten sowohl unbeschriftete Karten als auch Karten, die mit einem Begriff zum Thema beschriftet sind. Es sollten nicht mehr als 15 beschriftete Karten pro Kartensatz sein, da die später zu erstellenden Plakate sonst zu komplex und unübersichtlich werden.

Die Mitglieder der Kleingruppen legen die Begriffe ihres Kartensatzes auf ihr Plakat und ordnen sie so lange um, bis sie die Struktur gefunden haben, die das Thema ihrer Ansicht am besten veranschaulicht. Währenddessen überlegen sie sich zum Thema *und* zu ihrer individuellen Auswahl an Begriffen passende Oberbegriffe. Diese schreiben sie auf die leeren Karten und legen sie zu den entsprechenden Begriffsgruppen auf das Plakat. Dabei dürfen sie beliebig viele Karten beschriften und erhalten bei Bedarf neue Karten vom Leiter; sie müssen aber nicht alle Karten verwenden. Für die Strukturierung können sie entweder an die Methoden →Cluster (S. 137) oder →Mindmap (S. 140) anknüpfen oder ihre eigenen Strukturen entwickeln. Optional bietet sich auch eine moderierte Diskussion mit →Konsensfindung (S. 40) an.

Sobald sich alle Kleingruppenmitglieder über die Struktur ihres Plakats geeinigt haben, kleben sie die Karten darauf und zeichnen Verbindungslinien zwischen zusammenhängenden Begriffen ein. (Die Linien sollten unbeschriftet sein, damit die verschiedenen Plakate vergleichbar bleiben.) Das Ganze sollte etwa 15 Minuten dauern.

Zum Abschluss hängen alle Gruppen ihre Plakate im Raum auf. Die Teilnehmer betrachten in einem etwa fünfminütigen Rundgang die Plakate der anderen Gruppen und erkennen so weitere Anordnungsmöglichkeiten und damit weitere Zusammenhänge zwischen den Begriffen. Dadurch können sie Aspekte bemerken, die ihnen bis dahin entgangen sind. Die Gefahr, wesentliche Zusammenhänge zu übersehen, sinkt.

Variante

Die Methode kann statt in separaten Kleingruppen mit allen Teilnehmern gemeinsam durchgeführt werden. Dann übernimmt der Leiter die Rolle des Moderators und leitet die Diskussion zwischen der gesamten Gruppe.

Vor- und Nachteile

+ Für die Teilnehmer sind die strukturierten Plakate eine zusätzliche Gedankenstütze, die ihnen auch nach der Methode beim Einprägen bestimmter Begriffe oder Zusammenhänge helfen kann.
– Damit die Methode gelingt, sollten die Teilnehmer die unverknüpften Einzelbegriffe bereits vorher sehr gut beherrschen.

8.3 Neues Erlernen

»Ich kann niemanden etwas lehren, ich kann nur zum Denken anregen.«

SOKRATES, GRIECHISCHER PHILOSOPH

8.3.1 Advance Organizer *Lernlandschaft, Lernposter*

	< 10	10 – 20	**20 – 40**	40 – 60	> 60	
	< 5	**5 – 10**	**10 – 20**	20 – 30	> 30	
	x	x	x	**x**	x	
	x	x	x	**x**	x	
	x	x	x	**x**	x	

Kurzinfo

- Moderation
- Sitzgelegenheiten
- Visualisierungsmedium
- grafische Elemente optional

Ziel

Die Methode »*Advance Organizer*« eignet sich, wenn die Teilnehmer bereits über ein kleines Grundwissen des zu lernenden Themas verfügen, jedoch vor allem die Zusammenhänge und die Details gelernt werden sollen. Indem die Methode die Zusammenhänge des noch unbekannten Wissens in einem grafischen Schema darstellt, unterstützt diese die Teilnehmer, einzelne Aspekte des Themas in den Gesamtkontext einzuordnen und gibt gleichzeitig einen Orientierungs- und Lernplan vor. Das Schema kann außerdem die spätere Wiederholung des Themas erleichtern.

Kurzbeschreibung

Zu einem Thema, das die Gruppe erst später behandeln wird, erstellen die Teilnehmer gemeinsam einen Übersichtsplan. Dieser sogenannte *Advance Organizer* gibt einen Überblick über alle wesentlichen Themenaspekte und deren Zusammenhänge. Um den *Advance Organizer* übersichtlicher zu gestalten, kann ihn die Gruppe um beliebige grafische Symbole ergänzen.

Ausführliche Beschreibung

Die Erstellung eines *Advance Organizers* teilt sich in drei Phasen auf. Falls der Leiter während dieser Phasen anwesend ist, kann er sie entweder aktiv moderieren oder das Geschehen passiv beobachten und dabei den Lernfortschritt der Teilnehmer analysieren. Dann nimmt eine unbeteiligte Person die Rolle des Moderators ein.

In der *ersten Phase* überlegen die Teilnehmer gemeinsam, welche wichtigen Begriffe zum Thema sie schon kennen, und halten die Ergebnisse gut sichtbar auf dem Visualisierungsmedium fest. Dafür bietet sich beispielsweise ein →Brainstorming (S. 133) an. Bewertet und geordnet werden die Begriffe jedoch erst später. Wichtig ist in dieser Phase, dass die Gruppe so lange alle spontanen Stichworte sammelt, bis niemandem mehr etwas einfällt. Trotzdem sollten sich die Teilnehmer bemühen, nur die Schlüsselworte zum Thema zu nennen und nicht allzu sehr ins Detail zu gehen. Am Ende der Phase kann der Moderator fehlende Begriffe ergänzen.

In der *zweiten Phase* bewertet die Gruppe nun die Begriffe, um die wichtigsten davon auszuwählen. Damit der *Advance Organizer* nicht unübersichtlich wird, sollte sich die Gruppe auf maximal 20 Begriffe beschränken. Falls die Gruppe keinen Konsens über die Auswahl der Begriffe erreicht, kann der Moderator eine optionale Phase für die Priorisierung einschieben (siehe dazu die Analysen aus Kapitel 7.2).

In der *dritten Phase* ordnet die Gruppe schließlich die Begriffe auf einem Plakat an. Auch dies geschieht wieder in einer moderierten Diskussion. Die Struktur des Plakats kann sich an die Methoden →Cluster (S. 137) oder →Mindmap (S. 140) anlehnen, oder die Teilnehmer wählen eine komplett eigene Struktur. Außerdem suchen sie Bilder oder andere grafische Elemente aus, die das Plakat ergänzen. Zu diesem Zweck kann der Leiter zuvor einige zum Thema passende Bilder ausdrucken oder anderweitig anfertigen. Zusätzlich kann er den Teilnehmer zu Beginn der dritten Phase den Auftrag geben, in ihren Lehrbüchern, im Internet oder in weiteren Quellen nach geeigneten Darstellungen zu suchen. Dann sollte er ca. zehn Minuten zusätzlich einplanen. Die ausgewählten Bilder können später ausgedruckt oder kopiert und nachträglich in den *Advance Organizer* eingefügt werden; auf das Plakat zeichnet die Gruppe einen Platzhalter entsprechender Größe Dies sollte sie aber unbedingt *parallel* zum Anordnen der Begriffe erledigen, damit die grafischen Elemente ebenso in die Struktur des *Advance Organizers* eingehen wie die Begriffe.

Zum Abschluss erstellt die Gruppe auf der Grundlage des Plakats den *Advance Organizer*, indem sie die fehlenden Bilder ergänzt und die gesammelten Stichpunkte noch einmal ausführlich aufschreibt.

Tipp

Um das nachträgliche Ordnen der Begriffe zu erleichtern, kann der Moderator die Ideen beim Sammeln auf Karteikarten schreiben und an einer Pinn- oder Magnetwand befestigen. Beim Ordnen muss er die Karten dann nur noch umhängen.

Variante »Lernlandschaft«, »Lernposter«

Die Methode lässt sich auch zum Abschluss eines behandelten Themas einsetzen. Dann heißt sie *Lernposter* oder *Lernlandschaft*.

Falls das Lernposter dabei primär dazu dienen soll, das Thema später besser wiederholen zu können, steht es jedem Teilnehmer frei, das in der Gruppe erarbeitete Schema nach seinen Bedürfnissen anzupassen. Dennoch ist es sinnvoll, das Lernposter in Gruppen- statt in Einzelarbeit zu erstellen: Zum einen ist in der Gruppe die Gefahr geringer, dass wesentliche Themenaspekte übersehen werden, zum anderen kann es in Einzelarbeit schwieriger und zeitaufwendiger sein, die wesentlichen Punkte eines Themas zusammenzufassen.

Vor- und Nachteile

+ Der *Advance Organizer* hilft nicht nur dabei, sich neues Wissen anzueignen, er hilft anschließend auch beim Wiederholen der bereits bekannten Fakten.
– Die Qualität des *Advance Organizers* hängt sehr stark davon ab, wie gut sich die vom Leiter ausgewählten Medien zum Verinnerlichen des Lernstoffs eignen.
– Die Methode eignet sich nur für Themen, bei denen die Teilnehmer schon über ein Grundwissen verfügen.

8.3.2 Gruppenpuzzle mit Leittext (Selbststudientext, Expertengruppe)

	< 10	10 – 20	**20 – 40**	40 – 60	> 60	
	bis 4	5 – 10	**10 – 20**	20 – 30	> 30	
	X	X	X	X	**X**	
	X	**X**	X	X	X	
	X	X	X	**X**	X	

Kurzinfo

- Zeitnahme
- verschiebbare Sitz- und Schreibgelegenheiten
- Schreibmaterialien
- 1 Leittext pro Teilnehmer

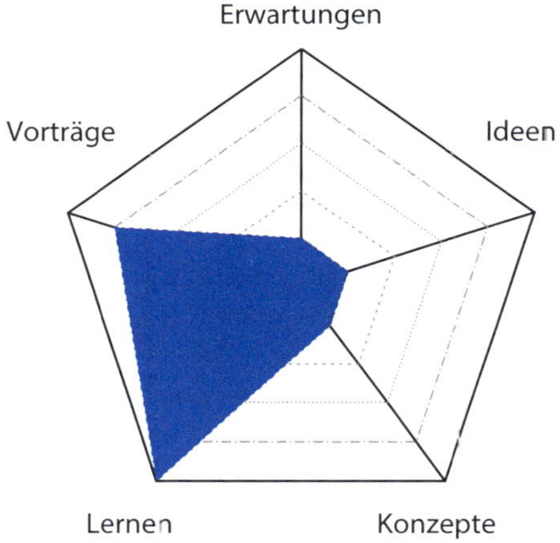

Ziel

Bei Stoff, der sich leicht in Aspekte mit ungefähr gleichem Lernaufwand gliedern lässt, sorgt die Methode durch den Wechsel aspektorientierter Einzelarbeit zu kontextorientierter Gruppenarbeit, dass die Teilnehmer nicht durch eine zu hohe Anzahl von Einzelaspekten überfordert werden und lässt sie einen Überblick über den Stoff sowie ein tieferes Verständnis für dessen verschiedene Aspekte gewinnen.

Kurzbeschreibung

Zu einem Thema, das sich gut in mehrere Aspekte unterteilen lässt, werden Kleingruppen gebildet, in denen jeder einen anderen Themenaspekt bearbeitet. Danach sortieren sich die Gruppen neu, sodass anschließend jede Gruppe aus Teilnehmern besteht, die denselben Aspekt bearbeitet haben. Zum Schluss finden die ursprünglichen Gruppen wieder zusammen, damit jeder darin über seinen Aspekt referieren kann. Abschließend findet in den Kleingruppen eine Diskussion statt.

Ausführliche Beschreibung

Zur Vorbereitung des Gruppenpuzzles muss der Leiter den Lernstoff in verschiedene Themenaspekte unterteilen. Dazu sollte er sich auf maximal vier Aspekte beschränken, damit die Diskussionsrunden später nicht überhandnehmen. Außerdem muss er einen Leittext vorbereiten oder auswählen. Dies ist der Text, mit dessen Hilfe die Teilnehmer ihre Themenaspekte bearbeiten werden. Deshalb sollte er alle ausgewählten Themenaspekte etwa gleichermaßen abdecken. Wenn der Leiter jedem Aspekt eine Farbe zuweist, kann er verschiedenfarbige Blätter für die unterschiedlichen Aspekte verwenden. So lassen sich die Blätter leichter in den Gruppen verteilen.

Nun zum Ablauf der Methode: Der Leiter teilt die Teilnehmer in sogenannte Puzzlegruppen auf, deren Größe der Anzahl der Themenaspekte entspricht. Jedes Mitglied einer Puzzlegruppe bearbeitet also einen anderen Aspekt. Zum Bilden der Gruppen kann der Leiter die Aufteilungsübungen →Losverfahren (S. 78) oder →Nummern zuweisen (S. 79) verwenden. Wenn sich die Teilnehmerzahl nicht durch die Anzahl der Aspekte teilen lässt, weist er die verbleibenden Teilnehmer den bestehenden Puzzlegruppen zu. Tische und Stühle werden anschließend so verschoben, dass jede Puzzlegruppe an einem gemeinsamen Gruppentisch mit Stühlen arbeiten kann.

In der *ersten Phase* erarbeitet jedes Gruppenmitglied intensiv seinen eigenen Themenaspekt mithilfe des Leittexts. Wer welchen Aspekt bearbeitet, lässt sich wieder mit der Methode → Nummern zuweisen (S. 79) bestimmen, indem jeder Nummer ein Themenaspekt zugeordnet wird.[3]

In der *zweiten Phase* sortieren sich die Gruppen neu: Nun entstehen Expertengruppen, in denen sich alle Experten für einen bestimmten Aspekt befinden. Sie tauschen sich über den erarbeiteten Aspekt aus, schließen eventuelle Wissenslücken und erlangen so ein tieferes Verständnis des Themas. Falls es mehr Experten- als Puzzlegruppen gibt, werden die Stühle und Tische so verschoben, dass jede Expertengruppe an einem gemeinsamen Gruppentisch mit Stühlen arbeiten kann.

In der *dritten Phase* kehren alle wieder in ihre Puzzlegruppen zurück, damit jedes Gruppenmitglied den anderen sein Ergebnis präsentieren kann. Dafür eignen sich die in Kapitel 9.2 vorgestellten Präsentationstechniken. Abschließend findet in den Puzzlegruppen eine Diskussion über offene Fragen statt.

Die Dauer der einzelnen Arbeitsphasen hängt von der Komplexität des Themas und der Länge des Leittextes ab. Eine kleine Hilfestellung zum Beurteilen der Dauer

3 Wenn der komplexeste Aspekt die 1 erhält, hat das den Vorteil, dass in Gruppen mit mehr Gruppenmitgliedern als Aspekten zwei Gruppenmitglieder diesen Aspekt bearbeiten.

gibt Kapitel 4.3.1, welche Faustregeln zum Schätzen der →Lesegeschwindigkeit enthält. Überlegungen zur Methodendauer sind besonders wichtig, weil die Methode nur dann zu fruchtbaren Ergebnissen führt, wenn die Teilnehmer in allen drei Arbeitsphasen ausreichend Zeit haben.

Zusammenfassung

Die folgende Abbildung fasst die einzelnen Phasen des Gruppenpuzzles noch einmal zusammen:

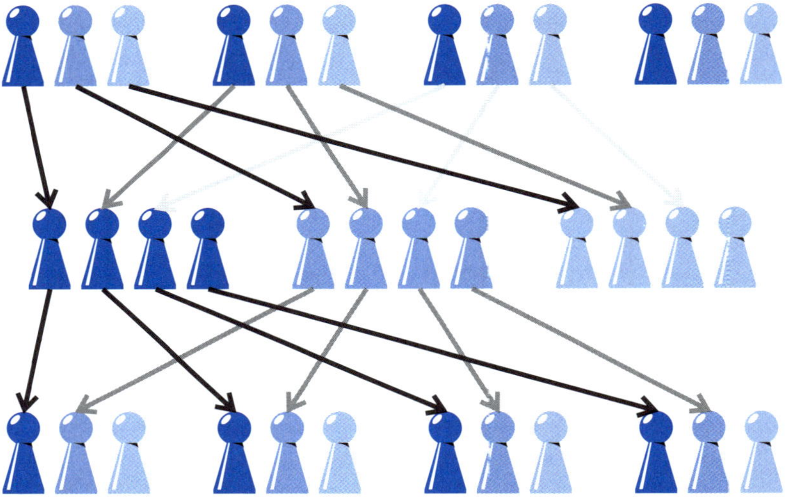

Abbildung 8-1: Die drei Phasen des Gruppenpuzzles

Nach dem Einteilen der Teilnehmer in Puzzlegruppen und dem Austeilen der Leittexte bearbeitet jedes Puzzlegruppenmitglied einen anderen Themenaspekt in Einzelarbeit (erste Phase, siehe oberer Teil der Abbildung). Anschließend finden sich die Teilnehmer in Expertengruppen zusammen, wo sie sich über etwaige Unklarheiten und Verständnislücken austauschen (zweite Phase, siehe Bildmitte). Zum Abschluss kehren sie wieder in ihre ursprünglichen Puzzlegruppen zurück und referieren dort über den bearbeiteten Aspekt (dritte Phase, siehe unterer Teil der Abbildung).

Vor- und Nachteile

+ Die Teilnehmer erwerben nicht nur neues Wissen, sondern haben darüber hinaus die Möglichkeit, das Halten von Vorträgen zu trainieren.
– Damit die Methode gelingt, muss sich der vorliegende Leittext in mehrere Themenaspekte gliedern lassen, die unabhängig voneinander bearbeitet werden können.

8.3.3 Kugellager (Zwiebelschale)

	< 10	10 – 20	**20 – 40**	40 – 60	> 60	
	bis 4	5 – 10	**10 – 20**	**20 – 30**	**> 30**	
	X	X	**X**	X	X	
	X	**X**	X	X	X	
	X	X	X	**X**	X	

Kurzinfo

- Zeitnahme
- verschiebbare Sitzgelegenheiten
- Schreibmaterialien
- 1 Text pro Teilnehmer

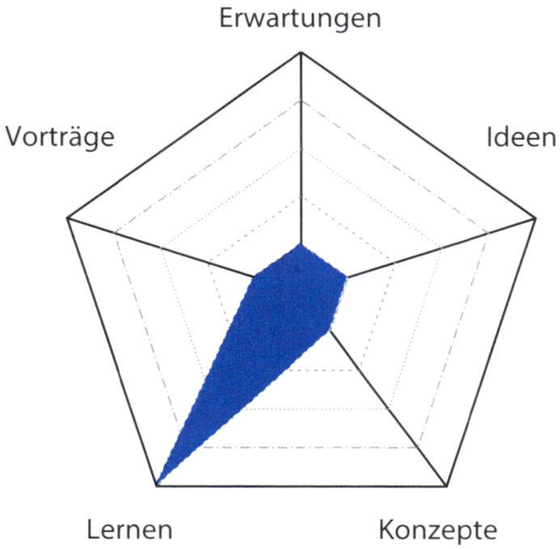

Ziel

Die Methode »Kugellager« eignet sich zum detaillierten Erarbeiten eines Themas, das in genau zwei Teilaspekte gegliedert ist.

Um sich detaillierte Fragen zu einem Thema stellen zu können und Spannungen zwischen vorhandenem Wissen und neuem Stoff zu erkennen, muss in der Regel bereits ein Grundverständnis des Themas vorhanden sein. Daher versucht die Methode »Kugellager«, den Teilnehmern frühzeitig durch die Diskussion mit zahlreichen anderen Teilnehmern mögliche Widersprüche aufzuzeigen und sie zu klärenden Fragen anzuregen.

Kurzbeschreibung

Zu Beginn werden die Teilnehmer in zwei Gruppen aufgeteilt, von denen jede einen Themenaspekt bearbeitet. Im Anschluss bilden die Gruppen gemeinsam einen inneren und einen äußeren Stuhlkreis, wobei der innere und der äußere Stuhl jeweils zueinander zeigen. Die Mitglieder der einen Gruppe setzen sich in den inneren, die Mitglieder der anderen Gruppe in den äußeren Kreis. Die sich nun gegenübersitzenden Partner erklären sich gegenseitig die beiden Themenaspekte. Nach einer gewissen Zeit rotieren die Teilnehmer des äußeren Stuhlkreises, damit sich nun neue Paare austauschen können.

Ausführliche Beschreibung

Zu Beginn teilen sich die Teilnehmer in zwei Gruppen auf, um verschiedene Aspekte desselben Themas zu bearbeiten. Dafür bieten sich die Aufteilungsübungen →Losverfahren (S. 78) oder →Nummern zuweisen (S. 79) an. Sind die Gruppen aufgeteilt, verteilt der Leiter an jede Gruppe einen anderen Text oder organisiert für die Gruppen zwei verschiedene Referate in unterschiedlichen Räumen. Falls die Gruppen nicht nur ihre jeweiligen Aspekte erarbeiten, sondern zusätzlich einen Gesamtüberblick über das Thema gewinnen sollen, können sie auch die gleichen Texte erhalten oder dasselbe Referat hören. In diesem Fall bearbeiten sie den Text oder das Referat dann hinsichtlich ihres Themenaspekts.

Anschließend bilden sie einen inneren und einen äußeren Stuhlkreis mit der jeweils gleichen Anzahl an Stühlen. Die Stühle werden so platziert, dass sich die Teilnehmer der beiden Stuhlkreise jeweils paarweise gegenübersitzen. Die Mitglieder der einen Gruppe nehmen im inneren, die Mitglieder der anderen Gruppe im äußeren Stuhlkreis Platz, sodass jedes Paar aus Mitgliedern beider Gruppen besteht.

Nun geht die Methode in die *erste Phase*: Der Leiter gibt ein Zeitintervall vor, in dem die Teilnehmer im inneren Stuhlkreis ihren Partnern ihren Themenaspekten vorstellen. Danach stellen die Partner im äußeren Stuhlkreis in der gleichen Zeit ihren Aspekt vor. Das vorgegebene Zeitintervall hängt vom Umfang und der Komplexität des Themas ab, sollte jedoch fünf Minuten nicht überschreiten, damit sich möglichst viele verschiedene Teilnehmer austauschen können. Nachdem sich die Partner ihre Themenaspekte vorgestellt haben, rücken die Teilnehmer im äußeren Stuhlkreis einen Platz nach rechts, sodass jedem ein neuer Partner gegenübersitzt.

Es folgt die *zweite Phase* der Methode. In dieser Phase müssen sich die Teilnehmer nicht mehr ihre Themenaspekte vorstellen, sondern können direkt Fragen oder Unklarheiten mit den Partnern klären. Dafür erhält jeder genauso viel Zeit wie in der ersten Phase. Danach rotieren die Teilnehmer im äußeren Stuhlkreis wieder, und erneut haben die neuen Paare Gelegenheit, gemeinsam Unklarheiten zu klären. Das Zeitintervall dafür entspricht erneut dem der ersten Phase. Der äußere Stuhlkreis rotiert während der Methode etwa fünf Mal. Abschließend klärt die ganze Gruppe die hartnäckigsten Unklarheiten in einer moderierten Diskussion.

Variante

Besteht das vorgegebene Thema nur aus einem Aspekt, bearbeiten alle diesen einen Aspekt. Sich gegenübersitzende Teilnehmer diskutieren dann direkt über offene Fragen und müssen sich das Thema nicht erst gegenseitig erklären.

Vor- und Nachteile

+ Die Methode ist vor allem mit größeren Gruppen ab 20 Teilnehmern sinnvoll und lässt sich ohne größeren organisatorischen Aufwand durchführen.
– Da sich die Teilnehmer immer nur zu zweit austauschen, ist die Gefahr groß, dass sie sich einige Aspekte unvollständig oder fehlerhaft vermitteln. Deshalb muss eine moderierte Diskussion die Methode abschließen.

8.3.4 Lerntempoduett

	< 10	**10 – 20**	**20 – 40**	**40 – 60**	> 60	
	< 5	**5 – 10**	**10 – 20**	**20 – 30**	**> 30**	
	x	x	**x**	x	x	
	x	**x**	x	x	x	
	x	x	x	**x**	x	

Kurzinfo

- Sitz- und Schreibgelegenheiten
- Schreibmaterialien
- 2 aufeinander aufbauende Texte pro Teilnehmer

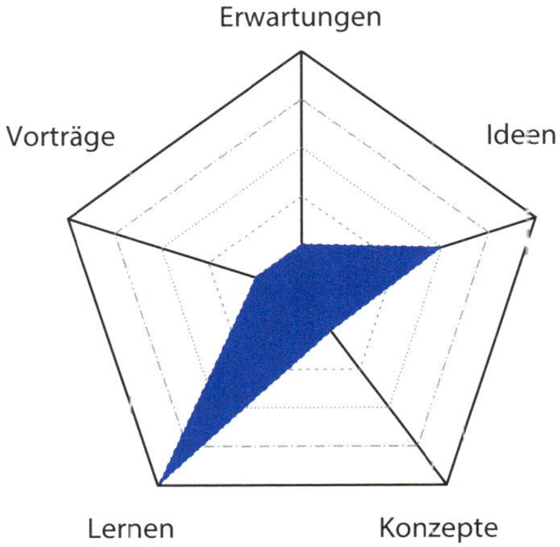

Ziel

Die Methode ermöglicht das Erlernen neuer Inhalten in der Gruppe und berücksichtigt gleichzeitig die unterschiedlichen Lerngeschwindigkeiten der einzelnen Gruppenmitglieder. Alle Teilnehmer profitieren somit von den synergetischen Effekten der Gruppenarbeit, ohne dass sich Teilnehmer mit einem eher geringen Lerntempo über- und Teilnehmer mit einem eher hohen Lerntempo unterfordert fühlen.

Kurzbeschreibung

Der Leiter bereitet zwei Texte vor, die jeweils einen unterschiedlichen Themenaspekt behandeln oder mit verschiedenen Aufgaben verbunden sind. Jeder Teilnehmer erhält einen der Texte und bearbeitet ihn. Wer mit seinem Text fertig ist, sucht sich einen Teilnehmer, der den anderen Text erhalten hat. Beide präsentieren sich nun wechselseitig ihre Ergebnisse und bearbeiten anschließend den jeweils anderen Text.

Ausführliche Beschreibung

Zur Vorbereitung teilt der Leiter das zu bearbeitende Thema in zwei Aspekte auf oder verknüpft es mit zwei unterschiedlichen Aufgaben, für welche die Teilnehmer je einen anderen Text bearbeiten sollen. Damit sich die Arbeitsblätter auf den ersten Blick ihrem Text zuordnen lassen, kann der Leiter zwei verschiedene Farben für das Papier wählen. Der Leiter verteilt von beiden Texten gleich viele Exemplare, doch jeder Teilnehmer erhält bloß einen Text, sodass sich zwei gleich große Gruppen bilden, welche verschiedene Aspekte oder Aufgaben bearbeiten. Falls der Leiter die Gruppen nicht bilden möchte, indem er schlicht die (möglicherweise verschiedenfarbigen) Blätter austeilt, kann er auch auf die Aufteilungsübungen →Losverfahren (S. 78) und →Nummern zuweisen (S. 79) zurückgreifen. Bei einer ungeraden Anzahl an Teilnehmern nimmt der Leiter selbst am Lerntempoduett teil.

Wenn alle Teilnehmer einen Text erhalten haben, geht die Methode in die *erste ihrer vier bis fünf Phasen*: Der Leiter erläutert die Themenaspekte bzw. Aufgabenstellungen und die Teilnehmer bearbeiten diese in Einzelarbeit. Hierfür wird ihnen *keine zeitliche Beschränkung* auferlegt, denn die Stärke der Methode besteht gerade darin, dass die Teilnehmer die Inhalte in ihrem eigenen Tempo bearbeiten können. Sie durchlaufen die einzelnen Phasen der Methode also in der Geschwindigkeit, mit der sie sich wohlfühlen.

Sobald ein Teilnehmer mit seinem Text fertig ist, signalisiert er dies nonverbal, etwa durch Handzeichen oder Aufstehen. Er sucht sich nun einen Partner, der ebenfalls fertig ist, aber den anderen Aspekt oder die andere Aufgabe bearbeitet hat, und bildet mit ihm ein *Expertenpaar*. Die beiden Partner präsentieren sich jetzt in der *zweiten Phase* ihre Ergebnisse und klären dabei offene Fragen. Die Aufgabenstellung kann auch so formuliert sein, dass die Teilnehmer in dieser Phase ihre Erkenntnisse gemeinsam mit einer →Mindmap (S. 140) oder einem selbst ausgedachten Schema visualisieren sollen. Davon profitiert nicht nur der Teilnehmer, dem die Ergebnisse präsentiert werden, sondern auch sein Partner, da er sein Verständnis des Stoffs beim Erstellen des Schemas noch einmal vertieft.

Haben sich die Partner ihre Ergebnisse präsentiert, erhalten sie vom Leiter jeweils den Text, den sie noch bearbeiten müssen. Ihn bearbeiten sie in der *dritten Phase* noch einmal in Einzelarbeit und in ihrem eigenen Tempo. Mit ihren Vorkenntnissen aus der Partnerarbeit können sei dabei noch letzte Details vertiefen, die sie in der Diskussion nicht vollständig erfasst haben. Sobald sie fertig sind, suchen sie sich einen Partner, der den anderen Text bearbeitet hat und der die dritte Phase ebenfalls beendet hat, um sich als Expertenpaar in einer *vierten Phase* ihre neuen Ergebnisse zu präsentieren. Dabei müssen nicht zwangsläufig dieselben Teilnehmer ein Expertenpaar bilden, die bereits in der zweiten Phase zusammengearbeitet haben. Die Paarbildung hängt ausschließlich davon ab, wer die dritte Arbeitsphase in welchem Tempo erledigt.

Da die Teilnehmer die Ergebnisse beider Texte bereits kennen, laufen die dritte und die vierte Phase deutlich schneller ab als die ersten beiden. Falls noch genügend Zeit bleibt, kann die ganze Gruppe gemeinsam offene Fragen klären oder die erarbeiteten Inhalte in einer *optionalen fünften Phase* zusammenfassen.

Zusammenfassung

Das folgende Schema fasst noch einmal kurz die Phasen des Lerntempoduetts zusammen:

1. Phase: Lernen in Einzelarbeit

2. Phase: Lernen als Expertenpaar

3. Phase: Lernen in Einzelarbeit

4. Phase: Lernen als Expertenpaar

5. Phase: Zusammenfassung mit den anderen Teilnehmern (optional)

Abbildung 8-2: Die fünf Phasen des Lerntempoduetts

Vor- und Nachteile

+ Unabhängig von ihrem jeweiligen Lerntempo werden alle Teilnehmer gleich stark in den Arbeits- und Präsentationsprozess miteinbezogen.
– Die Dauer der Methode lässt sich für Gruppen, in denen einzelne Teilnehmer sehr unterschiedliche Lerngeschwindigkeiten aufweisen, sehr schwer einschätzen.

8.3.5 Scientific Learning (Learning by Doing)

»Was man lernen muss, um es zu tun, das lernt man, indem man es tut.«

ARISTOTELES, GRIECHISCHER PHILOSOPH

	< 10	10 – 20	20 – 40	**40 – 60**	> 60	
	< 5	**5 – 10**	**10 – 20**	**20 – 30**	**> 30**	
	x	x	**x**	x	x	
	x	x	x	x	**x**	
	x	x	x	x	**x**	

Kurzinfo

- Moderation, Zeitnahme
- Sitz- und Schreibgelegenheiten
- Visualisierungsmedium
- Schreibmaterialien
- Text-, Video- oder Audiomaterial sowie Abspielgerät

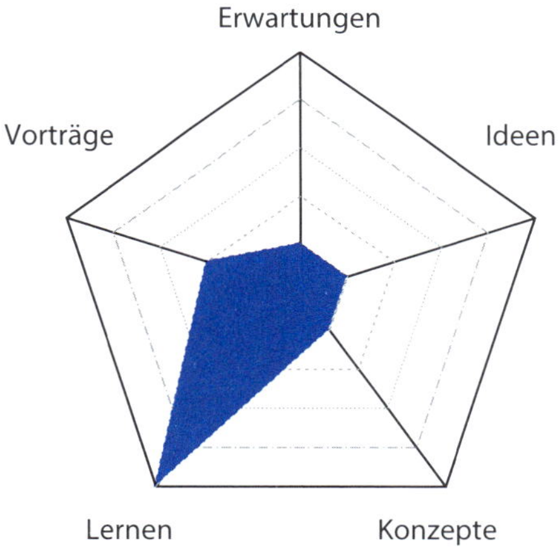

Ziel

Die Methode »*Scientific Learning*« findet beim Erwerb von Qualifikationen Anwendung, bei denen das Sammeln von Erfahrungen einen entscheidenden Anteil am Lernprozess ausmacht. Dazu zählen vor allem solche Qualifikationen, zu denen der Umgang mit Menschen gehört. Sie lassen sich nicht in der Theorie erlernen, sondern erfordern, dass der Lernende Arbeitsschritte trainiert, verschiedene Verfahren praktisch anwendet und sich insbesondere aus Fehlern den nötigen Erfahrungsschatz aneignet.

Kurzbeschreibung

Den Teilnehmern wird zu Beginn Text-, Video- oder Audiomaterial präsentiert, das die praktischen Arbeitsschritte oder Verfahren demonstriert. Dieses Material macht auch auf mögliche Fehler aufmerksam und stellt deren Konsequenzen dar. Die Teilnehmer nutzen das Material, um daraus für sich selbst Erfolg versprechende Strategien und Verfahren abzuleiten, welche sie anschließend anhand einer praktischen Aufgabe erproben. Zum Schluss erarbeiten sie ausgehend vom Lehrmaterial und von ihren eigenen Erfahrungen einen theoretischen Leitfaden.

Ausführliche Beschreibung

Der Name der Methode leitet sich vom wissenschaftlichen Erkenntnisweg ab: Auf der Grundlage ihrer *Beobachtungen* von Umwelterscheinungen stellen Wissenschaftler zunächst eine *Hypothese* auf, die das beobachtete Phänomen oder das erkannte Problem erklären soll. Anschließend verifizieren oder falsifizieren sie die Hypothese in einem *Experiment*. Ausgehend von diesen Erkenntnissen entwickeln sie schließlich ein *theoretisches Modell*, das die beobachteten Erscheinungen beschreibt. Zum Abschluss des wissenschaftlichen Arbeitsprozesses veröffentlichen sie ihre Erkenntnisse, um den *Austausch* mit anderen Wissenschaftlern zu ermöglichen. Die Methode »*Scientific Learning*« geht analog zu diesem Erkenntnisweg vor.

Dazu werden zu Beginn die Teilnehmer auf mehrere Kleingruppen aus vier bis acht Mitgliedern aufgeteilt. Dafür eignet sich die Methode →Losverfahren (S. 78). Beim Festlegen der Gruppengrößen muss beachtet werden, dass jede Gruppe ihren eigenen Moderator benötigt. Daher empfiehlt es sich, für jede Kleingruppe einen Teilnehmer als Moderator auszuwählen, der bereits in Moderationstechniken geübt ist.

Die Methode gliedert sich in vier Phasen, von denen die ersten drei von jeder Kleingruppe separat bearbeitet werden:

Die *erste Phase* ist die *Beobachtungsphase*, in welcher den Teilnehmern das Thema mit Text-, Video- oder Audiomaterial präsentiert wird. Die Teilnehmer halten ihre Beobachtungen dazu schriftlich fest. Zusätzlich zu diesem Material kann der Leiter Leitfragen an die Teilnehmer verteilen, die ihnen helfen, auf bestimmte Aspekte des Materials zu achten. Die gesamte Beobachtungsphase dauert etwa 15 bis 20 Minuten.

Für das Sammeln der Beobachtungen gibt es verschiedene Möglichkeiten. Die Teilnehmer können z. B. ihre Beobachtungen in Einzelarbeit notieren und am Ende gemeinsam mit dem Moderator auf einem Visualisierungsmedium sammeln. Bei Video- oder Audiomaterial ist auch folgendes Verfahren denkbar: Die Teilnehmer äußern sich immer dann, wenn ihnen ein relevanter Aspekt auffällt. Der Moderator hält daraufhin das Material an und der Teilnehmer erläutert seine Beobachtung. Die Gruppe kann die Beobachtung nun in einer kurzen Diskussion ergänzen und dann entscheiden, ob sie auf dem Visualisierungsmedium festgehalten werden soll. Anschließend setzt der Moderator die Präsentation fort.

Die *zweite Phase* ist die *Konzeptionsphase*. Nun stellt die Gruppe ausgehend von ihren Beobachtungen Hypothesen auf und erarbeitet Konzepte, indem sie die gesammelten Punkte in einer moderierten Diskussion strukturiert, zusammenfasst und gegebenenfalls verallgemeinert. In dieser Phase spielt der Moderator eine zentrale Rolle, da es für die Erarbeitung der Hypothesen und Konzepte entscheidend ist, dass die Teilnehmer nicht abschweifen und dass der Fortschritt der Gruppe gelegentlich kurz zusammengefasst wird. Die Leitfragen können dabei sowohl dem Moderator als auch den Teilnehmern als Orientierung dienen. Da sich die Konzeptionsphase sehr stark auf die gesammelten Beobachtungen stützt, sind nur wenige Streitpunkte zu erwarten. Aus diesem Grund sollte diese Phase maximal zehn Minuten dauern.

Weiter geht es mit der *dritten Phase*, der *Erprobungsphase*. Die Teilnehmer erproben die in der letzten Phase erarbeiteten Konzepte anhand einer vorgegebenen Aufgabenstellung. Dies kann innerhalb der Kleingruppen geschehen, doch falls Fertigkeiten im Umgang mit anderen Menschen trainiert werden sollen, empfiehlt es sich, dass die Aufgabe die Teilnehmer der anderen Kleingruppen miteinbezieht. Sollen z. B. Moderationstechniken erlernt werden, könnte die Aufgabenstellung lauten, dass die Teilnehmer Diskussionen in anderen Kleingruppen moderieren sollen. Die Erfahrungen, die die Teilnehmer in dieser Phase machen, dienen anschließend als Grundlage für Veränderungen an den erstellten Hypothesen und Konzepten. Die Dauer der Erprobungsphase hängt stark von der vorgegebenen Aufgabenstellung ab. Ein grober Richtwert sind 15 bis 20 Minuten.

Schließlich folgt als *vierte Phase* die *Austauschphase*. Analog zur wissenschaftlichen Gemeinschaft präsentieren sich die Kleingruppen gegenseitig ihre Ergebnisse. Dafür können sie ihre Konzepte im Anschluss an die dritte Phase in einer geeigneten Form aufbereiten, indem sie z. B. ein kleines Plakat erstellen oder einen kurzen Vortrag vorbereiten. Sie sollten aber nur knapp die wesentlichsten Punkte vorstellen, denn die Austauschphase sollte nicht länger als zehn Minuten dauern.

Durch die Austauschphase haben die Teilnehmer die Gelegenheit, auch Lösungsansätze kennenzulernen, die möglicherweise von ihrem eigenen abweichen. Dass sie auf diese Weise ihren Erfahrungsschatz bereichern, ist besonders wichtig, da die Methode häufig zum Erlernen von Qualifikationen dient, die wesentlich auf gesammelten Erfahrungen beruhen.

Vor- und Nachteile

+ Unabhängig von ihrem jeweiligen Lerntempo werden alle Teilnehmer gleich stark in den Arbeits- und Präsentationsprozess miteinbezogen.
– Diese etwas ungewöhnliche Art des anwendungsorientierten Lernens kann einigen Teilnehmern zu Beginn schwerfallen. Daher sollte der Leiter Geduld mitbringen und zunächst versuchen, die Teilnehmer durch mehrmaliges Anwenden der Methode sukzessive an das anwendungsorientierte Lernen heranzuführen.

8.3.6 Zwei W: Was ich weiß und was ich wissen will

	< 10	10 – 20	**20 – 40**	40 – 60	> 60	
	< 5	5 – 10	**10 – 20**	**20 – 30**	**> 30**	
	X	X	X	X	**X**	
	X	X	**X**	X	X	
	X	X	X	**X**	X	

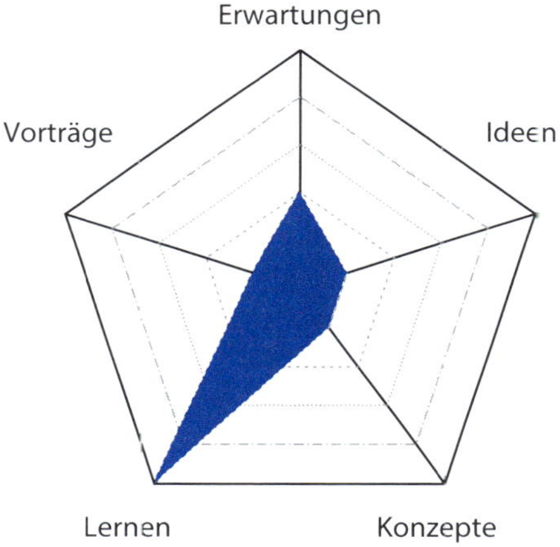

Kurzinfo

- Moderation
- Sitz- und Schreibgelegenheiten
- Pinnwand
- Schreibmaterialien
- 1 Kartensatz mit 4 roten, gelben, grünen und blauen Karten und 1 Stift pro Teilnehmer, Reservekarten

Ziel

Die Methode »Zwei W« eignet sich vor allem zum Einstieg in ein neues Thema. Sie klärt erste Fragen und Unklarheiten der Teilnehmer und hilft dem Leiter, sich einen Überblick darüber zu verschaffen, was die Teilnehmer über das Thema wissen, was sie besonders interessiert und was sie im Verlauf der gemeinsamen Arbeit ausführlich behandeln möchten.

Kurzbeschreibung

Die Teilnehmer erhalten grüne, blaue, rote und gelbe Karten zum Beschriften. Die Farben geben an, was die Teilnehmer schon über das Thema wissen, zu welchen Aspekten sie gerne ausführliche Informationen hätten, welche Aspekte sie noch nicht verstehen und welche Aspekte sie gerne in einer Diskussion mit der Gruppe klären wollen.

Ausführliche Beschreibung

Vor einer neuen Lerneinheit teilt der Moderator verschiedenfarbige Karten an die Teilnehmer aus. Diese werden von den Teilnehmern wie folgt beschriftet:

Grün	Informationen zum neuen Thema, die die Teilnehmer bereits kennen
Blau	Unbekannte Aspekte, zu denen die Teilnehmer gerne ausführliche Informationen hätten
Rot	Aspekte, die die Teilnehmer noch nicht verstanden haben oder zu denen es Fragen gibt
Gelb	Aspekte, die mit allen Teilnehmern zusammen in der Gruppe bearbeitet oder diskutiert werden sollen

Der Moderator kann diese Beschriftungsregeln als Gedächtnisstütze für die Teilnehmer zu Beginn in den entsprechenden Farben auf der Pinnwand festhalten.

Wenn alle Teilnehmer ihre Karten ausgefüllt haben, sammelt der Moderator die Karten ein und heftet sie nach Farbe sortiert an die Pinnwand. Vermutlich wird sich zeigen, dass einige der grünen Karten Antworten auf Fragen liefern, die auf den blauen und roten Karten stehen. Nach solchen Kartenpaaren suchen der Moderator und die Teilnehmer als Erstes.

Sind die Paare gefunden, beantworten diejenigen Teilnehmer, von denen die grünen Karten stammen, die Fragen der anderen Teilnehmer. Außerdem führt der Moderator zu jedem der Kartenpaare eine →Konsensfindung (S. 40) durch, um den weiteren Gesprächsbedarf zu klären. Dabei sollte er die Kartenpaare so anordnen, dass sich ein inhaltlicher Bezug zwischen aufeinanderfolgenden Kartenpaaren ergibt. Blaue, rote oder gelbe Karten, die zu keiner grünen Karte passen, dienen dem Leiter als Hinweise, welche Themenaspekte er im Laufe der Veranstaltung besonders gründlich behandeln sollte und an welchen Stellen gemeinsame Diskussionen und Übungen sinnvoll sind.

Vor- und Nachteile

+ In dieser Methode ergänzen sich Teilnehmer mit hohem und Teilnehmer mit eher niedrigem Wissensstand: Die Teilnehmer mit einem hohen Wissensstand festigen ihr Wissen, indem sie es für die anderen wiederholen, während sich die Teilnehmer mit niedrigem Wissensstand nicht erst mühsam selbst einarbeiten müssen.

+ Der Leiter kann die beschriebenen Karten am Ende einsammeln und Rückschlüsse darauf ziehen, auf welche Themenaspekte er bei einer Neukonzipierung der Lerneinheit verstärkt eingehen muss.
– Die Methode ist nur dann wirklich sinnvoll, wenn wenigstens ein Drittel der Teilnehmer bereits einiges über das Thema weiß.

9 Vortrags-, Moderations- und Lehrtechniken

»Es ist leichter, zwei Theaterstücke zu schreiben als einen Vortrag.«

TANKRED DORST, DEUTSCHER SCHRIFTSTELLER

9.1 Übersicht

Nachdem in Kapitel 8 eine Vielzahl von Gruppenarbeitsmethoden vorgestellt wurde, die vor allem Studierende beim Aneignen oder Wiederholen neuer oder bereits bekannter Inhalte unterstützen, richtet sich dieses Kapitel speziell an Vortragende und Lehrende. Es erörtert, wie sich einige Elemente aus der Gruppenarbeit zur Unterstützung von Vorträgen nutzen lassen.

Zur Einführung gibt *Kapitel 9.2* einige kurze Tipps, mit welchen Techniken das Vorbereiten von Vorträgen leichter gelingt. Danach folgen mit *Kapitel 9.3* Hinweise zur Vortragstechnik. Dabei geht es besonders darum, wie sich häufige Fehler beim Halten von Vorträgen vermeiden lassen. Zusätzlich stellt das Kapitel mit dem →*Anchored Learning* (S. 250) und den →Ungewohnten Assoziationen (S. 251) zwei Methodiken vor, die dabei helfen, Vorträge auch ohne gruppendynamische Elemente ansprechender und einprägsamer zu gestalten. *Kapitel 9.4* enthält schließlich Gruppenarbeitsmethoden, die den Vortrag unterstützen.

9.2 Tipps zur Vorbereitung von Vorträgen

9.2.1 Audioaufzeichnung

Ziel

Das Aufnehmen des eigenen Vortrags trainiert die Fähigkeit, ihn frei zu halten, und hilft dem Vortragenden, seine Wirkung auf die Zuhörer einzuschätzen.

Beschreibung

Der Vortragende spricht die erste Fassung seines Vortrags auf eine Kassette oder ein Diktiergerät, oder er erstellt mithilfe eines Aufnahmeprogramms eine Audiodatei auf seinem Computer. Unter Windows findet sich dazu unter »Programme → Zubehör (→ Unterhaltungsmedien)« das standardmäßig installierte Tool »Audiorecorder«, welches Audiodateien aufnehmen und abspeichern kann. Als kostenfreies Programm mit mehr Funktionen zur Audioaufnahme und -bearbeitung empfiehlt sich »Audacity«, welches sich auf allen Betriebssystemen installieren lässt.

Nachdem er den Vortrag aufgenommen hat, hört sich der Vortragende ihn aufmerksam an, macht sich gegebenenfalls Notizen zu Stellen, die er verbessern möchte, und nimmt eine weitere Fassung des Vortrags auf. Dies wiederholt er so lange, bis er mit dem gesamten Vortrag zufrieden ist.

Um sich den Vortrag besser einzuprägen, kann er seine Aufnahme bei verschiedenen Gelegenheiten nebenbei hören, etwa beim Autofahren, Kochen oder sogar beim Schlafen.

9.2.2 Mindmap

Ziel

Eine →Mindmap (S. 140) hilft bei der Vorbereitung, den Vortrag noch einmal gedanklich zu strukturieren und die Zusammenhänge zwischen einzelnen Aspekten zu verdeutlichen. Sie kann den Vortragenden auch auf bisher unbemerkte, neue Zusammenhänge aufmerksam machen, die er dann in seinem Vortrag unterbringen kann. Während des Vortrags dient sie ihm als Gedächtnisstütze.

Beschreibung

Der Vortragende erstellt eine Mindmap, die die wichtigsten Stichpunkte seines Vortrags und deren Zusammenhänge abbildet. Falls er dabei neue Zusammenhänge entdeckt, strukturiert er die Mindmap gegebenenfalls noch einmal um. Die fertige Mindmap dient anschließend als Gedankenstütze.

Variante

Es ist auch möglich, die Mindmap auf einem Plakat zu erstellen und es während des Vortrags im Raum aufzuhängen. Dann erleichtert sie es den Zuhörern, dem Vortrag zu folgen. In diesem Fall können, ähnlich wie beim →*Advance Organizer* (S. 227) zusätzliche Illustrationen das Verständnis fördern.

9.2.3 Moderationskarten

Ziel

Moderationskarten helfen dem Vortragenden, den roten Faden wiederzufinden. Allein durch ihre Existenz vermitteln sie so schon Sicherheit, selbst wenn der Vortragende sie gar nicht unbedingt bräuchte. Beim Anfertigen verinnerlicht der Vortragende außerdem gleich das Grundgerüst seines Vortrags.

Beschreibung

Der Vortragende notiert die wichtigsten Stichpunkte seines Vortrags der Reihenfolge nach auf ca. DIN-A5-große Papierkärtchen. Die Moderationskarten werden danach nummeriert und Schlüsselbegriffe eventuell farbig markiert.

Die Nummerierung der Karten ist wichtig, damit der Vortragende die Karten auch in der Anspannung des Vortrags wieder schnell sortieren kann (etwa, wenn diese durcheinandergeraten oder sogar herunterfallen).

Zudem sollte der Vortragende darauf achten, sie groß und für ihn selbst gut lesbar zu beschriften, um mit einem Blick das entfallende Stichwort nachsehen zu können.

Um den Zuhörern einen Überblick über den bereits präsentierten Inhalt zu verschaffen, kann der Vortragende Moderationskarten, deren Inhalt er bereits präsentiert hat, während des Vortrags an eine Pinnwand heften.

9.2.4 Seminaraufnahmen

Ziel

Eine weniger auf den aktuellen Vortrag sondern auf die allgemeine Vortragstechnik bezogene Methode, sich auf Vorträge vorzubereiten, stellt das Ansehen von Videoaufnahmen früherer Vorträge oder Seminare dar. Es zeigt dem Vortragenden, wie er auf seine Zuhörer wirkt und hilft ihm dabei, allgemeine Fehler in seiner Präsentationstechnik zu erkennen und sie für spätere Vorträge zu korrigieren. Zusätzlich kann die Methode genutzt werden, um oft gehaltene Vorträge zu verbessern.

Beschreibung

Während des Vortrags lässt sich der Vortragende filmen. Die Videoaufnahmen vom Vortrag schaut er sich später an und analysiert den Vortrag hinsichtlich Sprache, Ausdruck, Gestik, Bewegungen und Reaktionen der Zuhörer. Auf diese Weise bemerkt er unbewusste Fehler oder Angewohnheiten. Darüber hinaus hat er die Möglichkeit, aus der Distanz der Videoaufnahme die Reaktionen der Zuhörer zu beobachten. So kann er auch Reaktionen erfassen, die ihm sonst aufgrund seiner Anspannung während des Vortrags entgangen wären.

9.2.5 Testpersonen

Ziel

Auch wenn der Vortragende Audio- oder Seminaraufnahmen anfertigt, kann ihn seine subjektive Wahrnehmung blind für Fehler oder Verbesserungsmöglichkeiten machen. Dann helfen Testpersonen, vor denen der er seinen Vortrag üben kann.

Beschreibung

Der Vortragende bittet einen Freund oder Kollegen, den Vortrag als Testperson zu bewerten. Während des Vortrags macht sich die Testperson Notizen zu einzelnen Stellen oder zu allgemeinen Aspekten der Vortragstechnik, bei denen sie Verbesserungspotenzial sieht. Im Anschluss besprechen dann beide den Vortrag, wobei der Vortragende die Anmerkungen und Vorschläge der Testpersonen nicht kommentiert. Auf diese Weise lässt er sie erst einmal auf sich einwirken, anstatt sie eventuell verfrüht zu verwerfen.

Ausgehend von den Anmerkungen wird der Vortrag nun überarbeitet und der Testperson erneut präsentiert. Danach beraten der Vortragende und die Testperson, ob sich die Vorschläge bewährt haben. Erst jetzt verwirft der Vortragende gegebenenfalls einige der Vorschläge, oder er nimmt weiter Änderungen vor. Seinen Vortrag verbessert er so lange, bis keiner von beiden mehr Verbesserungswünsche hat.

9.3 Tipps zum Halten von Vorträgen

9.3.1 Allgemeine Hinweise

Das Halten von Vorträgen ist ein weites Feld, das sich auf wenigen Seiten nicht erschöpfend behandeln lässt. Im Folgenden sollen dennoch einige Faustregeln präsentiert werden, die dabei helfen, häufige Fehler zu vermeiden und bei den Zuhörern einen guten Eindruck zu hinterlassen.

Dazu jedoch eine Vorbemerkung: Dass das Vortragen eine Begabung sei, die man von vornherein mitbringen muss, ist eine weitverbreitete Annahme. In Wirklichkeit ist es aber vielmehr eine Fertigkeit, die jeder erlernen und üben kann. Neben den unten vorgestellten Hinweisen bringt deshalb häufiges Üben den größten Nutzen für die eigene Vortragstechnik. Stures Befolgen von Faustregeln allein hilft dagegen nicht weiter.

- Ein zusammenhängender frontaler Teil des Vortrags sollte *nicht länger als etwa 20 Minuten* dauern. Die Aufmerksamkeitsspanne der Zuhörer hängt von vielen inter- und intraindividuellen Faktoren ab, und auch vom Schwierigkeitsgrad des Themas sowie dem Vorwissen, das die Zuhörer mitbringen. In der Praxis ist es oft nicht möglich, alle diese Faktoren zu berücksichtigen, sodass der obige Richtwert eine gute Orientierung liefert. Dauert der frontale Teil eines Vortrags länger als 20 Minuten, sollte nach dieser Zeitspanne eine Pause gemacht oder eine aktivierende Übung eingeschoben werden. Zusätzlich können Sie versuchen, ihren Vortrag nach dem Prinzip der →Sandwich-Methode (S. 262) aufzubauen, damit aktivierende Übungen oder Gruppenarbeitsmethoden die frontalen Vortragselemente begleiten.
- *Es muss klar sein, wo der Fokus liegt!* Alles, was vom Fokus ablenken könnte, sollten Sie vermeiden. Dies könnten beispielsweise Rechtschreibfehler auf den Vortragsfolien sein oder nervöse oder hektische Bewegungen
- *Machen Sie eindeutige Bewegungen, wenn Sie auf Details der Vortragsfolien deuten.* Typische Fehler sind das Zeigen mit der Hand auf den Laptopbildschirm (den die Zuhörer nicht sehen) oder das Verwenden des eigenen Schattens im Beamerlicht als Zeigestock. Hier ist nicht klar, worauf die Zuhörer achten sollen: auf Ihre Hand oder deren Schatten?
- *Seien Sie authentisch!* Es gibt viele Regeln zur Körpersprache beim Vortrag: »Stecken Sie die Hände nicht in Ihre Hosentasche.« Oder: »Laufen Sie während des Vortrags nicht hin und her.« An diesen Regeln ist nichts auszusetzen; viel wichtiger ist aber, dass Sie auch mit Ihrer Körpersprache einen authentischen Eindruck vermitteln, der zu Ihrem Vortragsstil passt. Es kann die Zuhörer weitaus stärker irritieren, wenn Sie vorne eine Rolle spielen, die nicht Ihrer Persönlichkeit entspricht, als wenn Sie hin und wieder ein paar Schritte gehen oder z. B. durch eine Hand in der Hosentasche eine eher lockere Haltung einnehmen.
- Eine *direkte Anrede der Zuhörer* an bestimmten Punkten des Vortrags kann die Aufmerksamkeit steigern.
- Machen Sie sich *nicht zu viele Gedanken über jeden kleinen Fehler* oder Versprecher. Kleine Fehler fallen den Zuhörern meist nicht auf.
- Wenn jedoch während des Vortrags »der komplette Faden verloren geht«, wirkt es überzeugender, dies vor den Zuhörern *offen anzusprechen* und noch einmal an einem Punkt neu anzusetzen, an dem Sie sich sicher fühlen. Der Versuch, den Aussetzer zu vertuschen, wirkt häufig sehr unauthentisch.
- Als Ergänzung zu diesen Hinweisen können auch die Tipps zur Verwendung des Visualisierungsmediums in Kapitel 4.3.2 zurate gezogen werden.

9.3.2 Hinweise zum Umgang mit PowerPoint

Bei Vorträgen spielen PowerPoint oder ähnliche Präsentationsprogramme wegen der Häufigkeit ihrer Verwendung eine große Rolle als unterstützendes Medium. Daher gibt dieses Kapitel eigens Hinweise zur Verwendung von PowerPoint.

Viele glauben, dass ein Vortrag *immer* durch PowerPoint unterstützt werden muss. Allerdings ist die unterstützende Wirkung der Software in kurzen Vorträgen oder in Vorträgen, die nur wenige Bilder oder Videos beinhalten, eher gering. PowerPoint kann längere Vorträge oder Vorträge mit Medien durchaus bereichern, doch auch dort birgt die Verwendung eine Vielzahl von Stolperfallen. Die folgenden Hinweise können helfen, Fehler zu vermeiden:

- *PowerPoint soll den Vortrag unterstützen, nicht ersetzen!* Auf keinen Fall sollten Sie bloß die PowerPoint-Folien ablesen. Der Vortrag sollte nach wie vor frei gehalten werden; PowerPoint-Folien können ihn mit Bildern, Videos oder anderen Medien unterstützen und die wichtigsten Inhalte als Gedankenstütze anzeigen.
- Verwenden Sie *ausformulierte Sätze* auf den Folien sehr *sparsam*, am besten ausschließlich für die allerwichtigsten Punkte.
- Animationen können beeindruckend wirken, lenken aber auch vom Inhalt der Präsentation ab. Setzen Sie deshalb möglichst *wenige Animationen* ein, und dies auch nur dort, wo sie den Inhalt unterstützen.
- Beschränken Sie sich auf *eine Schriftart* (oder auf maximal zwei Schriftarten, wenn Sie Formeln und Tabellen verwenden). Der Haupttext sollte nicht in einer Schriftart mit Serifen gesetzt werden, da diese vor allem für längere Texte entwickelt wurden. Ebenfalls sollten Sie auf ausgefallene Schriftarten wie Comic Sans verzichten: Im Allgemeinen hinterlassen Sie eher einen negativen Eindruck als einen positiven, wenn das eigene Vortragslayout zu stark von der erwarteten Norm abweicht.
- In vielen Ratgebern findet sich der Hinweis, dass die PowerPoint-Folien nicht »überladen« sein sollten, zusammen mit einer Höchstzahl an Wörtern oder Zeilen pro Folie sowie einer Mindestschriftgröße. Obwohl es sicher sinnvoll ist, nicht zu viel Text auf einer Folie zu platzieren, sollten Sie letzten Endes jedoch abhängig *vom vorgestellten Inhalt* und nicht nach Faustregeln entscheiden, *wie viel Text eine Folie enthalten soll.*
- Verwenden Sie für den *Hintergrund keine dunklen Farben*, da sie eher ermüdend wirken. Wählen sie stattdessen helle Hintergründe ohne grelle Farben aus.
- Beschränken Sie sich bei der Wahl der Farben *auf etwa zwei Schmuckfarben.* Dies sollten keine Farben sein, die sich im Farbkreis gegenüberstehen (z. B. Gelb und Violett, Rot und Grün oder Orange und Blau), da diese Kombinationen einen sehr starken Kontrast bilden. Bei Rot und Grün ist zusätzlich zu beachten, dass diese Farben für Menschen mit einer Rot-Grün-Sehschwäche kaum zu unterscheiden sind.

9.3.3 Anchored Learning

Ziel

Das *Anchored Learning* verhindert, dass die Teilnehmer den Stoff lernen, ohne ihn anwenden zu können. Dazu werden sie zuerst mit den Anwendungsmöglichkeiten des neuen Stoffs vertraut gemacht, damit sie erkennen, welche bisher nicht lösbaren Aufgaben sich mit dem neuen Wissen bearbeiten lassen. Dies kann sie zusätzlich motivieren, da sie auf diese Weise die Bedeutung des Stoffs für die Praxis erfassen, bevor sie mit der oft abstrakteren und schwierigeren Theorie konfrontiert werden.

Beschreibung

Der Vortragende präsentiert zu Beginn eine Geschichte, die die Anwendungsmöglichkeiten des Stoffs veranschaulicht, indem er einen kurzen Film zeigt oder einen vorbereiteten Text mit den Teilnehmern durchgeht. Als »*anchored*« wird diese Art des Lernens deshalb bezeichnet, weil die Geschichte den Teilnehmern einen Anker zur Verfügung stellt, der Interesse weckt und die Möglichkeit bietet, eigenständig Probleme zu erkennen, zu definieren und zu lösen. Zum Präsentieren der Geschichte eignet sich grundsätzlich jedes Medium: der behandelte Stoff ließe sich ebenfalls durch ein Hörspiel vorstellen oder einzelne Teilnehmer spielen eine kurze Szene.

Die Geschichte stellt den Stoff in einem praktischen Kontext dar und konkretisiert die dahintersteckende Theorie. Ihre Einsatzmöglichkeiten sind vielfältig: In einer Vorlesung über Moderationstechniken wäre es denkbar, einen Film oder einen Text mit einer fiktiven Diskussion zu präsentieren und den Teilnehmern mehrere verschiedene Handlungsmöglichkeiten des Moderators aufzuzeigen, aus denen sie eine auswählen müssen. In einer Vorlesung über Sinneswahrnehmung ließe sich das Thema in eine Geschichte über eine bekannte Filmfigur, etwa James Bond, einbetten. Die Geschichte könnte den Begriff »Zweipunktschwelle« anhand zweier Pistolenläufe erklären, die gegen den Rücken des Protagonisten drücken, während der Protagonist sie als einen einzigen Pistolenlauf wahrnimmt. Als weiteres Beispiel könnte die schlechte Wahrnehmung des Protagonisten in einer dunklen Kneipe die geringere Sehschärfe und Fernwahrnehmung beim Nachtsehen veranschaulichen.

Nach der Präsentation der Geschichte stellt der Vortragende den Teilnehmern eine Aufgabe, die das zugrunde liegende Problem behandelt, oder er lässt die Aufgabe von den Teilnehmern selbst ableiten. Die Aufgabe können sie in Gruppen- oder Einzelarbeit lösen. Falls mehrere Aufgaben gelöst werden sollen, ist auch die Bildung von →Puzzlegruppen (S. 230) möglich. Wird die Geschichte als Film oder Hörspiel präsentiert, kann der Vortragende zusätzlich einen Text als Gedächtnisstütze austeilen, der die wesentlichen Punkte der Handlung zusammenfasst.

9.3.4 Ungewohnte Assoziationen

Im letzten Kapitel wurde am Beispiel der Sinneswahrnehmung bewusst eine Geschichte gewählt, die man eher nicht beim diesem Thema erwarten würde, und die in diesem Zusammenhang recht ausgefallen wirkt. Dies hat die folgende Bewandtnis:

> Je unerwarteter oder ungewöhnlicher die gewählte Geschichte ist, umso größer ist die Wahrscheinlichkeit, dass sie als Anker dienen kann, dass sie für das neue Thema also eine Gedächtnisstütze darstellt.

Daher kann es förderlich sein, wenn der Vortragende ganz bewusst ungewohnte Assoziationen weckt.

9.4 Vorträge durch Gruppenarbeit unterstützen

9.4.1 Bienenkorb (Buzz Group)

	< 10	**10 – 20**	20 – 40	40 – 60	> 60	
	< 5	5 – 10	**10 – 20**	**20 – 30**	**> 30**	
	X	X	**X**	X	X	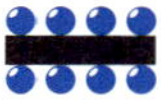
	X	**X**	X	X	X	
	X	X	X	**X**	X	

Kurzinfo

- Zeitnahme
- Sitz- und Schreibgelegenheiten
- Visualisierungsmedium
- Schreibmaterialien

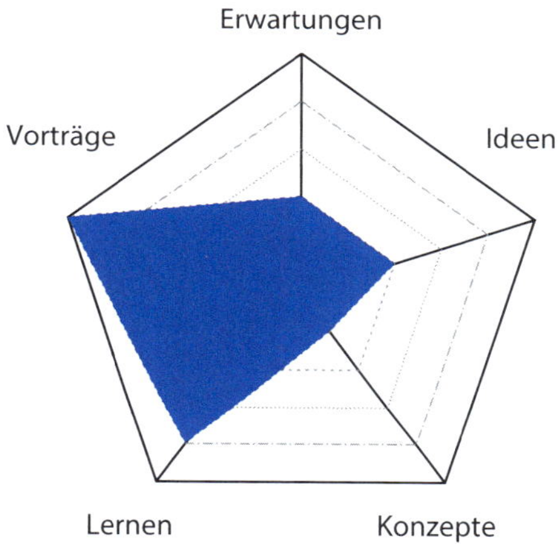

Ziel

Die Methode gibt den Zuhörern von Vorträgen Gelegenheit, neue und komplexe Themen zu reflektieren, bevor der Vortrag fortgesetzt wird. Die Zuhörer werden ermutigt, ihre offenen Fragen in Kleingruppen zu stellen. Dadurch folgen sie dem verbleibenden Vortrag aufmerksamer und führen weniger Seitengespräche.

Kurzbeschreibung

Beim Bienenkorb werden die Zuhörer eines Vortrags aufgefordert, nach einer Lerneinheit Kleingruppen von zwei bis sechs Teilnehmern zu bilden und gemeinsam eine konkrete Fragestellung zum erlernten Stoff zu bearbeiten. Die Ergebnisse können sie am Ende vor dem Plenum präsentieren. Außerdem können sie dem Vortragenden ihre offenen Fragen stellen.

Ausführliche Beschreibung

Nachdem der Vortragende den neuen Stoff eingeführt hat, notiert er eine Fragestellung für die Zuhörer auf dem Visualisierungsmedium. Die Fragestellung sollte sich in etwa zehn Minuten bearbeiten lassen, unmittelbar mit dem gelernten Stoff zusammenhängen und zudem eindeutig lösbar sein, damit die Zuhörer nicht durch mehrere Lösungen verwirrt werden. Bei einer Vorlesung über elektrische Schaltungen wäre z. B. folgende Fragestellung denkbar: »In welchem Zusammenhang stehen Energieerhaltung und Maschenregel?« Die Frage regt die Zuhörer dazu an, sich über die Konzepte Gedanken zu machen, die der Maschenregel zugrunde liegen, und festigt ihr Verständnis.

Nun fordert der Vortragende die Zuhörer auf, Kleingruppen von zwei bis sechs Gruppenmitgliedern zu bilden und die vorgegebene Fragestellung in Gruppenarbeit zu bearbeiten. Dazu reicht meist eine Aufforderung wie »Unterhalten Sie sich bitte mit Ihrem Nachbarn/Ihrer Sitzreihe über …«. Falls Zuhörer die diese Methode nicht kennen,

Schwierigkeiten bei der Gruppenbildung haben, kann der Vortragende selbst durch das Plenum gehen und durch Gesten andeuten, welche Gruppen sich bilden sollen. Bei kleineren Gruppen kann er auch Aufteilungsübungen aus Kapitel 5.3 anwenden.

Sofern sich die Sitzordnung schnell verändern lässt, sind Gruppen mit vier bis sechs Teilnehmern kleineren Gruppen zu bevorzugen, weil es in kleineren Gruppen passieren kann, dass die Gruppenmitglieder zu geringe Kenntnisse für eine konstruktive Diskussion mitbringen. Während in Seminarräumen die Sitzordnung meist rasch geändert werden kann, ist dies jedoch in Hörsälen nur schwer möglich. Dort ist es deshalb effektiver, Zweier- oder Dreiergruppen zu bilden.

Weil die Zuhörer im Laufe der Methode sehen, dass sie mit ihren Verständnisschwierigkeiten nicht »alleine dastehen«, kann die Methode Hemmungen, sich mit Fragen an den Vortragenden oder an andere Teilnehmer zu wenden, spürbar abbauen.

Nach etwa zehn Minuten sollte der Vortragende die Gruppenarbeitsphase beenden. In der folgenden Auswertung fragt er, welche der Gruppen ihre Lösung vorstellen möchte, und erteilt ihr das Wort. Bei einer falschen Lösung korrigieren sich die Gruppen gegenseitig. Anschließend fordert der Vortragende die Zuhörer auf, ihre offenen Fragen zum Thema zu stellen, und beantwortet diese gegebenenfalls. Nun fährt er mit seinem Vortrag fort.

Vor- und Nachteile

+ Die Methode lässt sich vergleichsweise schnell durchführen und eignet sich bei frontalen Vorträgen ideal zur kurzen Auflockerung.
– Die Methode ergänzt den frontalen Vortrag nur dann sinnvoll, wenn die Fragestellung so gewählt wurde, dass sie die Zuhörer weder über- noch unterfordert.

9.4.2 Donut

	< 10	10 – 20	**20 – 40**	40 – 60	> 60	
	< 5	5 – 10	10 – 20	20 – 30	> 30	
	x	x	x	**x**	x	
	x	**x**	x	x	x	
	x	x	x	**x**	x	

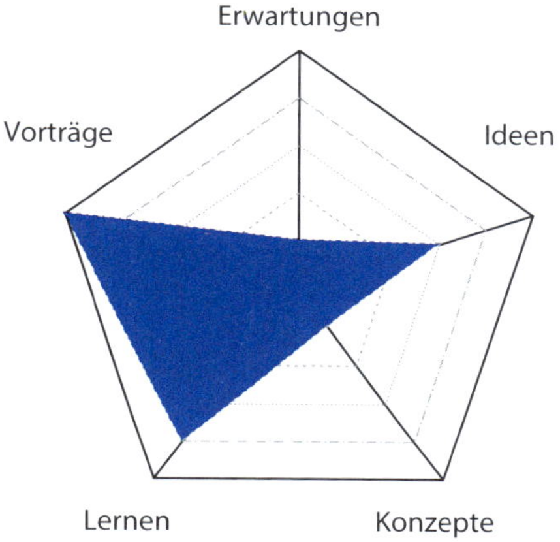

Kurzinfo

- Moderation optional
- verschiebbare Sitzgelegenheiten
- 1 Visualisierungsmedium pro Stuhlkreis
- Stifte pro Stuhlkreis

Ziel

Die Donut-Methode ermöglicht den Zuhörern, untereinander offene Fragen zu klären. Die Diskussion in der Gruppe führt zu einem tieferen Verständnis des Stoffes.

Zudem erhält der Vortragende ein Feedback, welche Inhalte die Zuhörer verstanden haben und ob er seine Ziele erreicht hat.

Kurzbeschreibung

Nach einem Referat oder Vortrag bilden die Zuhörer Kleingruppen aus acht bis zwölf Teilnehmern, in denen sich jedes Gruppenmitglied Fragen zum Inhalt des referierten Stoffs ausdenkt und seine Frage der Reihe nach der Kleingruppe stellt. Die Gruppe entscheidet, ob die Frage lösbar ist, und beantwortet sie dann gegebenenfalls.

Ausführliche Beschreibung

Am Ende eines Vortrags oder nach längeren und komplexen Lerneinheiten bilden sich im Plenum Kleingruppen von acht bis zwölf Teilnehmern. Bei Veranstaltungen mit mehr als 50 Teilnehmern deutet der Vortragende an, welche Gruppen sich bilden sollen, und geht gegebenenfalls selbst durch die Reihen. Bei kleineren Gruppen können auch die Aufteilungsübungen aus Kapitel 5.3 verwendet werden.

Die Kleingruppen setzen sich in Stuhlkreisen zusammen (die Stuhlkreise haben die Form eines Donuts, daher der Name der Methode). Jetzt denkt sich jedes Gruppenmitglied drei bis fünf Fragen zum Inhalt des Vortrags aus, sodass jeder ganz sicher Fragen hat, die andere Gruppenmitglieder nicht haben. Diese Fragen stellen die Gruppenmitglieder der Reihe nach der restlichen Gruppe, wobei jeder zunächst immer nur eine Frage stellt. Die Gruppe bewertet zuerst, ob die Frage lösbar ist. Das heißt, jeder überlegt sich selbst, ob die Frage mit dem vermittelten Stoff beantwortet werden kann, und ordnet die Frage in den Gesamtkontext des Themas ein. So erlangen die Gruppenmitglieder schon während der Bewertung ein tieferes Verständnis der zugrunde liegenden Zusammenhänge.

Lösbare Fragen werden von der Gruppe beantwortet; bei unlösbaren Fragen stellt der Fragesteller eine weitere Frage, die wieder bewertet wird. Die Art der Beantwortung ist nicht festgelegt. Die Frage kann zum Beispiel in einer gemeinsamen Diskussion oder durch ein einzelnes Gruppenmitglied, das sich freiwillig meldet, beantwortet werden. Ist die Frage beantwortet, stellt das Gruppenmitglied rechts vom Fragesteller seine Frage. Diese bewertet die Gruppe erneut und beantwortet sie. Die Methode endet, sobald jeder eine Frage stellen konnte.

Währenddessen kann der Vortragende durch die einzelnen Kleingruppen gehen und erhält so ein Feedback, ob die Teilnehmer den referierten Stoff verstanden haben und ob er sein Lehrziel erreicht hat.

Anmerkung

Wichtig ist bei dieser Methode, dass es der Raum erlaubt, Stuhlkreise zu bilden.

Außerdem sollten die Kleingruppen nicht weniger als acht oder mehr als zwölf Teilnehmer umfassen. Bei größeren Gruppen würde die gemeinsame Arbeit zu lange dauern, bei kleineren Gruppen besteht die Gefahr, dass das Fragespektrum zu gering ausfällt.

Vor- und Nachteile

+ Weil die Teilnehmer in ihren Kleingruppen selbst entscheiden, welche Fragen sie beantworten, ist die Gefahr gering, dass sie sich während der Gruppenarbeit zu sehr auf nebensächliche Details fixieren.
– Die Fragen von eher zurückhaltenden Teilnehmern könnten während der Gruppenarbeitsphase zu wenig Gewicht erhalten.

9.4.3 Karten-Vortrag

	< 10	**10 – 20**	20 – 40	40 – 60	> 60	
	< 5	**5 – 10**	**10 – 20**	20 – 30	> 30	
	X	X	**X**	X	X	
	X	**X**	X	X	X	
	X	X	X	**X**	X	

Kurzinfo

- Moderation durch den Vortragenden optional
- Sitz- und Schreibgelegenheiten
- Pinnwand
- Schreibmaterialien
- blaue Karten mit Vortragsnotizen, unbeschriftete rote und grüne Karten

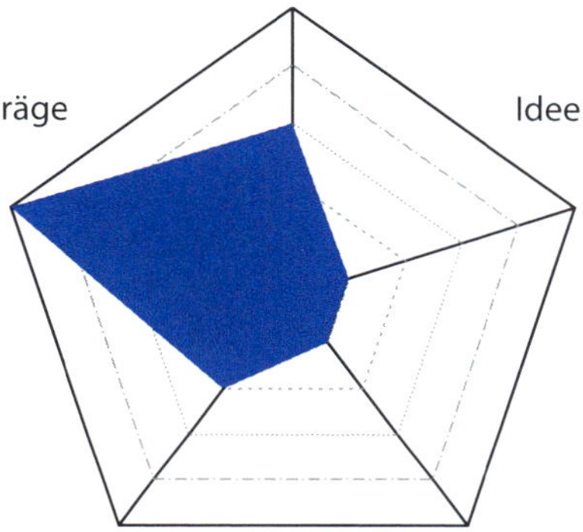

Ziel

Der Karten-Vortrag ist eine Vortragstechnik, bei der die Zuhörer den Vortrag im Voraus mitgestalten können, indem sie ihr Vorwissen als ergänzende Fakten einbringen oder Fragen zu besonders komplexen Aspekten des Vortrags stellen. So kann sich der Vortragende den Wünschen der Teilnehmer anpassen.

Kurzbeschreibung

Der Vortragende hat im Voraus seine Vortragsnotizen auf blaue Karteikarten geschrieben und präsentiert sie den Zuhörern. Diese ergänzen die Notizen an der entsprechenden Stelle entweder um Zusatzinformationen, die sie auf grünen Karten notieren, oder um Fragen, die sie auf roten Karten vermerken. Die roten und grünen Karten werden dann zu den blauen gelegt und der Vortragende stimmt seinen Vortrag auf die Anmerkungen der Zuhörer ab.

Ausführliche Beschreibung

Der Vortragende hat Notizen zu seinem Vortrag vorbereitet und auf blauen Karten notiert. Sie skizzieren den Inhalt des Vortrags und enthalten alle präsentierten Informationen. Bevor der Vortrag beginnt, heftet der Vortragende nun die blauen Karten in der richtigen Reihenfolge gut lesbar nebeneinander an eine Pinnwand. Sobald sich die Zuhörer die Notizen durchgelesen haben und eventuelle Verständnisfragen geklärt sind, teilt der Vortragende jeweils vier unbeschriftete rote und vier unbeschriftete grüne Karten an jeden Zuhörer aus. Dabei darf jeder beliebig viele Karten beschriften und den Leiter gegebenenfalls um weitere Karten bitten.

Wer zusätzlich zu den Informationen auf den blauen Karten weiteres Wissen zum Thema einbringen kann und der Meinung ist, dass seine Zusatzinformationen das Verständnis des Vortrags erleichtern, notiert diese auf den grünen Karten. Wichtige

Verständnisfragen, von denen die Zuhörer glauben, dass der Vortrag sie nicht oder nicht ausführlich genug beantworten wird, werden auf den roten Karten vermerkt. Die Teilnehmer heften dann die beschrifteten Karten an die Pinnwand neben diejenigen blauen Karten, auf die sich die Zusatzinformationen oder Fragen der neuen Karten beziehen.

Der Vortragende kann an dieser Stelle die Rolle des Moderators einnehmen und versuchen, durch eine →Konsensfindung (S. 40) eine Einigung darüber zu erzielen, welche der neuen Karten er für seinen Vortrag berücksichtigen soll. Oder er kann selbst abwägen, welche Karten er einfließen lässt. Die Konsensfindung sollte aber sehr kurz gehalten werden, da sonst die Gefahr besteht, dass bereits vor dem Vortrag zu viel Zeit auf Diskussionen über dessen Inhalt verwendet wird.

Schließlich hält der Vortragende den Vortrag und bindet an der jeweiligen Stelle die Anmerkungen der Teilnehmer ein.

Die Vortragsnotizen auf den blauen Karten müssen detailliert ausgearbeitet und leicht verständlich sein, damit die Methode gelingt.

Vor- und Nachteile

+ Die Methode gelingt auch mit Zuhörern, die nur wenig Erfahrung mit Gruppenarbeit besitzen.
– Der Vortragende muss neben Kenntnissen über das Hauptthema seines Vortrags auch über ein großes Hintergrundwissen verfügen, damit er schnell und flexibel auf neue Aspekte reagieren kann, die die Teilnehmer vorschlagen.

9.4.4 Peyton-Schema in sechs Schritten

	< 10	10 – 20	**20 – 40**	**40 – 60**	> 60	
	< 5	**5 – 10**	**10 – 20**	**20 – 30**	**> 30**	
	X	X	**X**	X	X	
	X	X	**X**	X	X	
	X	X	**X**	X	X	

Kurzinfo

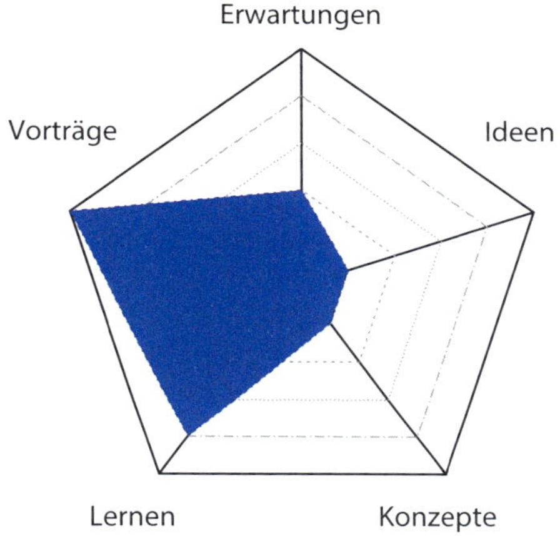

- Raumausstattung und Materialien für die Teilnehmer abhängig vom zu erlernenden Verfahren

Ablauf und Ziel

Das Peyton-Schema (*Peyton* 1998) eignet sich vor allem zum Erlernen praktischer Verfahren. Diese werden in ihre Teilschritte zerlegt und den Teilnehmern erst mit starker, dann mit immer weiter abnehmender Anleitung beigebracht. So verhindert der Leiter, dass er die Schwierigkeiten der Teilnehmer beim Erlernen der für ihn selbstverständlichen Verfahren unterschätzt und den Teilnehmern nicht genügend Zeit einräumt.

Kurzbeschreibung

Der Leiter zeigt den Teilnehmern das Verfahren, das sie erlernen sollen, erst in der üblichen Geschwindigkeit und dann langsam und Schritt für Schritt. Danach beschreiben die Teilnehmer untereinander selbst den Ablauf und führen ihn wie angewiesen durch. Jeder übernimmt so lange abwechselnd die Rolle des Beschreibenden und des Ausführenden, bis alle Teilnehmer das Verfahren fehlerfrei anwenden können. Der Leiter gibt dabei immer weniger Hilfestellung.

Ausführliche Beschreibung

Das hier vorgestellte Peyton-Schema gliedert sich in sechs Phasen:

In der *ersten Phase* führt der Leiter den Teilnehmern das zu erlernende Verfahren mit knappen Erläuterungen und in der üblichen Geschwindigkeit vor. Dadurch gewinnen die Teilnehmer einen Eindruck vom Ablauf des Verfahrens und verstehen seinen Zweck und seine Anwendungsmöglichkeiten in der Praxis. Sie stellen in dieser Phase aber noch keine Fragen.

In der *zweiten Phase* stellt der Leiter das Verfahren nun Schritt für Schritt mit langsamer Geschwindigkeit und ausführlichen Erklärungen der Teilschritte vor. Die Teilnehmer dürfen in dieser Phase Fragen stellen, die der Leiter dann beantwortet. Dadurch wird den Teilnehmern die Durchführung der einzelnen Schritte verständlich gemacht und sie erhalten eine Vorstellung davon, wie sie das Verfahren selbst anwenden können.

In der *dritten Phase* wählt der Leiter einen Teilnehmer aus, der noch einmal Schritt für Schritt das Verfahren erklärt. Der Leiter folgt dabei exakt den Ausführungen des Teilnehmers, selbst wenn er weiß, dass einige Punkte falsch sind. Dadurch, dass das Verfahren bei Fehlern in der Beschreibung des Teilnehmers höchstwahrscheinlich misslingt, müssen sowohl der aktiv beschreibende als auch die passiv beobachtenden Teilnehmer reflektieren, was genau falsch beschrieben wurde. Auf diese Weise werden die Teilnehmer direkt mit den Auswirkungen ihrer Fehler konfrontiert.

Diese Konfrontation kann bewirken, dass die Teilnehmer später mehr darauf achten, die bereits begangenen Fehler zu vermeiden. Das Peyton-Schema bietet somit die Möglichkeit, die Teilnehmer in einer kontrollierten Übungssituation aus ihren Fehlern lernen zu lassen, ohne dass dabei Schaden angerichtet würde.

Fällt auch nach Ende des fehlerhaften Verfahrens niemandem auf, dass der Teilnehmer einen oder mehrere Teilschritte falsch beschrieben hat, kann der Leiter ihn mit Zwischenfragen auf seinen Fehler hinweisen.

In der *vierten Phase* teilt der Leiter die Teilnehmer in Kleingruppen aus höchstens acht Teilnehmern auf, wozu er die Aufteilungsübungen →Losverfahren (S. 78) oder →Nummern zuweisen (S. 79) verwenden kann. In den Kleingruppen wendet jeder Teilnehmer für sich das Verfahren ein- oder zweimal an und beschreibt dabei jeden durchzuführenden Schritt. In dieser Phase beobachtet der Leiter die Gruppen und korrigiert falsche Beschreibungen und Abläufe.

In der *fünften Phase* bildet jeder Teilnehmer mit einem weiteren Mitglied seiner Gruppe eine Zweiergruppe. Da die Gruppen ohnehin klein sind, sollte dies unkompliziert vonstattengehen. Andernfalls kann der Leiter die Aufteilungsübung →Nummern zuweisen (S. 79) verwenden. Gegebenenfalls kann er Teilnehmern ohne Partner jemanden aus den anderen Gruppen zuweisen, oder er nimmt selbst als Partner teil.

Jeder beschreibt nun seinem Partner Schritt für Schritt das Verfahren. Der Partner wendet das Verfahren wieder exakt so an, wie die Anweisungen es verlangen, auch wenn er weiß, dass die Anweisungen falsch sind. Der Teilnehmer, der die Anweisungen gibt, hat so die Möglichkeit, seine Fehler selbst zu erkennen und zu korrigieren. Dadurch prägt sich der korrigierte Ablauf besser ein als bei einer sofortigen Korrektur, und eine Wiederholung des Fehlers wird unwahrscheinlicher. Die beiden Partner wechseln nach jedem kompletten Verfahren ihre Rollen und wiederholen das Verfahren so lange, bis sie es fehlerfrei beherrschen. Der Leiter beobachtet auch in dieser Phase die Teilnehmer, wenn er nicht gerade selbst als Partner teilnimmt. Er korrigiert die Gruppen jedoch nur in Gefahrensituationen oder wenn beide Partner einen Fehler nicht bemerken.

In der *sechsten Phase* bittet der Leiter zwei Teilnehmer, das erlernte Verfahren noch einmal vor allen anderen vorzuführen, sodass den Teilnehmern ihr eigener Lernfortschritt gezeigt wird. Dies kann sich motivierend auf eventuelle Folgeveranstaltungen auswirken, in denen die Teilnehmer das Verfahren selbst anwenden.

Zusammenfassung

Tabelle 2: Zusammenfassung der Phasen

Phase	Ablauf
1	Der Leiter führt das Verfahren ohne Erklärung und in der üblichen Geschwindigkeit vor.
2	Der Leiter führt das Verfahren Schritt für Schritt in langsamer Geschwindigkeit vor und erklärt dabei ausführlich alle Details.
3	Ein Teilnehmer erklärt das Verfahren Schritt für Schritt, welches der Leiter dann exakt auf die erklärte Weise vorführt.
4	Die Teilnehmer werden in Kleingruppen eingeteilt.
5	In den Kleingruppen bilden sich Zweiergruppen, in denen wechselseitig einer der Teilnehmer auf Grundlage der Erklärung des anderen das entsprechende Verfahren exakt wie beschrieben durchführt.
6	Ein Teilnehmerpaar führt das erlernte Verfahren vor allen anderen noch einmal vor.

Anmerkung

Das Peyton-Schema ist ebenfalls als Lern- statt als Lehrmethode einsetzbar. Hier ist jedoch zu beachten, dass für das Gelingen der Methode ein sehr hohes Maß an Vorbereitung und Strukturierung durch den Leiter notwendig ist.

Variante

Bei Verfahren, die an einem weiteren passiven Teilnehmer geübt werden müssen, beispielsweise dem Blutdruckmessen, bilden sich in der vierten Phase zunächst Zweiergruppen aus einem aktiven Teilnehmer, der das Verfahren anwendet, und einem passiven Teilnehmer, an dem das Verfahren geübt wird. In der fünften Phase bilden sich dann Dreier- anstatt Zweiergruppen. Diese bestehen aus einem Mitglied, das die Anweisungen gibt, einem, das sie ausführt, und einem passiven Mitglied, an dem sie geübt werden. Dabei wechseln die Mitglieder drei Mal die Rollen, sodass jeder einmal jede Rolle einnehmen kann.

Wichtig ist bei dieser Variante, dass der Teilnehmer, der die Anweisungen ausführt, diese sofort korrigiert, wenn es durch einen Fehler zu einer Gefahrensituation für den passiven Teilnehmer kommt. Um mögliche Gefahrensituationen zu vermeiden, weist der Leiter in der zweiten Phase explizit darauf hin, welche Konsequenzen Fehler für den passiven Teilnehmer haben können.

Vor- und Nachteile

+ Durch die vielen aktiven Phasen fördert die Methode das Verstehen und Behalten bei den Teilnehmern.
+ Sie stellt einen Überblick und eine Zusammenfassung bereit und verdeutlicht die Beziehungen zwischen den einzelnen Elementen des zu erlernenden Ablaufs.
+ Durch Wiederholungen werden Akzente an wichtigen Gelenkstellen gesetzt.
– Die Methode kann auf Teilnehmer, die nicht damit vertraut sind, zunächst befremdlich wirken.

9.4.5 Sandwich-Methode

	< 10	10 – 20	**20 – 40**	**40 – 60**	> 60	
	< 5	**5 – 10**	**10 – 20**	**20 – 30**	**> 30**	
	X	X	**X**	X	X	
	X	X	**X**	X	X	
	X	X	X	**X**	X	

Kurzinfo

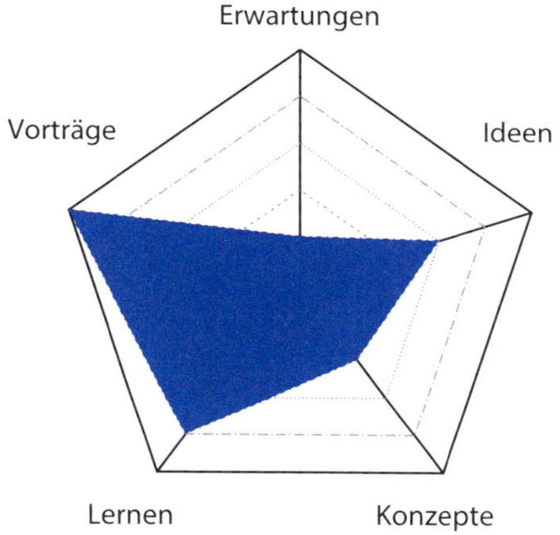

- Moderation abhängig von den verwendeten Methoden während des Sandwich-Vortrags
- verschiebbare Sitz- und Schreibgelegenheiten
- Visualisierungsmedium
- Schreibmaterialien

Ziel

Die Sandwich-Methode kommt zum Einsatz, wenn vor der Einführung eines neuen Themas bereits gelernter Stoff wiederholt werden muss, der möglicherweise schon länger zurückliegt.

Durch den sandwichartigen Aufbau »Gruppenarbeit zur Wiederholung« – »Vortrag des neuen Stoffs« – »Gruppenarbeit zur Vertiefung« werden die Zuhörer am Anfang und am Ende selbst aktiv, was den Lerneffekt steigert.

Außerdem haben die Zuhörer Gelegenheit, den neuen Stoff individuell vor- und nachzubereiten.

Kurzbeschreibung

Bei der Sandwich-Methode wiederholen die Zuhörer in Gruppenarbeit den bereits bekannten Stoff. Danach hält der Vortragende ein Referat zu einem neuen Thema, das thematisch an den wiederholten Stoff anknüpft. Abschließend wird der neu erlernte Stoff in Gruppenarbeit vertieft.

Ausführliche Beschreibung

Die Zuhörer besprechen zu Beginn in einer *ersten Gruppenarbeitsphase* den bereits bekannten Stoff. Dies kann z. B. in Form eines →Gruppenpuzzles (S. 230) mit Leittexten oder durch eine in Gruppenarbeit erstellte →Mindmap (S. 140) geschehen. Alternativ können auch andere Methoden aus Kapitel 8 angewendet werden. Jedoch sollte der Vortragende die Methoden abhängig davon auswählen, wie präsent der bereits bekannte Stoff den Zuhörern noch ist: Bei sehr lange zurückliegendem Stoff eignen sich auch die Methoden aus Kapitel 8.3. Der Austausch, der am Ende dieser Methoden stattfindet, hilft den Zuhörern besonders gut, sich den erlernten Stoff noch einmal ins Gedächtnis zu rufen.

Nach dieser ersten Gruppenarbeitsphase beginnt der Vortragende mit seinem Referat (siehe dazu auch die Vortragstechniken aus Kapitel 9.3).

Abschließend folgt die *zweite Gruppenarbeitsphase*, in welcher der referierte Stoff vertieft wird. Hier kann der Vortragende die gleichen Methoden wie in der ersten Phase wählen. Vor der Vertiefung des Stoffes bietet sich aber auch die Auflockerungsübung →Murmelgruppen (S. 104) an, sodass die Teilnehmer nach der langen Konzentration kurz entspannen können, um sich danach wieder motiviert dem Thema zu widmen.

Vor- und Nachteile

+ Die Methode beschränkt sich in der Wahl der gruppendynamischen Elemente nicht nur auf eine wenige Techniken, sondern ermöglicht es, ein breites Spektrum an Methoden flexibel einzubauen.
– Da die Methode viele andere Gruppenarbeitsmethoden einschließt, sollten die Teilnehmer bereits über Erfahrung mit Gruppenarbeit verfügen.

10 Anhang

10.1 Literatur

Antons, K. (1998): Praxis der Gruppendynamik. 7. Aufl., Göttingen: Hogrefe

Berkel, K. (2011): Konflikttraining. 11. Aufl., Hambug: Windmühle

Friebe, H. & Albers, P. (2011): Was Sie schon immer über 6 wissen wollten: Wie Zahlen wirken. München: Hanser*Geschka, H. & von Reibnitz, U.* (1980): Vademecum der Ideenfindung. 4. Aufl., Frankfurt am Main: Battelle

Hemme, H. (2004): Das Ei des Kolumbus und weitere hinterhältige Knobeleien. 6. Aufl., Reinbek: Rowolth

Hentze, H & Müller, K. D. & Schlicksupp, H. (1990): Praxis der Managementtechniken. München/Wien: Hanser

Lindemann, H. (2004): Autogenes Training. 3. Aufl., München: Mosaik Verlag

Meyer, J.-U. (2009): Das Edison-Prinzip. Limit. Sonderaufl., Frankfurt: Campus Verlag

Peyton, J. W. R. (1998): Teaching & Learning in Medical Practice. 1. Aufl., Orillia: Manticore Books

Strittmatter-Haubold, V. (Hrsg.) & Wölfing, W. (Hrsg.) (2005): Methodenreader. 7. Aufl., Heidelberg

Pulver, M. (2003): Sitzungsfallen – und wie man sie umgeht. Elektronik 11/2003, Haar: WEKA Fachmedien GmbH

Schneider, M. (2012): Crashkurs Meditation. 3. Aufl., München: Gräfe und Unzer

van Logtestijn, A. & Mandour, Y (2004): Zeven stappen naar succesvollere innovaties. Tijdschrift voor Marketing 03/2004. www.marketing-online.de

Wellhöfer, P. (2012): Gruppendynamik und soziales Lernen. 4. Aufl. Konstanz: UVK

http://www.bpb.de/lernen/unterrichten/methodik-didaktik/62269/methodenkoffer-detailansicht?mid= 331 – Beispiel für die Farben der Denkhüte-Methode. Stand: 21.05.2014

http://de.wikipedia.org/wiki/Delphi-Methode – Durchführung der Delphi-Methode über E-Mail-Kommunikation. Stand 21.05.2014

http://www.open-space-moderation.de/ – Informationen zur Gestaltung ganzer Kongresse mithilfe der Open-Space-Methode. Stand 21.05.2014

www.qfd-id.de – Ausführliche Informationen zum Quality Function Deployment (QFD). Stand: 21.05.2014

http://www.spielereader.org/ – Sammlung lockerer Übungen und Spiele für die Erstsemesterarbeit der Universität Bonn. Stand: 21.05.2014

www.springwise.com – Trendnewsletter. Stand: 21.05.2014

www.trendwatching.com – Trendnewsletter. Stand: 21.05.2014

http://www.interviewonline.ch/artikel/vergessen-sie-brainstorming!.html – Beispiel für die Konzept-Extraktion. Stand: 21.05.2014

10.2 Stichwortregister

10.3 Zum Abschluss …

Bevor wir, die Autoren, nun die letzten Worte an Sie, die Leser, richten, möchten wir an dieser Stelle einige Worte des Dankes adressieren.

Die Mitarbeiter der Arbeitsgruppe »Biophysical & Education Engineering« des Lehrstuhls für Angewandte Medizintechnik der RWTH Aachen haben so manche Experimente und Methoden geduldig über sich ergehen lassen, um die in diesem Buch vorgestellten Techniken zu testen und zu evaluieren. Der UVK-Verlag hat diesem Werk anschließend mit seinen vielen hilfreichen Anmerkungen und Ideen den letzten und extrem wichtigen Feinschliff gegeben.

Nachdem Sie dieses Buch durchgearbeitet haben und hoffentlich auch einige der vorgestellten Methoden in der Praxis anwenden konnten, laden wir Sie herzlich dazu ein, uns Anregungen und Feedback zu diesem Buch zu senden.

Unser Ziel für dieses Buch war, für möglichst viele Problemstellungen geeignete Methoden vorzustellen. Dabei sind wir uns bewusst, dass es im weiten Feld der Gruppenarbeit und der Gruppenarbeitsmethoden nicht möglich ist, jede Methode zu kennen und, insbesondere ohne wiederholte praktische Anwendung, ihren Nutzen zu bewerten. Aus diesem Grund möchten wir Sie bitten, uns Vorschläge für weitere Gruppenarbeitsmethoden zu schicken[4], falls Sie den Eindruck haben, dass Ihr Vorschlag die vorliegende Sammlung bereichern könnte.

Sollte auf Ihren Vorschlag hin eine weitere Methode in die nächste Auflage dieses Buches aufgenommen werden, schicken wir Ihnen kostenfrei ein Exemplar der nächsten Auflage. Bitte kontaktieren Sie uns unter:
gruppenarbeit@education-engineering.de

Wir hoffen, dass Ihnen die Lektüre dieses Buches viel Freude bereitet hat und dass Sie viele hilfreiche Anregungen für Ihre eigene (Gruppen-)Arbeit mitnehmen konnten!

Aachen
im Mai 2014

Martin Baumann
Christoph Gordalla

4 Mit Ihrer Einsendung erklären Sie, dass Sie die Rechte an dem zugesendeten Material besitzen und einer Veröffentlichung im Rahmen der Sammlung zustimmen.

UTB

Eine Arbeitsgemeinschaft der Verlage

Böhlau Verlag · Wien · Köln · Weimar
Verlag Barbara Budrich · Opladen · Toronto
facultas.wuv · Wien
Wilhelm Fink · Paderborn
A. Francke Verlag · Tübingen
Haupt Verlag · Bern
Verlag Julius Klinkhardt · Bad Heilbrunn
Mohr Siebeck · Tübingen
Nomos Verlagsgesellschaft · Baden-Baden
Ernst Reinhardt Verlag · München · Basel
Ferdinand Schöningh · Paderborn
Eugen Ulmer Verlag · Stuttgart
UVK Verlagsgesellschaft · Konstanz, mit UVK / Lucius · München
Vandenhoeck & Ruprecht · Göttingen · Bristol
vdf Hochschulverlag AG an der ETH Zürich